天門记忆

TIANMENJIYI

政协六盘水市水城区委员会　编

四川民族出版社

图书在版编目（CIP）数据

天门记忆／政协六盘水市水城区委员会编. ——成都：
四川民族出版社，2024. 1
ISBN 978-7-5733-1755-1

Ⅰ. ①天… Ⅱ. ①政… Ⅲ. ①村落文化–六盘水
Ⅳ. ①K297.35

中国国家版本馆 CIP 数据核字（2024）第 021910 号

天门记忆
TIANMEN JIYI

政协六盘水市水城区委员会　编

出 版 人　泽仁扎西
责任编辑　伍丹莉
助理编辑　果基伊辛
责任印制　谢孟豪
出　　版　四川民族出版社(四川省成都市青羊区敬业路 108 号)
邮政编码　610091
设计制作　成都圣立文化传播有限公司
印　　刷　成都新凯江印刷有限公司
成品尺寸　170mm × 240mm
印　　张　17
字　　数　280 千
版　　次　2024 年 1 月第 1 版
印　　次　2024 年 1 月第 1 次印刷
书　　号　ISBN 978-7-5733-1755-1
定　　价　68.00 元

开启天门之金钥

——《天门记忆》序

余未人

天门是贵州西部一片鲜为人知的大美之地，遗留着贵州省迄今为止保存最完好的、绝无仅有的布依族吊脚楼建筑群。天门村于2014年进入国家第三批传统村落名录。在乡村的各种"名录""之乡""示范村"等荣誉称号中，这个由住建部等7部委评审认定的名录，是最珍贵难得之一种。它是岁月的见证，是建筑的留存、人文的荟萃、历史的积淀。天门具备了这一切先祖的宝贵馈赠，是当代人绝对没法制造的。

《天门记忆》对天门村布依族文化的原生状态进行了真切细致的描述。2016年金秋，我初到天门时，特别惊异的是这里虽然交通极度闭塞，但它绝非蛮荒。在历史上，它已经是布依族文化与汉文化交汇融通之地。这里有一块刻写着汉文的教化碑，是150年前清代的遗存，还有布依族人民用汉文书写的经书和铜鼓的鼓谱，以及延续15代人的家谱。

编写本书的课题组用文化人类学的理论指导田野调查，这是良好的学术起点。我在阅读《天门记忆》时，不知不觉中，就将其视为我不久前拜读的冯骥才先生的重磅文章《非遗学原理》的实践版本了。这真是一种奇妙的感觉。

冯骥才先生言简意赅地提出："非遗的核心工作是：立档、保护、传承。"延展开来，我以为，各种民间文化事项，不论是否被列入非遗名录，其核心工作都要遵循这个原则。

立档有一套全面系统的科学规范，它的基础，就是深入细致的田野调查。吴学良、汪龙舞等都是有数十年田野工作资历的学人。这本书，不仅有对天门自然景观和物质、非物质文化遗产的描述及观感，更有翔实的、学术的阐释和缜密的数据支撑。作者们的笔记、照片、音频、视频等各种记录，当是本书所甄选内容的数倍。你若随意抽提一些问题，比如天门的地理位置、山川田畴、交通建筑以及村里的293户1166人的前世今生，又如那些老物件的材质、形状、尺寸、制作方法，都有详细记载。这些立档所需的资料，都能从他们鲜活的文字记录中信手拈来，规范进入档案。

对文化遗产的全面保护，也是本书的初衷。布依族吊脚楼、完整的稻作文化、棉麻丝的织染和刺绣、铜鼓及其鼓谱、唢呐及其古曲、婚丧及其酒令、"过了九月九，猪牛到处走"的自由自在的生活习俗，还有民间医药、布摩习俗，等等，这些物质和非物质文化遗产皆得到了有效的记录、保护。

在官方制定的各种保护规章制度之外，天门人数百年延续至今的，是出于信仰的自觉保护。这种深入村民心脑的信仰保护意识难能可贵。天门这200多户人，能够将老祖先传下遗产的原真性、原生态保护得大体完美，让我由衷尊崇。

进入21世纪，现代天门人是如何行事的呢？我想以保护难度极大的吊脚楼为例，体味一番天门人创造的经验。天门人与各地民众一样，要追求现代美好生活，他们外出打工创造财富，重要目标就是用打工所得，建造新居，搬出木楼，住上砖混房，享受现代文明。这也是神州大地曾经在10年中，消失了90万个传统村落的一个重要原因。

保护需要聪明智慧，需要因势利导，需要独特创造，这样，才能精准保护，得到拥戴。天门在本村有远见卓识的领头人的率领下，对吊脚楼创造性地采用了最切合实际的、一户一策的路径，鼓励资助村民们维修老吊脚楼，帮助破解无法在老吊脚楼中享受现代文明成果的难题，在百米以外集中建畜圈，改善人畜居于一楼的现状，千方百计地保护老吊脚楼，一栋也不能少！关照各年龄段人口的各种需求，对于一心向往住新式砖混房的村民，让其在合适的地点另建新居，这样，村民们均遂其愿，各得其所。尊重民意是不可忽略的。这种得民心之举，是保护行动的原动力。

农耕与纺织，是天门人的立身之本。其稻作文化，从春耕到秋收，从稻种、耕作，伴随着一系列的祭祀文化，都由先祖辈辈传承至今。水稻是众谷之魂，在天门的各种祭仪里，祭品中都必有水酒、米饭和稻谷或稻米，其他杂粮则不受祭拜，也不能作祭品——水稻在天门人心目中的至尊之位，由此可见一斑。这里的水稻亩产，从20世纪50年代初期的亩产70斤，提升到了如今的800斤，天门人对祖祖辈辈的老品种红米，实施原生种留种、提纯、复壮，使其得以传承下来。这个过程中有先进科技，有各种改良，但传统的稻作文化依然得到了良好的保护。

种棉、种麻、养蚕，这一套从源头做起的工艺，随着社会经济的发展，有了不可逆的改变——人们如今直接从事织、染、绣，原材料在成为纱、丝之前的那一段"纺"的手工艺被"腰斩"，而由商品化的纱、丝所取代。但田野工作者寻访后发现，在老一辈人中，尚存熟谙"纺"的手艺者。于是，在纺纱、绩麻、缫丝等手艺尚存之时，作者们用文字、影像予以真实记录，这是一种非常重要的保护方法。

活态传承，是非遗的生命线。在这个村落中，有熟练唱诵布依族酒令歌的男女歌郎，至今活跃在婚礼上，彻夜唱诵。这些口传的文学、音乐作品，依然生生不息，有旺盛的生命力。祭祀仪式中的经书唱诵，是天门人对布依族传统文化的独特传承。

铜鼓是神圣的乐器和祭器，只能在正月或祭祀老人时演奏，天门尚存4尊，每一尊都有一段曲折的传说，且各有规矩。有的家族寨邻亲朋需用，得礼请礼送。铜鼓有自家手抄的鼓谱，打法各异，各有秘传。这种贯穿了民间信仰、神圣而神秘的传承，使得天门的铜鼓音律历经数百年而不衰。

王华朝是唢呐省级传承人。按老辈所传，他做的唢呐为两头铜、中间木。这其中有天地万物之含义，可与铜鼓相配，迎吉驱邪，所以，布依人家红白喜事皆用唢呐。周遭村民都向他求购唢呐。唢呐与古曲共存，至今还有200余首老唢呐曲在天门流传。

《天门记忆》的作者们是非遗学的实践者。正如冯骥才先生所说："当我们自觉或不自觉具备了这些关注点，我们就身在非遗学中了。"

对于这样一个神圣、神秘、美丽之地，其"天门"是要开还是要关？答案是肯定的：要开！要对研究者和游客敞开天门，这也是民心所归。在开启天门的进程中，要全面遵循和实施文化遗产保护的原则、方法，做好文化遗产保护的核心工作。

本书贯穿了开放的理念。在天门开启之时，尤其重要的是：尊重村民自主性。非遗是民间的事项，任何外来人，包括政府人员和专家学者、旅游业者，都应有一个到民间调研、向民间学习的过程，而不宜越俎代庖。

对发展旅游而言，一个地域的展示性、观赏性、参与性是有很大差别的。一些非遗事项涉及民间信仰，而核心的信仰习俗是隐秘的，外人很难进入也不必进入。除真正的专题研究者外，我们能够做的，就是了解、尊重和记录。要让游客自律，尊重民间信仰。医药类中有些秘方，对其的研究也得尊重其传承人的意愿，无须刨根问底。

追求差异化发展，是旅游业良性发展的路径。差异化的基础就是因地制宜。只有因地制宜，才能避免同质化。

非遗是民族精神的一个载体。它不仅体现在文化艺术、服饰民俗、体育医药等这些直观的方面，更体现在深层次的民族心理上。文化自信心，是保护和弘扬非遗、发展旅游的底气。

《天门记忆》要深求的，就是在这片沃土上，用金钥开启天门，辟一条文化遗产保护与旅游发展的双赢之路。

2023年4月6日

（本文作者系中国民间文艺家协会顾问，著名文化学者、作家，贵州省文史馆馆员）

目 录

CONTENTS

结缘天门

    在写作这本文化人类学小书之前，我曾两次与水城县花嘎乡地处北盘江畔的天门村擦肩而过，又曾两次进入这个几乎与外界隔绝的布依族传统古村寨。

    第一次擦肩而过是在2012年夏天。那时，我陪市地方志学者汪龙舞先生做民间美术调查，从盘县老城、乐民、保田、新民、老厂、旧营、保基等乡镇一路走到花嘎乡，在该乡欧场千年古榕树、毛虫河竹竿桥等处考察。听说，这里一个叫天门的地方，有两棵古榕树交缠长成一株巨树，形如一道门，非常神奇；可因交通不便等众多因素未能前往。第二次擦肩而过，是经水路从西嘎码头乘船进入野钟大峡谷边缘。仰望时，但见林竹茂密间，有一个村寨时隐时现地坐落在离江岸不远处的山冈之上。负责这次文化旅游考察的摄影家王述慷先生告诉我，这是一个布依族传统古村寨，民风非常淳朴。而此时距我出版长卷散文《灵河——北盘江毛口至都格段印象》（简称《灵河》）一书已过两三年。我在该书里留下的唯一关于花嘎的文字，仅一篇《花嘎本是树》。听王述慷先生这么一说，我心头隐隐产生了一丝不快，似乎没走过这个村庄，没把它写进书里，是一种缺失和遗憾！

    第一次真正进入天门传统古村寨是在2016年4月。

当此之际，水城县文联举办"生态水城踏青采风"活动，我有幸成为采风组成员之一。在踏入这一方水土期间，我们游览了天门村的千亩梯田、大寨古榕树群祭祀场、鸭场古榕奇树，并在随行公务车上留宿了一夜。此后，我写的散文《天门传奇》刊发于《延安文学》2020年第5期，也算是弥补了当初的遗憾。若《灵河》一书有机会再版，我肯定是要将这篇文章补充进去的。

　　第二次来到天门村是在2016年10月22日。

　　10月20日，因工作需要，六盘水市文联民间文艺家协会邀请中国民协副主席、著名文化学者、作家余未人老师，到六盘水作关于传统村落、非遗保护与旅游开发的讲学。次日，在考察水城县陡箐乡平箐村大花苗和蜂子岩下的小花苗民俗文化时，我们建议余老师再留一天，去天门村看看布依族干栏式覆瓦歇山顶传统穿斗吊脚楼，余老师欣然应允。22日，在县文旅局领导协调下，我、汪龙舞、伍秋明、李荔陪余未人老师及其女儿王燕达女士，从猴场乡境内的北盘江码头乘船，沿水路边欣赏两岸风光，边向天门村进发，经过两个多小时的旅程，来到了天门村。此间，余未人老师考察了天门梯田、小寨吊脚楼、布依族唢呐、鸭场古榕树。在鸭场，正好有一场按布依族传统礼仪举办的婚礼，余老师在考察之后，对天门村的淳朴民风和原生态民间文化赞不绝口。因提前预定的高铁票时间比较紧，一行人又匆匆忙忙地往回赶，我们直接将余老师母女送到六盘水高铁站。

　　似乎前世注定有缘。

　　一次次擦肩而过，又一次次进入，在增进对天

❀ 中国民间文艺家协会顾问，贵州省文史馆馆员，著名文化学者、作家余未人老师在天门考察 ／汪龙舞摄

门村不断了解的同时，我也为六盘水境内布依族聚落里，这个独一无二的保存着吊脚楼的传统文化古村落活体而惊诧。这在城镇化不断推进的当下无异于鹤立鸡群，很值得关注，于是我便萌生了为天门写一本文化人类学著述的想法。2022年7月31日，借六盘水诗联学会花戛采风座谈会之机，我谈及自己携带私心，想搭建课题组为天门撰写一本文化人类学的书后，花戛乡党委书记朱培源等乡领导表示大力支持。经水城区政协将此课题纳入科教文卫体委工作项目后，以"小我"为视角点的叙述方式亦随课题组成员分撰章节之时，转换成以课题组成员之"自我"为视角点的叙述方式，采述进行时帷幕随之掀开……

注：

1. 2017年6月23日，盘县更名为盘州市；2021年1月1日，水城县更名为水城区。正文中与此相关的地名，皆是严格依照此时间界限叙述的。

2. 因村寨合并频繁，现今天门村亦称大天门村，含大寨、小寨、新寨、滚塘、坪寨、鸭场、三家寨、口坪、花戛、岩脚、半坡、箐口、杨家、凉水、云包、旧寨、板桥、都匀、店子、湾子、岩洞、坪地22个村民组，村委会在坪地组。本课题所涉猎的天门村系指传统天门村，亦称小天门村，范围包括大寨、小寨、新寨、滚塘、坪寨、鸭场6个村民组。

天门
记忆

TIAN
MEN
JI
YI

时光静好　天门如初

　　在现今的花戛乡，天门村存在着大天门村和小天门村之别。传统意义上的天门村，是指位于北盘江畔的布依族传统吊脚楼村落，即现在所谓的小天门村，包含大寨、小寨、滚塘、新寨、鸭场、坪寨6个村民组，是我们田野考察的文化区域。大天门村涵盖现今的小天门村、天星村、都匀村，于我们而言，天星村、都匀村并不是我们此次文化考察的对象。

　　阳光暖暖地洒落下来，照在北盘江上游右岸坐落于小山冈上的天门村布依族干栏式覆瓦歇山顶传统穿斗吊脚楼和古榕上。鸡鸣狗吠声里，头戴

❀ 天门梯田 / 吴学良摄

青帕、身穿月蓝色服装的布依族妇女，三三两两，或在田园边，或在房屋侧，或在竹丛旁，或在榕树下，有一句没一句地拉扯着话头，笑语时断时续，像喜鹊的叫声喳喳地传来。村道上，肩扛犁铧、手牵缰绳、身着靛蓝对襟衫的布依族汉子，正赶着牛朝半山上的梯田缓缓行进，哞哞叫的耕牛一边呼唤同伴，一边拉着热气腾腾的粪便，仿佛这个世外桃源般的家园就是它们一生一世的生命共存和皈依之处。漫步在林竹掩映的吊脚楼寨子里时，我们的思绪泛着白光在风中轻轻地呢喃，心灵平滑得如同寨前亘古静流的北盘江水。天门，这个"一半是仙境，一半是人间"的传统文化古村落，这个一度被我们用思念想瘦了的远方，其实于心理上比远方更加遥远、清寒。有时，对于这种距离造成的陌生感，我们更愿意以"天上天门"去形容它，似乎唯有如此，才能表达它于距离上赋予我们的审美体验，赐予我们的无穷想象……也是这个"一半是仙境，一半是人间"的传统文化古村落，这个一度让我们倍感"海角天涯"之遥的偏僻古村，却因最美的风景都在"险与远"处，一次次地勾引着我们，在对它进行文化追寻和探秘的过程中了悟"天边就在心上"，距离根本不值一谈。正是在如此寻觅里，我们走进了天门如诗似画般的岁月，走进了天门宛若沉香般的人文风景。在这里，我们望见了山，看见了水，记住了乡愁。我们知道：从第一次介入，到一次次深入，冥冥中就注定了它必将与我们有一本文字之缘，注定了我们的灵魂必将留在这里，直至老去……而这一切，都只因天门于天长地久里"变而不变，不变而变"的岁月静美，都只因天门于地久天长里给我们留下了一个孜孜以求的"盗梦村庄"。

思绪了如春梦，无声、无迹。

"时光静好，天门如初！"

眼前的一切，让我们情不自禁发出惊叹……

一 "天门"在何处

作为一个依山面水、至今保存完好的布依族传统文化古村落，天门无疑是隐匿于尘世之外，却又充满人间烟火味的一方净土。

天门在哪里？

在行政区划上，天门村隶属水城区花戛乡，地处这个最偏远乡镇的东北部，可谓远方的远方。

"花戛"在贵州彝语中意为"石垭口"。也有人说，"戛"在彝语里意为村寨。"花戛"一名是因人们站在村口小山冈，远望村下大河浪花飞舞而得来。地处今水城区南部、北盘江右岸的它，东临普安县龙吟镇，南接盘州市保基乡，西靠顺场乡和盘州市普古乡，北与野钟乡隔北盘江相望，距县城148千米，地理经度为104.925547，纬度为26.074541，一度属于贵州省100个一类重点扶贫乡，同时又是六盘水市"一山一河"地区重点扶贫乡。"花戛"一词的文化蕴含，让我们时常会联想起去天门村时，要经过的吴王大山垭口，它就像一个关隘或咽喉，在过去岁月里紧紧地锁住了天门村与外界的联系。

垭口上下，落差数百米，分属两个不同天地。

谷盆中的天门村，处在"列山环拱，江河围合"的地理格局里。这里地势西高东低，三面依山——吴王山、鸡冠岭、木耳大岩三座大山将其环抱成一个马蹄形掩藏；两面环水——北盘江与乌都河形如两只巨手，将其合围于怀抱里。山与水形成的天然屏障，制约着该村经济社会发展和与外界的交流。天门村四面分别与该乡吴王村、花水村、海子村、磴播村相邻，下辖的6个村民组所处区位平均海拔810米，年平均气温18.8℃，无霜期达345天，气候温热。在全村10平方千米的范围内，有耕地面积1680亩，其中水田1180亩，旱地500亩，适宜种植以水稻、玉米、小麦为主的多种粮食作物；全村共有293户1166人，劳动力463个，大部分村民至今仍生活在传统吊脚楼里，衣食基本仍靠自给自足。过去，不论是外来者还是生活在这里的村民，若从陆上通道进出都必须翻越位于新发村、天门村与鸡场村三个村交界处的高大巍峨、卓尔不群的"吴王山"，才能走上平坦大道；若想从水上通道走则必须依靠寨前三四百米处，北盘江上危险至极的简易铁索桥，光照电站蓄水后此桥已被淹没。独特的地理区位，让村庄几乎与外界隔断往来，以致很多五六十岁的村民至今仍然不会用汉语和外界交流。因而，外来文化对该村的影响和冲击微乎其微，也使这里的布依族吊脚楼、铜鼓、唢呐、刺绣、酒令、生活习俗等人文气息得以完整保护，形成一个活态"文化孤岛"，一个相对原生、古朴、神秘的独立文化社区。在这个不断城镇化、文化不断交融的时代，不能不说天门村是一个传奇，不能不令人叹为观止！

时间太瘦，指间太宽。

岁月在"峰峦叠嶂碧连天"里如白驹过隙。

如今的天门村，已从进出几近绝途的过去脱胎而出。2004年7月天门公路动工，2005年毛坯公路初通，2016年硬化施工完成，从主干道至天门村的两条19千米左右的通村水泥路让昔日天堑变通途，让我们在考察中兴叹不已的同时，也感慨2014年该村被列入第三批中国传统村落名录绝非偶然，实出必然！

> 左傍芭蕉，右依古树。
> 天门藏在云深处。
> 汽车转过百千回，
> 拐弯还是盘山路。
>
> 吊脚楼中，有谁长住？
> 神仙日子休生妒。
> 此心净若少年时，
> 悠然模样留人步。

伫立于吴王大山通往天门的垭口，诗人郭灵莉这首《踏莎行·天门村》所描绘的天门地理、风物、景观等一一浮现在我眼前，流连忘返里，却道天门这边风景独好。

二 解谜"天门"

"天门"一词，据说和吴王大山有着紧密联系。

"玉颜自古关兴废。"

说起吴王——吴三桂，"冲冠一怒为红颜"的诗句就会进入脑海。吴王大山与吴三桂之间的关系的传说就我所见，前后至少有两个版本，内容不尽相同，但可以看出其中一个是为了当下旅游产业的发展编造出来的。两者之中，应以20世纪80年代被收录在《中国民间故事集成·贵州六盘水市·水城县卷》里，由邓瑞玉口述，王鹏升、邓颜维记录的《吴王山的传说》较具民间色彩。兹录如下：

在水城县龙场区花戛乡境内有一座高山，人们叫它"吴王山"；对面有一个坡，名叫"脱气坡"。说起这两个地名的来历，还有一段故事呢。

据说吴三桂被清廷封为"吴王"（平西王）后，准备在他所辖之地找个地方修王宫，条件是这个地方必须能看到一百个山头，一个也不能少，一个也不能多。他认为若在这样的山头修建王宫，就可百世为王了。

于是，吴王带着兵马亲自寻找"一百个山头，一个也不多，一个也不少"的地方。到哪里去找呢？一天，吴王在行军路上，看见很远的地方一座高山下有许多山头，他认为有希望了，于是就打着马向山头跑去。当他来到这座山对面的一个坡时，人马俱乏，吴王气喘吁吁地说："差点把我跑脱气了。"从此这个坡就叫"脱气坡"。

吴王艰难地爬上这座山顶，只见群山环绕，山势险峻，是一个易守难攻的好地方，认为可以在这里建都城了。可是，吴王数了数周围的山头，只有九十九个，只得快快离去。

数年之后，吴三桂造反，为清兵所败，退到这里，却数出整整一百个山头，原来前次他忘了数脚下这座山了。这下气得他连连拍胸长叹："罢了！罢了！这真是天亡我了！"清兵追近，吴三桂命令士兵在山腰上挖了一条战壕，和清兵作了一战就败逃而去。

后来，人们就把这座山叫"吴王大山"。直到现在，吴王山腰上的沟都还没有被填平呢。

这个故事真假交加，让人心存疑云。

疑点在于：关于寻找能看到一百个山头的地方建王宫的传说，民间有很多。吴王大山所处之地，位于北盘江上游，而在其下游的毛口河盆，也同样有相似的故事流传。据六枝关于夜郎王选址建王宫之传说，在牂牁江畔的九层山也发生过主人公要找一百个山头的地方建王宫，却因忘记数脚下所站山头只好放弃的故事，仅仅是时间和主角不同而已。因此，在吴王山选址建王宫的传说并不新鲜，也没有什么独异之处，反而有受前者影响之嫌。

说它真，则可以结合吴三桂军旅生涯里的三件大事来剖析。其一为吴氏引清入关后，先是西征，为清廷扫荡云南，并于清顺治十八年七月十八日（1661年8月12日）在昆明俘杀从缅甸囚回的明永历帝。其二为吴王剿水西，这件事发生的背景系清廷削藩。1664年，"恐祸乱平而已兵权解"，为了掌握主动权，稳操军权，凸显自己的重要地位和作用，同时也是为了逼迫朝廷拨付军队粮饷，为求"体美而香"的安坤小妾（鄂尔泰在曲靖"改土归流"实施时，也有类似索妾之举），吴三桂从昆明率领军队发动了水西之战。其三为康熙十二年（1673）反清东征，康熙十七年（1678）在衡州（今湖南衡阳）称帝，同年秋病死于湖南衡阳。尽管古语说："战争，凶器也，圣人不得已而为之。"纵观吴三桂一生，他却不是圣人，只是一个为了达到个人目的和满足私欲，不择手段的凶狠角色。再回头依照口述传说所言，吴三桂曾两次到过斯地：第一次是被封为平西王之后为建王宫而来，第二次是反清兵败而过。很显然，死于衡阳的他是无法以生者之躯再过此处了，更不会有"连连拍胸长叹"之事发生。那么，从逻辑上用排他法，吴三桂经过这里，只能发生在征剿水西之际。

关于吴王剿水西一事，史料记载：1664年3月，在平西王吴三桂的谋划下，十镇兵马二万八千人兵出云南，以图经乌撒（今威宁）进入水西腹地。此时，安坤外甥——乌撒土司安重圣在云贵交界处的可渡河据险布兵，挡住了吴三桂的进路。

"黔云过岭隔河横，此是滇游第一程。"

可渡河距威宁州城90里，古代文献多有记述。《水经·存水》说："存水（可渡河）出犍为（曲靖）宣威西北山中。"《盘江广舆图》记载云："牂牁江出滇南小金沙江，至威宁府界，东南流为可渡河，有桥曰可渡桥、山曰分水岭。""水在西百里注壑而出，流为盘江。"《读史方舆纪要》称："盘江府西北五十里，出乱山中流经府南九十五里，谓之可渡河。明初，傅友德征云南，驻师于此，郑□曰河之南沾益境，河之北，乌撒境也。"这些文献指出了该河流的源头与相邻行政区划设置。言及地理形势，宋起在《威宁风土记》中写道："至于山川形胜，前临可渡，后倚乌门，峰岩有千寻之险，松涛同万壑之声，鸟径崎岖，羊肠曲折，更胜于蜀道。"在军事上，可渡河自古以来就是交通和屯兵要塞，这里有始于秦汉，重修于明洪武十五年（1382）的古驿道，沿驿道有蜀汉征南时留下的"诸葛营"，及明代"征南"时留下的烽火台、炮台与古战场。正因如此，吴梅村途经这里后，在《滇池铙吹》一诗中才发出感慨说："盘江西绕七星关，可渡河边万仞山。"

交通要孔的地位，为可渡河一带留下众多人文景观奠定了基础。宋起还在文章中写道："河之东岸，奇峰峭立，削壁天成，曾留仙笔'水流云在'，指挥李文龙曾镌刻'山高水长'四字，观者叹其陡绝，莫不惊羡焉。"这八个字系阴刻，每字高3米有余，醒人耳目。翠屏崖下斜依巨石上，刻有用隶书撰写的"飞虹仁鹤"四字，飘逸中透出苍劲。这样的遗墨不是在任何地方都能看到的。

至于安重圣在可渡河边帮助安坤与吴三桂作对的缘由，府志中记载说："乌撒安氏与水西安氏同祖，盖咸出于昆明。"安重圣在"兵塞可渡河"后，进而"纠合土目察革剌等兵千余，围乌撒卫城"。在乌撒土司彝兵的阻击下，吴三桂"知可渡河已为重圣所据，率兵直至归集入水西境，水西人屯于阿扎屯以待"。归集在哪里？旧时归集一带亦称归集黄河，因每逢洪水季节，上游河流携黄泥奔腾流入北盘江而得名。具体来说，归集指从今拖长江和可渡河交汇处往下游方向的北盘江两岸相关区域。水城设厅是在吴三桂清剿水西之后的清雍正十一年（1733），当时从大定府拨出永顺、常平二里设建；清乾隆四十一年（1776）复从平远州划拨崇信、时丰、岁稔三里归厅辖。当此之际，岁稔里九甲所辖之木耳寨即为今天门大寨组，大雅场、小雅场即为今天门鸭场组。民国初期，天门隶属水城县九甲，民国十五年（1926）设龙场区，辖九甲。民国三十一年（1942），水城于行政区划上将全县11个区、25个联保，划为归集、东宁两个区署，归集区署下辖杨梅、顺场、龙场、发贵、马龙、应忠、常明、米箩、玉舍9个乡镇。民国三十七年（1948），水城县划为25个乡，天门归顺场乡十保乌都河管辖。于此详细地从行政区划设置考察天门村的相关历史，有利于进一步解读吴王大山的来历与吴三桂征剿水西行军线路之关系。

吴三桂当年剿水西所走的线路简单点讲即为：先欲从可渡河进入乌撒，遭到安重圣阻击后未获成功；再转道普安（今盘州市），从归集一带进入水西，经野钟至阿扎屯，过猴儿关转入纳雍，进逼平远州。按此线路，吴三桂是有可能经过这一方水土的。此说的依据是：第一，天门在地缘上与顺场、龙场、发贵相邻，与应忠、常明隔河相望。第二，天门鸭场月亮树旁有清同治年间立的《同议执照》碑一块，上有"归集有田地耕种"字样，这就说明，此处与归集有脱离不开的关系，甚至还可以断定天门一带与当年的归集相邻。以上所述都能在一定层面支持吴王大山得名与吴三桂"屯兵一夜"以及战壕犹存等有关传说。

　　无意问前朝，王道成功否。
　　石壁依然泛血红，意味谁猜透？

　　送我最多情，十里红心柚。
　　更有青青杨柳枝，唱到黄昏后。

历史已成过眼烟云，留给后人太多猜想，也有几许沉重，或者说，心绪如我辈者亦不在少数。读诗人杨丽萍的这首《卜算子·花戛吴王山一日游》时，我觉察出其所透文意正与我的探究心绪存在某种暗合，这大约源于人同此心、心同此理之故。

在世代居住在花戛这一方水土的民众眼里，天门其实是吴王大山半腰的两堵白色岩壁。就地理形势而言，这里壁立千仞，崖高壑深，确实险峻异常。石壁位于天门村南面吴王大山的山间，如今的大门梯田之上端。过去，生活在山下北盘

✳ 天梯之路 / 吴学良摄

江畔的天门布依族民众因吴王山、鸡冠岭、木耳大岩这3座大山包围，北盘江、乌都河阻断，进出都需攀爬险峻天梯，翻越吴王大山创设的天然垭口，方可与外界联系。这段400余米长的天梯路，有100多米路呈斜状"S"形，人称"挂壁天路"。此"S"形路的下段路宽三四十厘米，石面平滑，呈45度角倾斜而上，尤过"蜀道之难，难于上青天"之险；上段约300米途程，处于宽不足1米的石壁夹缝，内中阶梯由乱石杂陈铺就，蛇虫时常出没其间，凶险异常。拉罗什富科曾说："希望和恐惧不可分离，没有希望就没有恐惧，没有恐惧亦没有希望。"因其是进出天门村的必经之路，村里人买猪买牛买马历来只敢买幼崽，用花箩或背架背回家喂养，半大以上的牲畜根本无法从此经过。正因为此段天梯的艰险超乎于人的想象，过往岁月里发生人畜伤亡事故在所难免，可再艰险也得走，为了生存。在那段过去的岁月，村民们从吴王大山垭口根部梯田处开始涉险攀爬，一步三叩首地爬过下段，汗流浃背、气喘吁吁地走出不足1米宽、不容转身的石壁夹缝，才得以坐下小憩片刻。这时，抬头仰望，山体1/3处左面两道白色石壁如两扇门挂在头顶前方的天上。最艰险的事也是最刻骨铭心的。有感于希望就在天边的石门之处，村民们就把村寨从"木耳寨"改名为"天门村"。这就是"天门"和"天门村"的由来。

三　天门，一个有意象和灵魂的传统村落

在学术层面，村落和传统村落于概念上是完全不同的。

村落是社会人群聚居、生息、生产活动的空间形态，每一个村落在地理分布、形态特点、内部结构上都具有异于其他村落的独特之处。而传统村落是指村落形成较早，拥有较丰富的文化与自然资源，具备一定历史、文化、科学、艺术、经济、社会价值等应予以保护的内容的聚落之地。因此，并非所有的村落都能被称为传统村落。

✿ 小寨吊脚楼群 / 何维江摄

据说，天门鸭场布依族村民是明代成化年间、大寨布依族村民是清朝雍正年间从普安龙吟镇石古村河阳先后迁移于此的。作为一个中国传统文化古村落，其环境空间的形成理念，无不以中国早期的大地有机自然观为基础。"人之居处，宜以大地山河为主。"山河大地作为人类赖以生存的物质空间，为人类的生存提供了物质保障；人类作为大自然的有机组成部分，必须融入自然，必须与大自然同生同息。按照中国传统哲学观念，贴近自然就能让人感受"以山水为血脉，以草木为毛发，以烟云为神采"之美感；而贴近自然的村落营造就能让人生活在"山深人不知，全村同在画中居"的图景里。天门传统文化古村落有着深受中国传统"天人合一"自然哲学思想影响的印记，其依旧独遗于世、规模成群的吊脚楼，与古榕、枫香、龙竹、芭蕉，与吴王大山、鸡冠岭、木耳大岩，以及北盘江、乌都河，组成一个人与自然和谐统一的聚居空间，就像一幅生动、淡雅、古朴的山水画。我们来到天门，目睹这亚热带山间盆地里的古榕、枫香、龙竹、芭蕉等绿植，目睹挺秀峰峦、呈奇江水，目睹吊脚楼"前竹后树，后树侧竹"的环境时，想到的是郭熙《林泉高致》里的语句："世之笃论，谓山水有可行者，有可望者，有可游者，有可居者。画凡至此，皆入妙品。但可行可望，不如可居可游之为得。"的确，不论是意象还是意境，天门村都透露出质朴秀美、韵味绵长的诗画般的审美理想和境界。

意象作为一个审美符号，无论是在诗学、美学，抑或是哲学上都具有重要地位。就村落意象而言，从学术上可分作两个层面：景观意象和文化意象。

以景观意象而言，天门村作为一个传统文化古村落，它选址于山青水碧之地，有古榕、龙竹、枫林、吊脚楼、青石级次第呈现，山川、河流、梯田众相环绕。这里的一山一水、一草一木、一砖一瓦所营造出的山水、田园，氛围、意象、空间有机感及整体和谐度，都体现出和谐人聚空间之特点，极力彰显着自然淳朴、世外桃源、诗和远方的韵致。春来稻田漠漠，夏临翠环村寨，秋至金稻拥野，冬到霜枫绕楼。"鸡栖于埘，日之夕矣，羊牛下来。"山村四季在暮色里一派宁静，竹树丛间的吊脚楼里灯光忽明忽暗，如北盘江上的渔火，带走千年往事，却带不走岁月风霜。都市霓虹里的"灯火家家市，笙歌处处楼"已被记忆清除，时间于是在悠远怡然里仿佛被定格成一份述说，"山中方一日，世上已千年"的感觉让人不禁心生"今夕何夕兮，搴舟中流。今日何日兮，得与王子同舟"之慨叹。人意村光与泉声山色的交织，让人不禁万千思绪涌上心头、沉醉不休，因此天门村极具地方特色和旅游吸引力。以文化意象而言，天门传统文化古村落作为一个积淀了数百年的家园，正好印证了于希贤先生在论述中国传统文化古村落最大特点时，所言之中国传统文化提倡"天人合一""天人感应""以天道质人事""以人事观天道"的思维观。作为明清遗存之传统文化古村落，天门村由于长期以来偏安一隅，地处封闭，其空间形象和构景方式受外界的影响极小，故其环境、建筑、历史文脉、传统氛围等方面至今保存完好，文化之"意象地图"独领风骚。这里遗存的一歌一舞、一台织布机、一幅蜡染、一面铜鼓、一腔唢呐、一枚叶吹等都流淌着传统布依族文化元素，这些文化元素既属于天门人，也属于世界。

何以如此言说呢？

这导源于精神回归。

在当今社会城镇化步伐不断迈进的背景下，家园意识已经深深植入了民众的脑海。"'家园'意指这样一个空间，它赋予人一个处所，人唯在其中才能有'在家'之感，因而才能在其命运的本己要素中存在。这一空间乃由完好无损的大地所赠予。大地为民众设置了他们的历史空间。大地朗照着'家园'。诗人的天职是返乡，唯通过返乡，故乡才作为达乎本源的切近国度而得到准备。守护那达乎极乐的有所隐匿的切近之神秘，并且在守护之际把这个神秘展开出来，这乃是返乡的忧心。""还乡就是返回与本源的亲近。"德国著名哲学家海德格尔在《荷尔德林诗的阐释》一书里对此做了以上精辟论述。从地理学角度来讲，天门传统文化古村落呈现出来的是一种多维立体的文化景观，其空间形象特征明显，所表现出的清晰文化图像是寻访者想象中的景观图像，也是寻访者感觉中的心理图像，自然也是他们心中理想的归宿愿景。从心理层面来讲，寻访者的怀乡与还乡已非怀念和依赖事实存在的故乡，而是试图找寻理想中的、幻化和美化中的、寄托了无限美好想象的精神家园。而天门这个靠山面江的村子所保存着的传统文化古村落的格调和意象，在每一个寻访者心里是一种异质文化和生存空间的存在，能让每一个厌倦了城市喧嚣的寻访者找回岁月如初的感觉。故天门村人与自然的和谐相处给予人们的这种陌生化返乡感，若说也算一种功德的话，那么，作为一个消解乡愁的家园，它存在的文化意义就更加深远。

在当今社会城镇化步伐不断迈进的背景下，天门村的文化意象能极大地满足寻访者的心理诉求。蒙田曾说："世间最重要的事，莫过于懂得让自己属于自己。"对于身处闹市的"单向度的人"来说，他们在当代生活里已逐步丧失了反思、否定、批判和超越能力，寻找本真和生存意义的灵魂时刻都在焦灼里饱受乡愁的困惑、煎熬、无处消解。而在生命意义不为都市开放，为自然开放的思索和追寻中，在寻找与追求天人之间的和谐，追求人与自然的和谐，追求个人与社会的和谐里，天门村所具备的温暖、亲和、舒适张力，确实更能满足厌倦了城市嘈杂的当代人对文化景观和传统习俗要求的人性特点，更能让他们于此找回自己。在这里，岁月不声不响，人可以在凡烟俗火里以素心阅读体会来日方长，可以在流年之守里感受心若花开，自在心暖，将人世间的"半生风雨半生伤，半醉半醒半心凉"抛于尘世之外。这就是天门村之美一经外传，就引来凡尘俗客不远百里、千里地前来寻访的原因所在。

古榕、枫香、龙竹、芭蕉、吊脚楼依然独存于时光流逝里。

天门这种遗世独立的"文化孤岛"活体现象，在为人类学学者提供观察、体悟、研究文化坚守和演变轨迹的同时，更引起了媒体的关注。中央电视台、江苏电视台曾来到这里，走进历史深处的天门吊脚楼。纪录片《中国吊脚楼》入围美国丝绸银幕亚洲电影节，向外界传播它窖藏在岁月里的惊艳魅力，而方外世界也无不为之叹为观止！

第一章　时光静好　天门如初

第 二 章

天门自然生态与祭祀传统

　　自然生态与人文生态是相互依存又相互影响、相互制约的对立统一一体。恩格斯曾指出："人本身是自然界的产物，是在他们的环境中并和这个环境一起发展起来的。"因而，自然生态与人文生态只有实现彼此之间的良性互动，社会才可能得到和谐发展和进步。天门村的自然人文生态是其赖以独立于世的基石。它将天门村营造成一个别具一格的梦幻空间，让寻觅乡愁的探秘者沉浸在深山画卷中，于此偷品慢时光，独享慢生活，直至忘却自己，不知世上已千年……

一　天门人的传统生态观

　　"地多灵草木，人尚古衣冠。"

　　"逐水而居"的布依族人对居住环境的独特选择是闻名于世的。在贵州境内，无论走进哪一个布依族山寨，都能看到周围山上的茂盛草木，如高大的神树、茂盛的枫香树、青翠欲滴的竹林和芭蕉丛等，它们或在小河边，或在房前屋后，或在寨子深处孕育出悠然生机。宁静的寨路，洁净的服装，软糯动听的布依族语，无不让人心情舒畅，怡然自得。

《后汉书·仲长统传》对居住环境的要求是："使居有良田广宅，背山临流，沟池环匝，竹木周布，场圃筑前，果园树后。"这似乎就是布依族人所居山寨田园风情的翻版。南、北盘江的布依族的居住范围，同属于古牂牁江流域。《贵州古代史》考述，牂牁江，专指南、北盘江和红水河，即古代"骆越水""骆越地"。谭其骧编《中国历史地图册》称，牂牁江包含南、北盘江，红水河（右江）中、上游；清顾祖禹《读史方舆纪要》则说牂牁江除包括南、北盘江和广西红水河外，还包括广西左江。三家之说虽有出入，然则南、北盘江及红水河均系其核心，这就一定程度上显示出居住在南、北盘江流域的布依族，在文化上必然有着某种天然的联系。从历史上来看，布依族人长期形成的这种生态传统，盖源于世代相传。《布依族古歌·造万物·序歌》里教导子孙时说："要像老祖先，治理好家园。要学老祖辈，治理好田庄。"这也是人们每每来到布依族山寨，就会感到无论是民俗还是风情都格外亲切的原因所在。

布依族也是一个充满传统智慧，尊祖守德的民族。布依族先民在长期的生产劳作中，把自己对自然世界的认识、理解，把自己形成的朴素思想通过口传，哺育后代，这在古歌里得到了生动再现。

就自然生态而言，《布依族古歌·造万物》既是对布依族先民宇宙观的集中表达，也是对布依族先民珍惜、爱护自然界万事万物的反映。在这部古歌里，对天地、日月、星星、天河、雷电、乌云、彩云、人烟、年月、山岭、树藤、花草、雀鸟、狮虎、河海、鱼虾、弓弩、火、稻麦、棉靛、歌鼓、月琴、姊妹箫等的来历都有完整叙述。在这部古歌里，世间万物都是老祖先布灵和其子孙布勒用自己的智慧和肉体创造的，这种无私精神成了布依族人崇尚祖先、祭祀祖先道德观念和传统思想的来源和直接反映。

对于布依族人所居生态环境里的主要植物起源，流传于南盘江流域的《布依族古歌·造万物·造树造藤》里有动人心魄的唱叙：

布灵砍下脚，变成大山坡。

山坡光秃秃，没有树一棵。

布灵砍脚趾，脚丫变山岭。
山岭玉光光，树子无一根。

布灵的脚背，变成山梁梁。
山梁光溜溜，葛藤也不长。

布灵的脚踝，变成了山冈。
山冈没有藤，实在是荒凉。

太阳和月亮，又和布灵讲：
"布灵老祖宗，你造了山冈。
你造了大坡，又造了山梁。

"只是太可惜，山上没有树，
岗上没有藤，坡岭光秃秃。

"山无大树遮，像人没有皮：
岭无藤蔓爬，如人没有衣。

"你快想办法，你快拿主意，
给山添皮肉，给岭添绿衣。"

布灵这样说，布灵这样讲：
"这个也不难，我来拿主张。"

布灵说完话，拿来大神斧，
"咔嚓"一声响，砍下了左手。

把手指分开，又把筋脉理，
哈了三口气，"呼呼"丢下地。

手指落地上，冒一股烟柱，
烟柱一散开，就变成大树；
长遍山遍岭，生满山满谷。

大拇指落地，冒一股烟柱。
烟柱散开了，变成不老松，
枝叶绿幽幽，四季青葱葱。

食指落下地，冒一股烟柱，
烟柱散开后，变成大榕树，
枝繁叶子多，棵棵树干粗。

榕树长路旁，榕树生寨中，
给人们纳凉，为人们遮风。

中指落地上，闪一道白光，
白光消散了，变成大白杨，
白杨棵棵直，树叶像巴掌。

无名指落地，冒一股黄烟，
黄烟风吹散，变成枫香长满山。

枫香叶子香，枫香枝丫繁，
枫叶挤出水，来把吃食染，

染得黑又亮，吃了治伤寒。
这是后来事，这里就不谈。

小指头落地，冒蓝烟一股，
风吹蓝烟散，变成了楠竹。
楠竹长不高，竹节也不粗。

楠竹骨节稀，划篾编笆篱，
笆篱拦园子，拦猪又挡鸡。
这是后来事，这里就不提。

楠竹骨节稀，划篾编撮箕，
撮箕撮虾子，撮箕捞小鱼。
这是后来事，这里就不提。

地上有了树，大树满山坡，
树枝长又长，树叶多又多。

地上有了竹，楠竹遍山岭，
竹根到处串，竹叶青又青。

布灵的手指，变成了大树，
布灵的手指，变成了楠竹。

自从那以后，地上有了树，
自从那时起，世间有了竹。

布灵手上筋，一根又一根，

变成了哪样，听我说分明。

布灵手上筋，一根又一根，
筋脉落下地，青烟往上升，
风吹青烟散，变成了蔓藤。

大筋变葛藤，葛藤遍地生，
缠在大树上，藤树两相亲。

小筋变青藤，青藤遍地爬，
爬进刺笆笼，爬上岩旮旯。

用葛藤捆柴，拿青藤捆草。
这是后来事，这里不说了。

自从那以后，地上有藤蔓，
葛藤缠大树，大树就有伴，
青缠藤大树，大树不孤单。

从古歌里，不难看出布依族先民布灵具有一种超人智慧和殉道精神。其足的不同部位化成了山冈峰岭，其手的不同部位化成了各种绿植，这些绿植在现今的布依族山寨里随处可见。正是这些绿植，才使得布依族人居住环境于景观上呈现出"山川秀发""绿林阴翳"的特征。而在我们的朴素认识观里，既然布依族人先民用自己的身体部位为子孙创造了一个充满勃勃生机的世界，其后辈就没有理由不珍惜这一切。时至今日，置身于天门布依族山寨，还能看到布依族人对他们居住环境里的一花一草、一树一木格外珍视，大人、小孩从不乱拿、从不乱割乱砍滥伐绿植。今鸭场村民组月亮树前的景观池，系原来的水塘改造而来。传说，从前树叶落在塘里后，小鸟们就会飞来衔走。乡村环境整治期间，月亮神树（古榕树）周围地面要铺设石板，水塘又该如何处理呢？村民们认为：鸭场月亮神树边的这个水塘事关风水，不应该填埋。于是，村里采取折中的办法，将水塘修建成一个太极形水池，并准备在里面放入锦鲤，让它形成一道与月亮树相伴的风景。投放锦鲤那天，寨子里摆出八仙桌，点燃香纸，鸣响鞭炮，请布摩①做仪式，劝告大人和小孩不准乱摸乱碰池子里的鱼。若干年过去了，池子里的锦鲤一条也没有丢失，而且越长越大，到这里参观游览的寻访者，驻足观赏时对其灵性赞叹不已。无独有偶，在大寨祭山现场，祭场里的草叶石木等任何一种物件都是绝不允许任何人随意触碰的，哪怕是干枯树枝，也不能拾取回家。在这里考察祭山环境时，我们目睹了如是画面：一尊布满苔藓的大石上，一块块小石头被垒叠成高低错落的造型，颇有些像印第安人在从林里祭祀时所用的祭坛。出于好奇，我们轻声询问伴行的乡文化站负责人刘忠稳这堆造型的文化学内涵，他说："没有特别意义。这只是祭山时村民们随意堆出来的，当初堆成什么样子，现在就是什么样子，在这里没有人敢随便触碰任何东西。比如你们看到的这棵被雷电击毁的榕树，尽管树身都干枯了，也没人敢砍回去使用。我们打算请布摩来烧点香纸，在树身种上铁皮石斛，这样会好看一些。"原来，布依族人在祭祀现场，但凡要动一草一木，抑或是其他东西，都必须经过布摩做仪式。布摩在布依族人的日常生活里的重要地位，也由此可见一斑。或许，正是布依族人祖先留给天门子孙后辈的这些人生智慧、生态财富和道德恪守，才使得天门村的各种生态得到善待和保护，这很值得世世代代传承下去，更值得其他民族学习和借鉴。唯有如此，各民族的家园才会在生态文明建设里欣欣向荣，才会更加美好，青山绿水才会长存天地之间。

善哉，天门布依族人从祖先那里继承下来，并自觉恪守的传统生态观！

❀ **大寨祭祀现场** / 吴学良摄

---

① 布摩：布依族掌管祭祀、做法事的先生，又称大先生。

二 天门村自然生态帖叙

逼近吴王大山，进入垭口，一个山间小盆地就出现在眼前。

四季轮回里，由近及远，梯田、林木、村寨、吊脚楼、古榕、江河等层次分明地扑入眼帘。这让我们想起了《尔雅》中"邑外谓之郊，郊外谓之牧，牧外谓之野，野外谓之林"的古语。而每逢雨后初晴，寨子里的湿气在暖阳的蒸发下，像炊烟似的从吊脚楼和林木间袅袅升起的画面，又让我们想起了郭熙在《林泉高致》中所言的"山以水为血脉，以草木为毛发，以烟云为神彩"之美。寻访天门的次数在一次次地递增，对天门的认识也在一次次地发生变化。就眼前所见来说，一年里的大多数时光，天门古寨都处在一种朦朦胧胧、忽明忽暗中，它与挂在北盘江左岸山腰云朵般的烟霞相互映衬，接连远天。"白气弥山，望之若雪。"天和地是如此近，如此和谐，如此让人目不暇接。天门村的一切，仿佛就是一幅充满古意的云轴山水。

在天门，我酷爱这方山水造就的和谐生态。

这里的平均海拔高度为890米，最低海拔高度仅685米，位于乌都河的出口——岔口。年平均气温在19℃左右，年降雨量1300毫米，气候温热，森林覆盖率达60%，树种以枫香树为主，有古榕树50多棵，龙竹、芭蕉遍布。优越的地理环境在为此地植物生长创造良好条件的同时，也让这方水土远离了所有污染。加之地处偏远，村民秉承崇拜自然、敬仰自然，大自然里的一切动植物都神圣不可侵犯的理念，使这里的千年古榕得以被完好保护。漫山遍野的似火枫林与簇簇丛丛的苍翠龙竹相依相存，铁皮石斛、白腹锦鸡、白面狸等珍稀动植物生态链相伴出现。走进天门，流连吊脚楼下，悠远的历史岁月和文化记忆于这里深深沉淀，一切仿佛让我们穿越了时光，跌入了梦境，顿感时光静谧而久远。

走进天门，我极喜原野梯田为我们呈现的四季美景。

新春伊始，万物复苏。红米梯田人欢牛哞，黑黝黝泥土被翻耕出一阵阵热气，明晃晃的田水倒映着天上的流云，村民们心事被暖融融的春风一页页翻过。夏天，大地一片葱翠，绿油油的谷秧上空有白鹭掠过，三三两两的人影出没于田间，有一句无一句的人语伴着蛙鸣随风传来，这夏日田景图如同布依族人的婚礼，传统而浪漫。雁阵惊寒，秋光宛若从岁月里深情款款地走来，有一阵无一阵地洒落大地。稻田里的蚂蚱不甘寂寞，猛然纵身一跳，惊得时间似乎都瞬间静止；浸满桂花芬芳的鸟鸣，像竹叶上时有时无的清露滴沾人衣，撩得人心酥痒。冬阳就像一顶礼帽暗度山川秀景，于山顶白霜的衬托中，将谷底黄、红、绿点缀下的宁静层林晕染成诗，叶凝烟霞里，天门瞬间变成了一个色彩斑斓的童话世界。

有时，我会觉得我们的梦就仿若天门古寨的灵魂，一年四季都不曾离开过这个地方。时光就像一把梳子，静静地梳理着古寨年月，梳理着我们的心，仿佛古寨和我们的心就在这里，这里就是我们的根魂。在我们的潜意识里，所谓"天人合一"无非就是这种样子、这种模式。这个一生绝不能不来一次的地方，这个让人来了就绝不想走的地方，它的人与自然和谐隽永相处，它的一涧清流、一溪山风、一寨古俗，让我们在告别城市喧嚣，寻找慢时光的过程中难以割舍，不忍离去……

中国传统村落、全国生态文化村两张名片，是天门村的立足之本。

"全国生态文化村"被界定为生态环境良好、生态文化繁荣、生态产业兴旺、村民生活富裕、人与自然和谐、典型示范作用突出的行政村。天门村独具特色的生态环境，和布依族人在吊脚楼边织布、靛染、刺绣、吹唢呐、吹木叶、唱民歌的生活，被深深地打上历史的烙印。在这片大地上寻访的我们顿悟：原来，弥漫的雾岚像天门的裙裾，黄昏是天门的诗和远方，星空是天门梦的衣裳。

三　天门古榕图腾的文化学意涵

吊脚楼中，千年烟火；

菩提树上，五彩云霞。

这是诗人杨丽萍为天门传统文化古村落所作的对联。

在天门，古榕树也被称作菩提树。古榕作为此地布依族人的守寨树、神树，大约也与菩提为"智慧""觉悟"之义有关。

天门布依族人崇敬古榕，膜拜古榕。古榕树似乎成为他们的生命主宰，两者之间已完美地交融于一体，演绎着"人创造环境，同样，环境也创造人"（马克思和恩格斯在《德意志意识形态》中提到的）的生存逻辑。他们在榕树下的寻根问祖仪式，将自然崇拜和祖先崇拜演绎得淋漓尽致。在天门，树冠遮天蔽日的巨大古榕不但是布依族村居的标志，也是他们的族群精神文化——图腾信仰的典型标志。

"图腾"（totem）一词系印第安语。18世纪，英国人朗格最早在《印第安旅行记》一书中使用了该词语。该词语虽无最终定义，但学界认为图腾具有三种基本含义：图腾是血缘亲属；图腾是祖先；图腾是保护神。在各民族传统中，有的民族的图腾表现为动植物，有的民族的图腾表现为无生物或自然现象。而在天门村，天门布依族人的图腾则是千年古榕。如前所引古歌所说，榕树是他们的祖先布灵创造的。因而，在天门布依族人的生活中，在天门布依族人的生命里，枝繁叶茂的古榕树被他们视为生命和吉祥的象征，被视为他们的根和魂以及幸福生活和美好愿景的寄托；对古榕树的虔诚崇拜，就是对祖先和生命保护神的顶礼膜拜。

正如法国年鉴学派创始人之一吕西安·费弗尔在其著作《大地与人类进化》一书中所说："地理环境无疑构成了人类活动框架中的重要部分，但是人本身也参与形成这一环境。"在天门村，源于对古榕树的崇拜，每年农历三月三和六月六时，人们都要杀鸡或宰猪在被视为守寨神树的古榕下祭拜，向这个他们崇拜的图腾祈祷驱灾辟邪，人畜兴旺，庄稼丰收，表达心中的美好愿望。同时，天门布依族人还对枫香树另眼相待，在他们的朴素意识里万物有灵，没有枫香树的寨子是无根之寨，迟早会有霉运到来。这仿佛是天门古榕树图腾衍生出的再生图腾和亚图腾，在很多现代人看来好像有些神秘和不可理喻，或者说很不理解，殊不知美国人类学家马歇尔·萨林斯对此事早有深刻阐述。他说："那些只消费现代产品的人，可以用'落后''浪费''迷信'来形容对这些产品一无所知的'乡巴佬'，却不能否认他们自身对现代性的'迷信'。"图腾是世界各民族普遍存在的文化现象，因此天门布依族人的神树图腾不是一个特例。我们只有深入这个民族的精神领域，才会真正理解，是图腾崇拜让他们因生存压力引起的紧张情绪得到适当的调节和缓解，是图腾崇拜在支撑着他们的良好愿景。霍尔巴赫在其著作《自然的体系》中说："人是自然的产物，存在于自然中。"我们对天门布依族人的树图腾崇拜，由衷地表示尊重和理解！

1. 天门人与树的故事

天门布依族人崇拜古榕树，珍惜古榕树。他们借古树的灵性表达对祖先的畅想和缅怀。他们也借古榕树教育子孙后代在立身处世里要遵守传统道德的思维观。古榕树已经完全融入他们的生产、生活、生命和图腾崇拜里。在天门村鸭场组古榕树旁，那尊历经悠悠岁月，宽70厘米、高100厘米、厚10厘米的字迹斑驳的青石《同议执照》碑，至今还在向人们诉说着布依族人的这种传统道德。

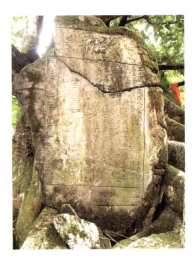

❋ 鸭场《同议执照》碑 / 吴学良摄

同议执照

立出同□　同议人亲老爷以民陆成贵因予年春混沌为王万□棍以返谋业官主伤寒具告王姓陆姓□□以后案口不结落之时老爷甘愿丢予养老谷一石若有案情不结落代领家原□女性归集有田地耕种公堂钱以□陆成贵司下具要随弟□养若不随官□□字鸣公理论□不为□□之事官主转回要陆姓□□抵□二比心□情愿断香生死相顾，立□□□□

本中陆老辞　陆老庞　杨□柳　陆光高　陆正朋　陆玉福　陆元□　众人户

官凭中人　陈公头　李□福

代笔人　杜东苟　李春荣

同治十二年正月十六日立

这是1873年立于鸭场古榕树左面树根下的一方教化碑，至今已有150年。尽管时间不算太长，但碑面及文字均已不完整，甚至断裂处已被侵蚀得斑驳陆离，字迹模糊，难以识辨，可透过残缺不全的内容，我们依然能大致复原碑文记载的内容：陆成贵因为不懂事，在异乡被一个姓王的人打伤，他返乡谋业期间报了官，恰逢官家身染伤寒。于是，陆家放话说，陆姓老人愿意用一石养老谷物打官司。如果官司一直不结，就由代领家的女性用归集的钱粮作官司费用。而私底下，已伤残的陆成贵意欲与兄弟一起赡养老人，可能是遭到拒绝，他就说要诉讼于公堂。官家病愈归来听说此事后，要他们兄弟相互体谅。于是，兄弟俩请人见证，立下契约，愿意生死相顾。由此推测，陆家虽然家境有点好，但人口不太多。碑体内容关键点并不在前一部分打官司一事，而在后面部分两兄弟的团结友爱。将此事镌刻成铭文，足见它承载着天门布依族人的传统道德观念，将其置于具有生殖崇拜意义的古榕树下，其警示与祈求人丁兴旺的意义不但深刻而且深远。

2.天门树与人的故事

阵阵蝉鸣从亚热带古榕上如飞瀑一般倾泻下来，唱恸了山河，唱绝了乡间湿漉漉的民俗和风情。

在天门村，树代表着山，不一定要大，但必须有灵性。

天门村的布依族人，普遍都持有万物有灵观念。他们相信生活中很多不能解决的矛盾，都可以在神树下得到解决。村里有两户人家曾因土地发生纠纷，调解不成，于是，两家主事人拿着一只大红公鸡，在神树下一人扯着一只鸡腿说："老神仙看见了，也请你做证，哪家不对你就去找哪家。"说罢，将鸡腿硬生生地扯裂。据说，其中一户人家自此以后，不是家人生病，就是牲口遭瘟，村民们都相信这是一种报应。这颇有点《荀子·宥坐篇》中所说的"为善者，天报之以福；为不善者，天报之以祸"的意味。大寨有一个地方叫小林箐，这里的树都成双生长，石头也是成双地靠在一起，村民们都认为这个地方很有灵性，附近的人和牲口孕育双胞胎的都比其他村组多，于是，人们时常于此挂红，祈求保佑。

与此相反的是：据说鸭场有一户人家，动了月亮神树，其后一家人便遭了殃，受到惩罚。传说在10多年前，还有一户人家的主事人不信邪，去砍神山树。可当他把树扛回家后就生病了，而且很严重，全身疼痛，动都动不了，找医生也看不好，只好请算命先生算。算出有"怪"后，他家请布摩来送"怪"，仪式做完后，人才逐渐康复。

天门布依族人对万物有灵的崇拜，听起来似乎颇具迷信色彩。特别是在医学发达的如今，这可能会让人感到极其不可理喻，但马克思曾说过："相当长的时期以来，人们一直用迷信来说明历史。"因此我们也可以从另一个角度去认识它，也许正是这些看似很荒诞的事情，才让天门布依族人于无形中，在客观上保护了这里的良好生态环境。

四　天门村祭祀文化述略

"人如果没有信仰地活着，便是过着动物般的生活。"这是人和动物最重要的区别之一。

"仁爱万物"的深厚传统观念，让天门布依族人相信有一种超越万物的自然力量在主宰着他们的命运，其善者为神，恶者为鬼。对神需要祈求祭拜，对鬼需要以巫术制之。"民族节日是了解民族文化的一个重要窗口，平时我们见不到或者只能零星见到的文化现象，在节日这个特定的日子里，都会集中地表现出来，并在激动人心的场面中使人深深感受到它丰富的文化内涵和蕴含其中的精神力量。"[1] 在天门村树崇拜的相关仪式中，我们真真切切地感受到这并非妄言。

那么，天门村布依族在一年里有多少个节日呢？

2022年9月8日，在大寨采访62岁的布依族老人王仕龙时，他告诉我们，天门村布依族一年中要过的节日有如下几个：

小年。每年正月三十，老辈人会在这一天打粑粑、煮腊肉和猪腿过节。门客来过小年，一般会带5斤酒作为礼物。

清明。每年这一天，天门布依族人会事前把一种黄花（民间叫九里香、染饭花，植物学名称为密蒙花）浸入水中，过滤后用其浸泡出的黄色水泡糯米，然后蒸

---

① 申满秀主编，《贵州历史与文化》，西南交通大学出版社，2014年版。

成糯米饭，在节日里带上山在祖先坟前供奉。香蜡纸烛焚烧完毕，村民们就在山上喝酒吃饭，热闹异常。

七月半。每年七月十五，天门布依族人会杀一只鸡供奉老人，晚上烧香烧纸祭祀先辈。

九月九。每年这一天，天门布依族人会用煮熟的小豆做馅，蒸新糯米打糯米粑。

当然，在天门布依族人众多的传统节日里，最热闹浓烈，也最受关注且与众不同的，要数以祭山、祭树为主要活动内容的"三月三"和"六月六"。

为什么要祭山、祭树呢？

天门布依族人除了崇信"万物有灵"之外，还对祖灵有着不同的理解。在他们看来，人死而灵魂永存，灵魂不灭才是灵魂观念的核心思想。灵魂是什么？《大戴礼记》说："阳之精气曰神，阴之精气曰灵。"《左传·昭公七年》云："附形之灵为魄，附气之神为魂。"所以，他们相信，"由生走向死只是一种存在的转换，而不是一种自我生命的否定或消失，甚至，死是生的前奏。死亡将近，再生不会太远"。灵魂不死的神秘观念，让畏惧与崇敬交织的双重意识于他们思想上形成一种无形的精神张力。越畏惧，崇敬心理越虔诚；而越崇敬，畏惧心理越沉重。祖先不但创造了他们的生存世界，还繁育了他们的子孙后代，这种超自然、超现实的神之神秘力量，使怀念、瞻仰、崇拜祖先成了祭祀文化的凝聚点。因而，祈求祖灵护佑，祈祷祖灵"与日月齐光，与天地为常"，才成为他们必须履行的仪式和必然选择。

贵州省内各地布依族人在"三月三"都会举办祭山活动，然而，各地祭山主题却不尽相同，相关活动也不一样。贵阳市乌当区新堡乡布依族人在"三月三"的活动是祭地蚕——"地蚕会"，其目的是祈求地蚕不要咬农作物的种子，盼望丰收；独山县上司、下司、麻尾布依族人"三月三"的祭祀活动是"打保符"（打虎豹），杀猪宰牛求神保佑，阻止蚂蚱吃庄稼；罗甸县布依族人"三月三"（或三月十三）的活动被称为枫叶节，"其俗每岁三月初三，食花糯米饭"（取枫叶汁做染料），将踏青、扫墓、坐歌等活动融为一体……而天门村布依族人在"三月三"选择于山坡神树下祭山，其文化学意涵与其他地方相比，自然完全不同。

1. "三月三"祭山活动叙事

天门村大寨"三月三"在神树下的祭山活动别具一格。

每年农历三月初三，大寨布依族的"当社"人，会在建寨之初确立的寨心外竖寨门、木桩，以及定边界。

这一天的祭祀现场，有着很多禁忌和规定。

寨子里的人家里凡是有猪、狗、牛等，或有未满月孩子的均不能到祭山现场；凡布依族女性均不能入内参加祭祀。同时，禁止个人捡用祭祀现场里的枯树枝，更不能砍伐；确须使用时，要请布摩烧三张纸钱后，方可进行。进入祭祀现场的男子，不能大小便，不能说脏话，祭祀完祭台放在大榕树下，只能远观，不能近看。

春鸟欢快的鸣叫声吵醒了沉睡的山寨。众多乡亲三三两两结伴，拉着家常从四面八方赶来。当年负责牵头"办社"的两户人家的男主人，赶着先由其垫钱购买，然后每户再平摊的出栏猪最早到场。他们和布摩在香蜡纸烛释放出的烟雾里，召集穿戴整洁的在场村民，或清理祭祀现场，或生火烧水，以备祭奠和杀牲。同时，"办社"人把从山头采来的，牲畜没吃过、草尖上没有鸟雀屎的茅草拿出来，让会搓反手绳的人反手搓一根绳（如今，搓反手绳的茅草，不再要求从九个山头分别采集），在绳子上挂上三个用白纸剪成的抽象小纸人，待水开杀猪时蘸几滴猪血在上面，拴在村民进出的两棵树中间，再将一根从杀猪火塘里取来的柴火放在下面，形成一道象征性的门供村民进出——也必须从这里进出。绳和柴火在此时成为一种实物符号，传说它能把妖魔鬼怪等邪恶的东西拦在外面，避免其扰乱祭祀现场，惊扰神灵，它的存在可以让祭祀现场和在场村民百事无忧。德国哲学家卡西尔认为，人是符号的动物，人不但使用文字符号，也使用实物符号。反手绳这种特别明显的象征意义，无言胜有言，让人不由得想起美国文化人类学家克利福德·格尔茨提倡的符号人类学，力图分析符号的象征意义，还原符号的文化功能，阐释文化的意蕴。此时，反手绳在两棵树中间似乎也找到了暂时的依靠，任凭日晒雨淋，直至"老去"……

按照祭山传统，"三月三"的祭台设在西边，灶膛设在东边。布摩是整个祭祀现场的主角，他主持念完祭祀经后，宰杀牲畜、敬献贡品、焚香祈福、举行祷告等祭山民俗仪式便可依次展开。

杀猪大戏开始上演。

杀猪、烫毛、褪毛、开膛破肚、肢解。在一整套流程期间，布摩忙着布置与祭台相关联的事务。他在祭台四面插上木棍后，再于木棍半高处搭一层祭台，形成两层祭台后，上面一层摆五个碗——两碗酒、三碗饭，下面一层摆四个碗——三碗酒、一碗饭。上面一层有一碗酒属于布摩，其余三碗饭和一碗酒敬献山神；下面一层的酒饭全部用来祭祀。布摩念的祭祀经大多与祈求狂风、冰雹不要到天门，祈求山神保佑族人平安、五谷丰登、火灾不现为主。春季天干物燥，布依族人大多数住在吊脚楼里，特别怕火。

宰杀完祭山用的猪，村民们先把属于牵头"办社"两户人家的猪脚砍下来；把猪头划成两半，上半部分留给牵头两家，下巴留给布摩；再把猪身按户平分，每户一块。随后将内脏和剩下的猪肉煮成一锅，祭山现场的人先吃一顿后，剩下的再按户（与老人同住，未分户的子女，只能与老人算一户人家）用锅分。那些因家里有牲口或未满月的孩子而不能到场的人家，则由替他们带锅进来的现场村民装好后，送到反手绳处的山脚下交接。

"出门十里远，别是一乡风。"

同属于一个村的不同村民组，"三月三"的祭山活动也存在着差异。当前，天门村六个村民组中的新寨、大寨等仍然保持着用猪祭山的传统，坪寨、小寨、滚塘等则演变成用鸡祭山。从前，有个村寨还用牛祭，因个别村民在神树交接处挖屋基砌房破坏了规矩，引发寨民不满，于是，他们就把用牛祭祀改成了用鸡祭祀。

如今，用鸡祭祀的村

✿ 鸭场祭山 / 邹刚摄

寨其祭祀过程与大寨用猪祭祀的过程大同小异，只是地点不同而已。以小寨而言，它的祭山活动场所是在"房后山"。在布摩的主持下，杀鸡祭奉仪式开始。与祭台相关的祭祀仪式结束后，寨民们即把杀好的三十多只鸡煮熟，然后按户平分。灶台边摆满了碗，一个碗表示一户，一户舀一瓢；一个碗上放一支筷子，表示这户人家下还有一户，舀两瓢；一个碗上放一双筷子的，舀三瓢，以此类推（碗现已改为小盆、小锅）。分完祭祀用的鸡后，村民们齐心协力地把祭台送到神树下供远观。

鸭场的祭山活动也是用鸡祭，地点在距月亮树不远处的田野小山包上。每年"三月三"祭山时，鸭场村民都要从月亮树下出发前往。

天门村最美的两棵古榕树，一棵是大寨的神树，另一棵是鸭场的月亮树。它们在文化学上具有独特的意义。

❀ 鸭场合欢古榕树 ／ 王述慷摄

鸭场月亮树系两座石堆上长出的两棵古榕相交而成。

此树的神奇之处在于，树下空洞犹如残月，又似女阴。右面树后长出一个一尺左右长、形似男根的树瘤，斜插树孔。黑格尔说："东方所强调和崇敬的往往是自然界普遍的生命力，不是思想意识的精神性和威力，而是生殖方面的创造力……更具体地说，对自然界普遍的生殖力的看法是用雌雄生殖器的形状来表现和崇拜的。"[①]因为这奇特的造型，很多村民都相信它能恩泽众生，保佑村里人儿孙满堂。故而，树身系挂的红布条成了这种民俗期盼的醒目标志。

鸭场这棵被布依族人称为月亮树的古榕，其"月亮"意象在民俗文化上是有着久远根源的。在古人的观念里，月亮是生殖崇拜之神。《汉书》云："元后母李氏梦月入其怀而生后。"可以佐证这一观点。同时，在汉文化里，造人之女娲兼有月神之职，产下十二个月儿的常羲、造药的嫦娥也同为月神，三者之中尤以女娲为人类始祖神、婚姻神、乐神被广泛接受。月亮还是和平女神的象征。《史记·天官书》云："月行中道，安宁和平。"这也道出了中国古代流行月崇拜习俗的原因所在。于此层面，将鸭场这棵底部空如残月的月亮树称为"合欢树"亦无不可，因为它在村民们眼里寄托着"祖魂入体，灵魂再生"的朴素意识，也寄托着"生育和生命起源的神秘性是最深刻的自然神秘性"理念。而在人类学家的眼里，"宇宙起源和存活的隐蔽秘密的关键就在性的神秘性中"。这棵在鸭场村民看来，通过祈祷能让他们儿孙满堂的神树，既是生命图腾，也是他们的家族枝繁叶茂的象征。

鸭场月亮树右面树根下侧，有用竹片搭建的类似鸭棚的物件。正中间系

❀ 鸭场叫魂竹棚 / 吴学良摄

① 黑格尔著，朱光潜译，《美学（第三卷）》（上册），商务印书馆，1979年版。

挂的抽象纸人已经在雨水的冲刷下变成几缕白纸。据说，每年大年三十夜，家家户户都要端来一碗饭在此供奉，布摩负责叫魂仪式。尤其是对在外打工的人来说，此间所做的一切能保佑他们平安。这里也是鸭场"三月三"祭山时的出发地。此棚与月亮树相伴，意味着生命的诞生与延续相依相存。这是否也略具爱因斯坦所说的"人类的一切经验和感受中，以神秘感最为美妙。这是一切真正的艺术创作及科学发明的灵感源泉"之意味呢？

2. "六月六"祭树活动叙事

夏日蝉鸣声有一阵无一阵地泻落在祭山坡上，四周氤氲着的岚气如记忆一般散开，环山绕水。

"节日，是一种社会文化现象，反映着民族的共同心理素质和外貌特征。"（潘廷映）"六月六"是天门村布依族人穿戴盛装的喜庆日子，也是他们隆重祭神树的日子。

天门村布依族人"六月六"祭树活动，与其他地方的布依族人不尽相同，在文化学意涵上存在着差异。在贵州省内，安顺镇宁石头寨"六月六"歌节以行歌为主，其来历虽说法多样，然而普遍认为是为祭祀，因为这一天是盘古谢世的日子；惠水县党古新寨布依族人"六月六"的活动，表现为以坐歌为主的"糯米歌会"；安龙县布依族人"六月六"的活动内容是"赶毛衫树"行歌坐歌；黔西市治中布依族人的"六月六"活动是跳"六月坡"。天门布依族人的"六月六"活动，主体内容是祭神树、祭田神、祭土地神，表达对大自然的敬畏之情，以及与大自然和谐共生的美好愿望。从六月初五日开始，天门布依族人家家户户就着手准备牛角粽、短牛角粽、猪蹄粽、"打饭笋"，并在里面加入酥麻、花生、核桃、蜂蜜等配料，村寨里到处洋溢着喜庆气息。

"六月六"祭祀现场。

穿戴整洁的布摩，在神树下严格遵循祭台设置在西面、灶膛设置在东面的传统习俗，用一张红纸铺垫在升斗底部，倒进两碗米，装上酒，放上白纸、剪刀，插上香，放声大喊："各位父老乡亲，不能在外面做活路喽，要祭树喽！"继而在祭台四个角插上树棍，再于树棍半腰上搭一层简易祭台，把斗放在正前面，随后开始唱古歌、念祭祀经、说祝福语，祈求神树保佑全寨五谷丰登，人畜兴旺，平安大吉。

唢呐吹起来，杀牲"活路"做起来，反手绳拴起来。柴火在绳下冒出青烟，陆续到来的大人们带着男孩或12岁以下的女孩从反手绳下走过，进入祭祀中心。

天门村大寨"六月六"祭树仪式的流程与"三月三"基本相同，不同的是四只猪脚不再分给"当社"的两户牵头人家，而是和猪肚、猪肝等内脏一起煮熟，供神树、供祖先。祭神树的主要目的是向神树、土地神祷告，祈求神灵保佑风调雨顺，全寨人眷平安，丰收大吉。

中国灵魂观念的主体趋势是灵魂永存，认为人死后灵魂不死，仍能庇佑儿孙后代，所以，"生之以礼、死之以礼、葬之以礼""事死如事生"，是天门布依族人对长辈一直遵守的基本道德传统，故而，他们对待祖灵也格外崇敬，体现出一种"慎终追远，民德归厚矣"之朴素民风。在灵魂信仰对后人做道德教化的驱动下，村民们把在祭树现场分到的熟肉带回家摆在堂屋正中神龛下的桌子上。神龛顶端贴着三个、五个或七个用白纸或红纸剪成的抽象人形祖灵，男子在下端正中香炉里插上燃香，开始焚烧纸钱。在天门大寨布依族人心目中，全寨男女都是祖灵的儿孙，供奉祖灵能让布依族子孙繁衍兴旺，千秋万代地传下去。

这一天，天门村大人、小孩都会用两头去节的竹筒划成的竹篾签，将带回来供奉祖灵的熟肉穿挑着吃完，据说能防治痢疾。

所有仪式做完之后，"六月

❀ 大寨祭山现场 / 刘忠稳摄

六"负责牵头"办社"的两户人家，就会用小箩筐或升斗装米，以红纸覆盖，再装一些酒，由其中一户放在自己家吊脚楼外的山墙边。每逢遇到冰雹等来袭时，就念："山神啊山神，不要让白雨到我们地方，我们地方儿女多得很。"自然，这种观念极其朴素，但作为民俗，它却成了外界了解当地祭树文化的一道窗口。

✿ 大寨神龛 / 吴学良摄

汉代杨恽的《报孙会宗书》中说："夫人情所不能止者，圣人弗禁。"

于此，尤其值得一提的是：在天门村，各个寨子过"六月六"时都有属于自己的祭树活动，形式和内容也大体相仿。然而，没有哪一个寨子的祭树活动有大寨村民组这么具有代表性。作为个案，它具有典型性，所以，它才长存于我们的文化中，并将随着我们的文字叙述长长久久地流传下去……

第 三 章

天门传统古村落的和谐人聚空间

作为一个有"根"有"魂"的布依族传统文化古村落，以吊脚楼为核心的天门村，在和谐人聚空间上给人留下了太多遐想和感慨。不得不说，这是一个让人十分向往的地方，也是一个让人来过之后不忍离去的地方，更是一个让人来过一次之后就会魂牵梦绕的地方。踟蹰在一栋栋古色古香的干栏式覆瓦歇山顶传统穿斗吊脚楼前，眺古榕如伞，听竹叶呢喃，视枫香若染，看花开花落，任母鸡带着小鸡崽在身前身后觅食，老牛轻哞……眼前的一切，让人心灵如秋露般晶莹，秋水般宁静。难以想象，没有繁茂植被的天门村会是什么模样？更难以想象，没有吊脚楼的天门村，还会如此让人痴恋吗？

答案无须多言。

一 天门吊脚楼，一段凝固的音乐旋律

在天门，吊脚楼不仅是一种传统文化，也是一种生活方式。它不仅是天门布依族人的生活之"巢"，而且在此基础上，衍生出与天门人密切相关的生产、生活形

态，一切图景都是围绕着吊脚楼而展开的……

天门村的和谐人聚空间，是以干栏式覆瓦歇山顶传统穿斗吊脚楼群为核心，联袂梯田风光、绿植等自然景观，及传统民俗共同营造出来的。

大作家果戈理曾说："建筑是世界年鉴，建筑是凝固的音乐，当音乐和歌曲沉默时，建筑特别是古建筑仍然在歌唱。"天门村凝固的吊脚楼的旋律，记录着天门村史，记录着天门布依族人的智慧，记录着天门布依族人的喜怒哀乐……

从水盘东线公路小鸡场分路进入吴王大山，再沿垭口而下，或从另一条公路经口坪到鸭场，就进入北盘江畔的天门村。在这个马蹄形谷盆，沿途有枫树夹道相迎、梯田相伴，掩映在修竹茂林里的小寨里，以木柱撑体、木板装壁、青瓦覆顶的吊脚楼群错落有致，如画册般徐徐展开，给人一种古朴、宁静，"养在深闺人未识"的印象。如从天门垭口走，再往下行走5千米，接近江边时，枫树渐少，代之而来的是几十棵高10余米不等，树冠如巨伞般撑开的古榕树。树周围散落着一栋栋时而密集，时而稀疏的吊脚楼，这便是天门小寨和大寨所在地。三面大山围绕，作为天门中心的小寨、大寨前"一江'春'水向东流"。江水从古榕树身旁流过，从吊脚楼前流过时，瞬间让人产生一种客居异乡的感觉。意犹未尽里，往东行走五六千米，到鸭场组那棵由两株古榕长成的奇树之畔时，吊脚楼和古榕树已结成一片。透过如门般大小的根部空洞，树后布依族人的粮仓下，可见可闻于农闲时光里挑花刺绣的布依族妇女，正三三两两地坐着飞针走线，笑声盈耳。干栏式覆瓦歇山顶传统

❀ 天门吊脚楼／佚名摄

穿斗吊脚楼作为一种文化意象，是构成天门传统文化古村落必不可少的文化元素，与作为生态元素的古榕树等密不可分。这种鱼水关系在铸就一道自然风景的同时，也铸就了一道人文风景。

在天门村的6个村民组里，干栏式覆瓦歇山顶传统穿斗吊脚楼群主要集中在大寨、小寨和鸭场。这3个村民组彼此之间的距离相对较近，距离北盘江和乌都河也不远，不似另外3个村民组的吊脚楼般零散，且有混凝土房立于其间。在这些吊脚楼群里，尤以小寨吊脚楼最多，最集中，保存得最完整，也最引人注目。然而，要论及时间之久远，却以鸭场吊脚楼的历史最为悠长。

据统计，天门村于今尚存干栏式覆瓦歇山顶传统穿斗吊脚楼135栋，100年以上的有32栋，100年以下的有103栋，它们分散在各个村民组。其中，大寨22栋，小寨28栋，滚塘18栋，新寨26栋，鸭场19栋，坪寨22栋。在这135栋吊脚楼里，以鸭场卢凤象家167.2平方米、距今已有136年的吊脚楼存世时间最长。一栋栋吊脚楼在天门大地上，就像一首首古典诗词，散发着古拙纯朴的气息，充满意韵地从谷盆之底延伸到山腰，于古榕、芭蕉、枫香、竹丛间若隐若现。若说这里的古榕树是大地上长出的一株株寓言，那么，这里的吊脚楼就像是群山绿植里冒出的一栋栋神话；或许，它们酷似北盘江和乌都河五线谱上跳动的音符，不时奏出悦耳妙音，灵动、浪漫里让人在如烟春雨和子规啼声中不忍离开，不忍归去……

135栋吊脚楼与20栋落地木屋，为天门村保留了完好的人聚空间，为文化人类学者的考察提供了一个极佳观察点。它能够让我们更好地研究这一"与世隔绝"的村庄的布依族文化传承，为研究怎样保护和抢救布依族文化提供有益的帮助，为与之相似的传统村落的文化抢救和保护提供"天门样本"。

二 天门吊脚楼范式

在建筑学家的眼里，一座座建筑就是一段段凝固的旋律。它凝固的不仅是时间，更重要的是凝固了一段历史文化，透过它传达出的信息，就能考察、研究那一段历史中的政治形态、社会经济发展状况、文化、民俗等等。

朴野之居是一份乡愁册页。

天门村干栏式覆瓦歇山顶传统穿斗吊脚楼作为布依族建筑住宅，与山川大地和人的关系相依相存。"宅"之本义为"择"，即择吉处而居。故《初学记》引《释名》云："宅，择也，言择吉处而营之也。""宅吉即人荣"，因而在生产力水平欠发达的中国古代，"占卜问居何处"之俗普遍流行。屈原《卜居》里的"卜已居世何所宜行"之句，杜甫《为农》里的"卜宅从兹老，为农去国赊"之句，都说明了居住之所对于人的重要性。古人对住宅用地在择吉而建的同时，遵循着三大原则：第一，保土。宅为人本，土系人根，保护耕地为上。第二，保栅防贼防盗。第三，保山居。山居既地高干燥，利防水灾，有利健康，又不侵占耕地面积。在此基础之上，"宅以形势为身体，以泉水为血脉，以土地为皮肉，以草木为毛发，以舍屋为衣服，以门户为冠带。若得如斯，是事俨雅乃为上吉。"（《宅经》）古人这种朴素的哲学思维，至今仍令人备感不无道理。

地域不同，文化不同，建筑种类也完全存异。在乡土住宅里，学术界把底层架空的宅居称为干栏式建筑。这种建筑形式有着漫长的历史演变过程，其演变历程也彰显着社会文明程度的不断进化。

"干栏"作为一种柱架式榫卯结构木料建筑，出现时间极早。考古学发现，在7000年前的河姆渡原始农耕时期，长江流域种植水稻的先民们就已经以木桩插于地面，上用木材拼接成屋。而作为一个建筑名词，"干栏"词源却始见于《魏书》。据《北史·南僚传》记载，僚人"依树积木，以居其上，名曰干栏。干栏大小，随其家口之数"。古僚人是布依族先民，据考证"干栏"系布依族语"房子"的古译音。唐时，这种建筑已经发展到"依树为层巢而居，汲流以饮""人楼居，梯而上"（《旧唐书·南蛮传》），可见，"依树积木"的"巢居"已被布依族先民改造成地面居所；宋时，他们又将楼底简便宽敞的空间充分利用起来养猪养鸡，这可以从周去非《岭外代答》中的"上以自处，下居鸡豚"一句得到佐证；明代以后，底层遍养家禽家畜成为共同取向，邝露《赤雅》中的"人栖其上，牛羊犬豕畜其下"说的就是此事。不仅如此，清代诗人余上泗在《蛮洞竹枝词》里写道："岩间自古好楼居，屋角开门苇户疏。妇女惯操机杼事，云山四壁挂犁锄。"此诗把吊脚楼在古代布依族人日常生活里的功用描述得更加全面，像一幅布依族人完整的生活图景，让人浮想联翩。

历朝历代，布依族人的屋舍在哪里呢？

屋舍在台地林树之下。这是他们从祖先"依山、傍水、聚林"的观念里继承下来的模式，其中留下了祖先们开疆拓土的印记。

在布依族《古歌·造房子》里，洪水朝天，人出现后，没有房子住的情形具体如下：

> 造了人还没有造房子，
> 在空地像獭，
> 在空坝像牛，
> 于是拿艾枝做柱，
> 用芭茅秆来夹住，
> 上面用藤子来牵着，
> 再用野蕉叶来盖，
> 或用东南叶来盖，
> 但下过雨就朽坏了，
> 雨来就腐烂了。

这一点与布依族古歌《祖王和安王·（一）盘果王》记载的内容类似：

> 盘果是雷公的儿子，
> 是天上雷公的儿子，
> 是天上星星的儿子，
> 是天上北斗星的儿子。
> 他随着倾盆的大雨来，
> 他随着河里的洪水来，
> 那时没有房和屋，

那时哪有盘和碟，

住在那草脚像乌鸦，

住在那草脚像豺狼，

住在岩脚像狼，

拿通草叶来盖房。

拿东南叶来盖房，

拿野芭蕉叶来盖房，

拿野东南叶来盖屋。

下雨它就湿透，

出太阳它就干。

在如此相似的背景之下，《古歌·造房子》里的"王"在母亲的教导下，历经千辛万苦来到"生人"（汉族人）住的地方，虚心学习建造房子的技术。他回去后请来师傅，在村寨民众的帮助下，立起了房架，烧出了"拱背"瓦，"拿来盖在房上，雨淋在上面不漏，大风吹来也不动"，吊脚楼就是这样出现的。

读《古歌·造房子》里的文字，我的感觉是，从整个吊脚楼的建造过程来看，技术已经相当成熟，古歌似乎也不那么"古"，而且，里面关于借鉴"生人"（汉族人）建造技艺的内容，我认为是值得思量的。相反，我更相信《古摩经》里的相关记载。

据《古摩经》所云，布依族先民起初没有固定住所，走到哪里就住在哪里。后来，有一个叫"南"的人将几根树干立起来，再用茅草、树叶盖在顶上，搭成了简易窝棚。故《古歌》中唱道："前辈建房，拿芦苇做柱，拿竹篾来夹，拿葛藤来捆，拿阔叶来遮，拿芭蕉叶盖。蕉叶盖睡铺，雨水滴答响……""老人会编竹笆栅，树枝捆来做楼梯……"后来，这才发展成具有布依族民族特色的"起房在半坡，修屋在半山，太阳一出晒到家，太阳出来晒到院坝，好拿衣服晾，好拿粮食晒"的人畜共处的能防毒蛇猛兽的干栏式建筑。

天门布依族干栏式覆瓦歇山顶传统穿斗吊脚楼是对古代干栏式建筑的继承和发展，作为一种乡土建筑范式，它有着自己鲜明的特点和意蕴。

在北盘江流域布依族的相关传说里，他们选择居住之地时自古就有"隔河一趟"（误传为"隔河一丈"）的传统。或许，正是在此观念的影响下，天门村的布依族人才选择在河谷坝子的峰峦间筑屋而居，将村寨依山而建，层叠而上，遍植榕树、龙竹、枫香、芭蕉，让所居之处四季翠绿浓郁，与青山绿水相伴，故而使"逐水而居、依山傍水"的传统生态观于一脉相承里更加风格鲜明。具体践行中，当地布依族人不但善于选择所居之地，而且善于因地制宜，尤其注重在建筑材料上就地取材。同为一个种群，安顺镇宁一带的布依族人因取用石材方便，在保留干栏传统架构体系的同时，更多以石料砌垒地基、山墙、屋顶等，建造出石墙石瓦房屋，彰显出另一种风格。而天门布依族人最初修建吊脚楼时选择以茅草覆顶，用竹篾条编制成块状，以牛粪拌泥灰涂抹镶嵌于壁间，后来才发展成木瓦结构，其墙壁采用木板装饰，大寨、鸭场一度专门建有瓦厂。由此，可以推断出天门这个地方，在很久很久以前山上应该是古木参天，遍野应该是迎风摇摆的茅草，水泽河畔应该是连片的茂密竹林。经过天门布依族人一代代的努力，天门村的一座座风貌古朴、个性鲜明的吊脚楼不断演化成如今的式样，于建筑上完成了对美的另一种选择和营造。

❀ **滚塘吊脚楼秋景** / 吴学良摄

于今，叠映在每一个寻访者眼里的天门村干栏式覆瓦歇山顶传统穿斗吊脚楼，无不在因势而造里充分显示出在这一方水土上生活的布依族民众的营造智慧。层高讲究尾数不离八寸，开间一般为一丈三尺，两边各一丈二尺，进深习惯以双数——二丈二尺或二丈四尺为准，外砌登楼石梯梯级须为单数，如此种种均是对这种建筑民俗和睿智文化的体现。这里修建的吊脚楼范式为落地式，它将吊脚楼正屋建在相对平坦之处，以柱支撑，形成悬空式楼房。楼房由一列列排扇形成主要构建，每列由一根中柱、两根梁柱、两根二柱，共五根粗大杉木或枫香圆木与穿枋组成排扇。独柱不成列，两柱也不成列，两间两厦吊脚楼民居需立五列排扇。为了底层设置牲畜圈舍的空间需要，不可使木柱成为阻碍并避免毁坏，伙房这一列事实上只有前后两根木柱，而堂屋仅由一根后柱支撑；堂屋和伙房之假柱或后柱范围内的核心空间，事实上就是圈舍所在。三间两厦的需立六列排扇，前后由两根木柱支撑的地方共有两处，堂屋依旧由一根后柱支撑。此核心空间主要用来圈养牲畜，也有的人户于此建造粮仓。天门村的吊脚楼民居以两间两厦最为普遍，三间两厦的比较少，新寨卢勇家的三间两厦吊脚楼保存得比较好。这些吊脚楼都遵循将支撑偏厦左右之两列、其他列之梁柱和二柱之间的底层空间留出，形成圈舍之外一圈方形空间，另作他用。天门村吊脚楼的门窗装饰一般都比较简朴，采用十二升供四斗窗花，有条件的人家会在吊脚楼四个角使用垂瓜柱，或将第一层楼板向外延伸六十厘米左右，形成走马转角，供人由此进入偏厦或在此纳凉、挑花、刺绣。在天门村，村民们都遵循着七柱落地的楼用作庙房，九柱落地的楼用作官房之规矩。吊脚楼的柱子、行挑、楼板、板壁、椽皮等构件，主要采用枫香树、椿树、青冈树之木，为防腐坏，柱底以简易石板或不规则的大小石磴支垫，在两米左右之高处开始用榫穿连，将柱子、椽子、梁、枋、檩等上百件木料原件严丝合缝地拼装后，整座吊脚楼框架就于坚固中悬空而起。其后，再装上无须着色的木门窗、加厚的木楼板、竹壁或木壁，顶覆青瓦。一座座底层关牲畜，安置石磨或石碓等舂碾食物的加工器材，搁置犁铧、锄头、薅刀、风斗等耕作农具，摆放织布机等纺织用具，中层作为起居、刺绣之处，阁楼烘炕玉米、杂粮或存放杂物的吊脚楼，就完美地呈现于大地之上。

既然吊脚楼的主要功能是圈养牲畜和供人生活起居，于此有必要对底层和中层的建筑范式做进一步描述。圈养牲畜的圈舍，以养猪、养牛、养马为主，选择在堂屋和伙房底层中柱、梁柱之间，且只有前后两柱或独柱之处建造圈舍，以保证圈舍的正常空间面积。于圈舍四周柱子上间隔凿二十厘米高、八厘米左右厚的穿孔，以木枋横穿隔出空间，下挖两尺左右深的土坑，四周以石镶砌，以便保护木柱和积肥。垒石而成的宽约一米、高约两米的石梯，是直达吊脚楼二楼吞口的必备附件。吞口时常是纳凉或老人做针线活之处，客人也常常在此喝茶聊天，具有多种功能。二楼的堂屋是祭祖活动与就餐场所。紧邻堂屋之伙房，前屋用来生一大一小两种火炉，靠窗大火炉下垫土，用以防火隔热，其上安装大铁锅供蒸煮之用，正中砌成约一平方米、五寸见深的方池，下垫泥土，供烤火取暖用，后屋为居室。两边的小阁楼，一边为长辈卧房，一边为晚辈卧房，其中靠后一间为闺女的绣花房。二楼与屋顶之间设置楼层，供放杂物或烘炕作物。在天门，有的吊脚楼因地势所限，就选择建成两间一厦格局，但这种歇山顶单偏厦传统穿斗吊脚楼为数不多。

有了房屋，就有了炊烟；有了炊烟，就有了让人怀念的地方，因为那里是人们心灵的皈依之所，也因为有了它，人们才能安心地致力于耕作和创造。纵然岁月像水一样流淌，木柱、板壁、窗棂、木门等也随之变成灰褐色，可不变的是吊脚楼的基本功用，沉淀的是这一方水土滋养的布依族文化。

世界建筑大师勒·柯布西耶在《明日之城市》里提出未来整个城市应充分"吊脚楼"化的主张。我们不知道布依族民居的建筑传统与当代建筑大师的建筑观之间存在着怎样的关系，我们只知道天门吊脚楼是这一方传统文化古村落的"根"和"魂"。我只知道，在古榕、龙竹、枫香的树荫里，在芭蕉树的若隐若现中，在鸟鸣虫唱间，散发着古拙纯朴气息的干栏式覆瓦歇山顶传统穿斗吊脚楼，使每一次到来的我们都心如止水。我们可以在如斯时光里尽享片刻欢愉，将诸事尽抛脑后，随心而行，随遇而安，被静谧和乡愁萦绕，这是何等惬意。有山在，有水在，有云在，有雾在，有榕树在，有枫香在，有龙竹在，有芭蕉在，有花草在，有鸟声在，有蛙鸣在，有游鱼在，有蝉唱在，有稻香在，有乡愁在，我们只需守住吊脚楼，只需守住灵魂，只需细嗅花香，静听风语，便一切都自由起来，自在起来，将凡尘浮华尽抛身外……

三　天门吊脚楼建造艺人

　　天门干栏式覆瓦歇山顶传统穿斗吊脚楼群是一个相对独立且完整的村落聚落。它不但要满足村民日常生活、劳动、休养的需要，还必须与山水田园紧密结合。因此，在建筑结构上因材施工，在建筑形象与装饰上汲取乡土文化与民间艺术养分，使得这里的吊脚楼不论从平面还是立体上看，都有比城市建筑更为生动活泼的形态。乡土建筑与城市建筑一样，具有丰富的历史、艺术与科学价值，天门吊脚楼无疑也是中国古代建筑遗产中的一份重要财富。

　　木匠师傅是干栏式覆瓦歇山顶传统穿斗吊脚楼修建过程中最重要的民间艺人，他们承担着建造中几乎98%的工程。

　　修建干栏式覆瓦歇山顶传统穿斗吊脚楼看起来简单，可动起手来还真是要有一套精到的技术才行。木匠技术靠师傅带徒弟进行传授，徒弟全凭动脑记忆，动手实践，才能掌握一整套修建技艺。他们凭借一支竹笔、一根丈杆，使用极为简单的木匠工具，不用铁钉、铁铆，采用传统的榫卯结构，在支架马、搭架子、加楔子、打木槌等默契的分工合作中，便将能经受百年风雨而不坍塌的吊脚楼完美地呈现在大地上，令人为他们精湛的建筑工艺和技巧拍案叫绝。

木匠艺人采访个案

采录时间：2022年8月26日

采访对象：赵光平，男，64岁，天门村委会原主任

采录地点：天门村老村委会活动室

采录人：吴学良

❋采访赵光平／赵开云摄

在我的眼里，赵光平很瘦，却精神矍铄。他是天门村目前手艺最好的木匠大师傅。采访他的前一天，我们在他侄女婿家里与他相逢。那时，他还在做木工活，为侄女婿修建吊脚楼。他说，侄女婿家的这栋吊脚楼已经修建了三年，至今尚未完工。现在每逢闲暇时，他都会从地处半山腰上的坪寨村民组下来，一点一点地做。我也没想到，看似简单的吊脚楼，修建起来竟然这么费时费工，心里不由得对他的勤劳由衷地敬佩。

赵光平告诉我："听老辈人讲，天门村布依族人迁移到这里的时候，野物很多，生存很艰难，他们只得在山上搭吊脚楼形式的棚子居住，以防备毒蛇猛兽的侵扰。后来，祖先们从山上移居下来，开始用木料搭建吊脚楼，用竹篾笆镶墙，茅草覆顶，以木楼梯上下。民国时，天门人建造吊脚楼开始用木板装板壁，烧瓦盖顶，把木梯改成了石梯，这才变成了现在的吊脚楼样式。

"木瓦结构的吊脚楼，其木料取于本地杉树、枫香树、椿树和其他杂木。选树做立柱，自然是很考究的，天门布依族人有'宁拆房子不换柱子'的传统观念，所以这一步非常重要。

"从前，天门森林繁茂，大树不少。在现在的坪寨村民组，还能看到有一家人的吊脚楼使用的木柱直径有小汽车轮胎般大小，树龄至少几十上百年。天门人修建吊脚楼时有很多讲究。选择宅基时，先生会用一碗米、香纸和罗盘做仪式。到看日子动土时，先生会用锄头在宅基的东、南、西、北四个方向象征性地边挖边念，念词是什么，旁人不得而知，但肯定都是吉利之言。

"到了架马时，被请来主事的大木匠会带上几个人进山选树。选好树后，他们将一点酒、三炷香、三张纸钱放在树根下，焚香奠酒之后说：'大树啊大树，主人家要你大树起大屋，你要保佑大家平平安安的。'然后才开始砍伐。砍伐时要使树直接倒地，必须保证它不离开树根，且倒下来时不靠在其他树的身上，进而就地修枝。这样的湿材一般都是十六抬，抬到家后摆在架马上，作为梁木使用，也有用作中柱、梁柱、二柱的。

"天门村民房大多为五柱落地，均为五列，整栋楼共

用二十五根主柱，系两间两厦格局。排扇构建好安放时，要先用酒、香纸对着石磴做仪式。东方摆三列，西方摆两列。先立中间两列，木匠大师傅会用一只木马在堂屋中间做仪式，念《鲁班经》；主人家则在堂屋立柱中间摆上桌子杀猪，其他排扇继续撑立。木匠大师傅念《鲁班经》时，念的内容会对应排扇撑立等流程，上梁、搭梁布成为这个阶段的重头戏，念词来自《歌书梁本二十篇》，有人说这是从天门外传来的。我们修建吊脚楼，不像其他民族需要很多工具，只需一根丈杆、一支竹笔，不用一钉一铆，就能将梁、柱、椽、十二升供四斗窗花等成百上千、错综复杂的部件，组合成一座共用52根柱子、40担柂、93根椽皮、400块木板、15000—17000块瓦片的完整房屋。现在，很少有人家再修建吊脚楼了，木匠也越来越少。像我这种手艺人，在过去只能在大师傅的带领下做活，而今居然也成了村里的大木匠，这有点好笑。目前，天门村的吊脚楼在历经上百年风吹日晒雨淋之后都需要维修，我侄女婿家的楼是在原来基础上翻修。好在我已用上了电动的木匠工具，干起活来省力不少，比起从前的大木匠，我算是赶上好时候了。"

听赵光平介绍，在天门干栏式覆瓦歇山顶传统穿斗吊脚楼的修建中，石匠工程极少，这从吊脚楼整体结构可以感知。在整栋楼房里，用石料的地方仅有柱础和楼前石梯而已。吊脚楼在使用柱础时，大多数人家一般先在排扇列柱相应处挖土，然后将垫石垒出地面数寸即可，只有少数人家使用的柱础离地表一尺左右，极少数人家使用的柱础两尺左右。以此而言，它们既不像其他一些民族使用的柱础那样普遍高出地面一到三尺不等，也不注重柱础的造型与纹饰，这大约是天门村吊脚楼屋檐外伸较长的缘故。可纵然如此，其防水作用也并非完美无缺，现实中不少人家或用树木抠空，或用橡胶制品，或用塑料制品围住列柱底部，都反映了其缺陷。大多数人家的石梯是都用片石简单垒成，只有鸭场极少数人家的石梯采用整块石板铺设。故而，在修建吊脚楼过程中，石匠师傅的工程没有仪式感，将列柱撑立于石础上时，他们一般都不讲祈福吉祥之语，而是由木匠大师傅代劳。

四 天门吊脚楼的最后图景

天门干栏式覆瓦歇山顶传统穿斗吊脚楼作为这一方水土上布依族乡土建筑的"活化石"，随着时间的流逝，也在不同程度地倾斜、破旧、颓废。随着通村公路的畅达，随着脱贫攻坚、乡村振兴浪潮，随着外出务工年轻人不断带回外界信息，天门村吊脚楼面临着是拆旧新建混凝土房还是修旧如旧的双重选择，这一度成为这里的村民和政府之间的主要矛盾。这种矛盾说穿了，就是保护传统建筑还是破坏传统建筑之间的矛盾，很容易让人回想起梁思成、林徽因当年为保护北京城古建筑，不惜奔走呼吁的情景，也很容易让人想起战争中，文物不能作为轰炸对象的国际公约。而天门部分布依族人未能从一定高度上认识吊脚楼的文化意义，未能从根本上认识到一旦天门吊脚楼被彻底拆毁，将给这一方水土的民众带来巨大灾难！

如何加强对传统吊脚楼的保护呢？

就理念而言，传承是根本，保护是前提，但传承和保护的前提是当地人必须让这种观念入脑入心，没有这一点说什么都是枉然的。也许，天门村的村民根本就不知道，外界寻访者之所以愿意一次又一次地相约前来享受慢时光，是因为这里有着以古榕、枫香、龙竹、芭蕉、梯田、吊脚楼为主要元素的村落景观，有以此为背景的人文景观，一旦其中的某一链缺损了，整个生态及文化链就面临着难以修复之缺憾。所幸的是，矛盾最终得以化解，使这一方土地上最后的布依族吊脚楼景观得到了保护，为人类留下了一道了解这一方布依族人文历史的生动窗口。

天门村布依族干栏式覆瓦歇山顶传统穿斗吊脚楼承载了太多的历史文化记忆，在城镇化进程不断加快的当下，如何进一步完善保护，留给人们思考的东西实在不少。关键是随着公路的修通，运输建筑材料极为方便，修建现代建筑要比修建传统吊脚楼更为简单，且修建的房屋更结实、耐用。也正因如此，天门村的现代建筑越来越多，如若不采取相应的规划措施，划出红线，让吊脚楼和现代建筑相互掺杂，必然会使这个传统文化古村落变得不伦不类、面目全非，造成其文化价值的毁灭。

所幸在各级政府部门的密切关注下，这个问题得到了很好的解决。传统文化古村落保护区和现代建筑安置区的分设，让两者之间井水不犯河水，各自基本上相安无事。当然，与之相关的其他保护工作说起来似乎很简单，做起来却非常艰难。为保护干栏式覆瓦歇山顶传统穿斗吊脚楼，劝解、说服的工作极不容易，有关工作人员说起这件事时，至今仍心有余悸，记忆犹新。

天门干栏式覆瓦歇山顶传统穿斗吊脚楼保护采访个案

采录对象：刘忠稳，男，汉族，49岁，花戛乡文化站负责人

时间：2022年8月25日

地点：天门村老村委会活动室

采录人：吴学良

高大、英俊、沉着的刘忠稳在保护天门干栏式覆瓦歇山顶传统穿斗吊脚楼的过程中，所付出的心血是有目共睹的。当我为了把这方面工作搞清楚，前去采访他的时候，他尴尬地笑了笑。我

❋ 采访刘忠稳 / 赵开云摄

知道他不愿意表现自己，但不说又配合不了我们的工作，看来这有点强人所难了。

刘忠稳清楚地记得，给村民们宣讲拆除天门村寨子里的砖混房，以保护吊脚楼时的情景。那时，农村住房改建热潮方兴未艾，砖混房成了每一个新建户的首选。有能力新建房的村民都希望拆除自己家饱经沧桑的吊脚楼，新建砖混房。

可对于天门吊脚楼，上级是有保护意见的。如何贯彻上级指示，说服村民，给刘忠稳带来了天大的难题。

当时，任村支书的他怀着忐忑的心情，操着布依话，在群众大会上第一次向村民宣传上级要求保留、修缮吊脚楼，拆除新建砖混房，果不其然，他遭到了村民们的强烈反对和声讨。

老村民王天雄是其中意见非常大的人情绪几近失控。

王天雄年轻的时候做过木匠。为了改善家居条件，他前后花了5年时间，盖起了面积130多平方米，小寨组里最大的一栋吊脚楼，也是村里至今保存最完整的吊脚楼。天门村要发展传统乡村旅游，他起早贪黑地忙碌着，要在自家门口空地上盖一栋砖混房，可才修一米多高，就要被村里叫停拆除。费时、费工、费钱这样的事莫说是王天雄，就是换作别人也肯定是怒火中烧。

会场上，王天雄脸红筋胀，情绪激愤，吹胡子瞪眼睛地质问："我就搞不清楚了，为哪样别的村都在鼓励村民从老房子搬到砖混房，偏偏天门村还要维修保留吊脚楼？难道天门村不属于同一个乡政府管吗？"

"王老人家说得好，说得对！"

"砖混房比吊脚楼更坚固更耐用，我们出去打工挣点钱，就是为了回家修砖混房。要不然，有吊脚楼住，我们还拼死拼活地去挣钱做什么？"

"我们挣钱除了盖新房，送娃儿去外面读书，剩下的也没多大用处。"

……

与会者你一言，我一语，声浪一浪高过一浪。仿佛是在开"斗争会"，仿佛是刘忠稳在故意刁难他们建新房，他们恨刘忠稳恨得牙痒痒的。

"我住了一辈子的吊脚楼，现在想换小洋楼住住。"70多岁的王天雄老人不顾村里的反对，放出话来执意要将新建砖混房之事进行到底，决不放弃。

刘忠稳在群众的一片反对声里就像汪洋中的一叶孤舟，随着声浪忽上忽下地漂摇。他知道，在这样的场景里，要解决问题是根本不可能的。解铃还须系铃人，要做通群众的思想工作，要统一认识，必须从解开王天雄老人这个一心想建砖混房的典型代表的心结入手。

不解决保护吊脚楼、维修吊脚楼的事，刘忠稳就每天不得安宁，吃不好也睡不着。为此，他左一次右一次地往王天雄老人家跑，反反复复地做动员工作，反反复复地解释劝说，可王天雄老人就像吃了秤砣铁了心似的，一听刘忠稳又说拆除砖墙的事，便不理不睬，更不答话，有时甚至翻个白眼，便转身去做其他的事了，搞得刘忠稳站也不是，坐也不是，灰溜溜的。王天雄老人成了天门村保护和修缮古吊脚楼的工作中最难啃的硬骨头、钉子户。

眼见刘忠稳拿王天雄老人没办法，原本支持吊脚楼修缮工作的村民也变得摇摆不定。他们在领取政府补贴的维修经费后，迟迟不肯买木料动工，彷徨、犹豫、等待，大家都在观望，等着看王天雄老人家的砖混房怎么处理、怎么拆除。

打蛇要打七寸，解决问题也要抓住关键。

要想解决王天雄老人的思想问题，首先要解决他新建砖混房那半堵墙体的问题。

村支"两委"考虑王天雄老人靠编簸箕卖，积攒一点钱不容易，如若硬拆，投下去的钱就等于打水漂，于是决定采取折中办法，适当补偿他拆墙的损失。可老人不但执意不肯，而且根本就不买账。干部们跑多了，老人干脆带上简单的干粮，将篾刀插在腰际，一大早就躲进山里砍竹子编簸箕、筛子、背篓、撮箕去了。他因修建砖混房引发的种种不快，只有在此时才会得到排解。到了晚上睡觉的时间，他才拖着疲惫的身躯，慢慢走回家。

活人总不能被尿憋死。

向有关领导汇报解决思路，求得政策支持后，刘忠稳第二次把村民们召集到古榕树下，用洪亮的声音向群众宣传了村寨发展旅游产业的大好前景和政府对新建房的相关措施。他说："发展旅游产业是为了让大家都过上好日子。要把旅游产业做出自己的特色和品牌，老祖宗留下的吊脚楼不能丢，本民族的文化不能丢。部分群众想住砖混房，政府完全理解，已经安排了40亩土地给大家建造集体安置房，想住砖混房的村民可以搬迁到安置房；愿意住吊脚楼的村民就配合政府一起维修木房子，吊脚楼维修好了，受益的仍然是本村群众。"

情真真、意切切的一席话终于解开了村民们的心结。

王天雄老人思前想后，最终还是拆除了自家修了一小半的砖墙。

一度停滞不前的吊脚楼修缮工作，终于有了突破性进展。接下来的工作是集中统一修建牛圈、猪舍和公厕，以更好地保护吊脚楼木柱并解决环境卫生问题。真是一波未平，一波又起，很多村民很担忧，提出："人畜分离固然好，生活环境会干净清爽许多，但万一晚上牲畜被偷被盗怎么办？"为此，刘忠稳满脸含笑，笃定地告诉大家："我们已在24个隐蔽之处安装了摄像头和报警器，谁敢动歪脑筋，马上抓个现行！"随后带着村民们去监控室并演示给大家看，村民们这才吃下定心丸，高高兴兴地参加脱贫攻坚的"三改三化"。

为了提升天门传统古村落的文化品位，村里对道路硬化的方式选择了铺设青石板，既改善了道路状况，又古朴美观，与整体环境相协调。

采访结束之时，刘忠稳喝了一口茶水，笑笑说："其实这些工作也没什么可说的，无非是为保护天门村传统吊脚楼尽一点该尽的力而已。"

这仅仅是我在采访中采访到的一个典型个案。然而，它从侧面反映了吊脚楼保护工作之难，也为人们提供了在基层工作中怎么结合实际去解决困难的范本。

天门干栏式覆瓦歇山顶传统穿斗吊脚楼保护采访日记

2022年9月6日　下午　星期二　晴

在地处滚塘村民组的天门村老活动室，我见到了天门干栏式覆瓦歇山顶传统穿斗吊脚楼保护传承人王兴礼。

现年55岁的王兴礼是布依族，中等身材，头发梳理得干净顺滑，是新寨村民组

✽ 鸭场人畜分离点 / 吴学良摄

组长。在访谈中，可以感觉出他有点紧张。聊起吊脚楼保护问题，他对我说的大多是一些政策层面的内容，这显然不是我所需要的。我想了解是：在吊脚楼保护中出现的与保护相关的矛盾，以及他在工作中是怎么履行保护传承人的责任，怎么化解相关的矛盾的？在我的引导下，在茶水的滋润中，他才渐渐敞开心扉，打开了话匣子。

在王兴礼朴素的简单认识里，保护吊脚楼是为了利用它搞旅游开发，能让子孙受益，不用外出务工。可在工作中面对父老乡亲时，他不得不忍受严格执行政策所带来的情感煎熬。

王兴礼说，保护工作实在是太难做了。大寨有一个王某，说起来还算他的堂兄弟。2018年，王某修平房时，王兴礼带头去做相关工作，他告诉对方，修建混凝土平房目前国家政策是不允许的，不要浪费钱，有钱先用来供孩子读书，别急着现在就修。王某对王兴礼的劝解置之罔闻，说："没事，必须要修，有情况再说，到那时让拆再拆。"王某抱着赌一赌的心态，无疑会给王兴礼今后的保护工作带来极大难题。你修我就修，大多数不愿住吊脚楼的村民都抱着如是心理。为此，王兴礼等相关工作人员坚决不让王某开这种头带坏风气。他与刘忠稳、王永帆、祝登玉四人带上大锤，硬生生地将砌好的墙体打烂。王某在现场默不作声，他的老母亲出面大吵大闹说："要挖全部挖，要打全部打，凭什么专门打我家的？为什么专门对着我家来？"王兴礼回答："其他人家又没修，有想法你们自己去跟上级讲。"眼见木已成舟，王某的父母也就不再强词夺理地纠缠。

就因为这项工作难做，在王兴礼之前曾有一个村民组组长因不愿为此得罪乡里乡亲，辞去了职务。

时间到了2019年冬月。小寨有个村民王某，家里原有混凝土平房，他意欲在原有平房上加盖一层，按政策规定，这当然不被允许。保护吊脚楼相关规定里有相关条款：新修的房屋，需要经村民组、乡土管所、乡民政三个部门认可后，才可以兴建。为此，王兴礼与村委会反复做王某的工作，坚决制止他的加盖行为，并要求他拆除盖瓦。此事尽管得到遏制，可王某囤积了200多包水泥，以及砂石和钢筋等大量建材，意见自然非常大。如何让王某减少损失呢？正好当时千亩梯田要修筑机耕道，王兴礼与村委会干部便联系施工队伍，帮助王某处理了100多包水泥，囤积的砂石也得到利用，为他减少了经济损失，使得保护工作在一定程度上得到了群众的理解。

小寨还有一个王某，原来是村里的贫困户。在脱贫攻坚行动中，村里为他在水城县老鹰山安置点争取了6个人、120多平方米的一套住房。在城里扎下根后，王某辛勤务工，攒下了不少积蓄，想回天门小寨公路坎上修建混凝土平房。起房坐屋，在乡村里首先要请"先生"吊向。王兴礼曾做过"先生"，王某就来请他帮忙吊向。王兴礼说："修平房我是要阻拦的。"王某说："二哥，我打算修建的是木房，不信你可以去问别人。"王兴礼说："到时候我会来。"王兴礼趁着日子还没到，暗地里打探到王某想修的是混凝土平房，非常生气。约定的日子，王兴礼没去现场。王某来家里问："二哥，你为什么不去？"王兴礼说："我不会吊向！你明明知道我是吊脚楼保护传承人，还要骗我，你这不是让我知法犯法吗？别为难我，否则我翻脸不认人。"随后，在王兴礼耐心的说服教育下，王某终于认识到了自己的错误，说："二哥，我不修，不然像王银辉家那样被拆除就可惜了。"

类似的例子还有不少。

王兴礼说："杜绝修建平房一事很难，只希望大家理解支持。"说这句话时，王兴礼显得有些兴奋，想必是他对自己作为吊脚楼保护传承人所付出的努力还颇为满意吧。

天门干栏式覆瓦歇山顶传统穿斗吊脚楼保护见闻杂记

为了保护天门传统吊脚楼，有关方面还做了不少工作，采取了不少具体措施，兴建人畜分离点就是其中的举措之一。

传统吊脚楼的下层是用来防虫蛇猛兽、圈养牲畜、积农家肥、挂放耕作农具、安置捣谷石碓、搁置纺织器具等的空间，其最主要的功能还是圈养牲畜和积肥。各家各户根据自己家的具体情况，会在底层相关柱子上凿出眼孔，将木枋穿进去，围成木栅栏，然后在地平面下挖出两尺见深的坑，再在四周砌石，便可在里面饲养牲口了。

从环境上来说，这很不卫生；从保护吊脚楼角度来讲，这会在一定程度上损害相关柱头。为了解决这个问题，结合脱贫攻坚行动，天门村在各村民组修建了500—800平方米不等的人畜分离点，其中，坪寨村民组的达1000平方米。这些人畜分离点距离农户家100—200米，每户人家保证至少有1间猪圈，大部分有2—3间，牛、猪在同一个点上实行分开圈养，喂养落实到户，视频监控落实到位。如今，大多数人家原来圈养牲畜的圈都已被石板铺平，另挪作他用，这为保护吊脚楼和搞好环境卫生提供了有力保障。

在吊脚楼维护修缮中，村干部刘忠稳拿出自己家里能拉15吨重的2个"铁葫芦"供施工使用。拉正、加楔子加固，然后再装板，整个工程下来，2个"铁葫芦"被拉坏1个，剩下的那个至今还躺在路边的屋檐下。说起这件事，刘忠稳笑着说："只要能帮村民们做点事，工作上能得到村民们的理解和支持，'铁葫芦'坏与不坏根本不值一提。"不仅如此，刘忠稳还无偿地把自己家里的1套电焊工具，送给了小寨组唢呐制作手艺人王华朝，并教他使用。原因是王华朝需要用火的时候多，他家火灾隐患也最大，使用电焊能在一定程度增强防火安全，防患于未然。

就天门村吊脚楼的保护工作而言，在现今135栋吊脚楼的使用和管理中，还存在一些问题需要跟进管理和解决。比如，对因易地扶贫搬迁收回的5栋吊脚楼、因无人居住闲置下来的21栋吊脚楼，如何维护和保护就是一个遗留问题；对已出租的8栋吊脚楼如何加强管理，也需要稳妥的解决措施。另外，干栏式覆瓦歇山顶传统穿斗吊脚楼的防火工作，也是非常重要、不容忽视的。汉文化里对防火是非常重视的。《周礼·夏官·司爟》云："司爟氏仲春以木铎修火禁于国中，为季春将出火也。"可见摇着木铎，在街上发布禁火令，在当时已成为民众必须遵守的准则。个中原因系春天干燥，禁火既能防止火灾，又有利于树木生长。但这是一柄双刃剑，古时达一月之久的禁火期，使人间烟火根绝，寒食造成"老少不堪，岁多死者"之惨状，有识之士为此撰文呼吁"盛冬去火，残损民命，非贤者之意"。（《后汉书·周举传》）三国时，曹操有感于民生之艰，颁布《绝禁火令》（《明罚令》）破除陈规："令到，人不得寒食。若犯者，家长半岁刑，主吏百日刑，令长夺一月俸。"现代社会不需禁火寒食，可防火的意识还是必须铸牢的。天门村的生态植被覆盖率很高，历史上布依族人喜欢将吊脚楼修建在竹树林间，而且每户人家都喜欢把用来蒸饭和煮菜的大柴火灶安置在主房右边靠窗的地方，用来烤火、烧水的火塘则设置在该屋中间。尽管这些火源点下面会垫土以隔火隔热，然而隐患依然不小，这在一定程度上给木构吊脚楼传承和保护工作带来不小挑战。1969年，鸭场发生了一次火灾，使村里原有的14栋吊脚楼被烧毁13栋。而现在天门村尚有吊脚楼135栋分散在各个村民组，其中大寨22栋，小寨28栋，滚塘18栋，新寨26栋，鸭场19栋，坪寨22栋。要保护好这些传统吊脚楼，就必须加强和铸牢安全防火意识。

天门村传统防火采用的方式是"扫火星"。每年正月，寨子里轮流由两户人家牵头，准备一条狗或一只公鸡，请来布摩带着一队人挨家挨户扫寨。布摩左肩扛着马刀（现改成用竹子做成的竹马刀），左手拿着经书，右手拿着"喊鬼"剪刀走在前面，其他人敲锣打鼓，或将一枝杨柳与白茅草混合拿着，跟在布摩的背后，一边走一边在布摩念扫火星祷词时喊"打鬼"。每入一户人家，每间屋子都要走到；离开时，用水浇灭主人家还在燃烧着的火，没生火的炉灶也要用水浇一下，其后，主人家需要用火时，再重新生火。扫完寨，参与者把狗或公鸡带到寨外宰杀，大家就着火塘喝酒吃肉。正月扫完火星后，一年中的其他日子就不再扫寨，除非发生火灾才再次安排，据说这种方式很灵验。而事实上，这只是村民们一种美好愿望的体现，是一种民俗。好在随着时代的发展进步，天门村的防火条件和措施也不断得到改进。首先是村民们除了烧大灶煮猪食之外，与人相关的一日三餐都采用电器或液化气，这对减轻火灾隐患具有重要意义。其次是天门村出台了《消防安全村规民约》，对防范火灾做出了明确规定和要求，具体内容为：

1. 加强野外用火管理，严防山火发生。

2. 家庭用火做到人离火灭，严禁将易燃易爆物品堆放于户内、寨内，定期检查、排除各种火灾隐患。

3. 加强村寨防火设施建设，定期检查消防池、消防水管和消防栓，保证消防用水正常。

4. 对村内、户内电线要定期检查，损坏的要请电工及时修理、更新，严禁乱拉乱接电线。

5. 加强对村民尤其是少年儿童关于安全用火用电知识的宣传教育，提高全体村民的消防安全知识水平和意识。

该村规民约在一定程度上具有约束和警醒意义。特别是现在村中不少地方都配置了消防器材，这对吊脚楼的保护提供了有力保障。

当地政府要求，对于天门吊脚楼的保护，在执行有关部门出台的相关保护措施时，必须遵循"修旧如旧，建新如旧"的原则，于引导村民有家、有爱、有盼、有责、有为里，把相关保护政策落实到位，避免破坏村落整体景观。在2017年4月出台的《六盘水市少数民族特色村镇保护与发展"十三五"规划》里，与天门有关的项目在多处得到不同表达。在该规划中的"六盘水市少数民族特色村寨资源分布情况列表"中，天门村被规划为贵州省布依族特色村寨；在该规划中的"民族文化生态保护区型村寨情况列表"中，天门的"布依族传统吊脚楼民居、布依族民俗、稻作梯田景观、北盘江峡谷景观"被列为"天门布依族文化生态保护区"，并作为"北盘江—格所河—牂牁江流域布依族文化带"被纳入整体规划；在该规划中的"村镇景观视角系统建设项目表"中，"天门布依族特色民居院落"被纳入"民俗生活系统"。2021年4月29日，六盘水公共资源交易中心在继《水城县花戛乡传统村落保护天门村吊脚楼改造工程施工招标公示》之后，发布了《水城县花戛乡传统村落保护天门村吊脚楼改造工程施工招标中标候选人公示》，三家中标公司先期投入的资金都分别在600万元以上，这将天门的乡村旅游建设推向了前台。再结合2014年经住建部等7部委评审认定，天门被列入第三批中国传统村落保护名录，2020年天门被中国生态文化协会评为"全国生态文化村"等，可以说，现如今的天门村，以吊脚楼为核心的景观文化，其福泽正在惠及这一方水土。这道贵州省境内至今保存最完好的、绝无仅有的布依族吊脚楼建筑群，作为"最后的文化图景"，必将与这方土地上独特的民俗文化、生产生活方式及周边生态环境系统共同形成一道亮丽的风景，在城镇化进程中永存下去，为后人保存一份原生态的文化记忆，使后人能从中感知这一方水土上的民众曾经的生活经历。其文化价值和美学价值自然功德无量，无边无涯……

第 四 章

天门稻作叙事

明月别枝惊鹊，清风半夜鸣蝉。稻花香里说丰年，听取蛙声一片。

七八个星天外，两三点雨山前。旧时茅店社林边，路转溪桥忽见。

　　站在吴王大山垭口，令我魂牵梦绕的天门村扑入眼帘。辛弃疾《西江月·夜行黄沙道中》一词，在莫名其妙中悄悄地爬上我的心头，挥之不去。古榕树、枫香树、龙竹、吊脚楼、梯田等依次像画卷般展开，金黄的稻浪在清风里翻滚，将天门的秋天装扮得格外温柔，让所有来访者的心在这金色温暖的波涛里起伏。大地在做着一场关于稻香的梦。

　　被吴王山、鸡冠岭、木耳岩合围，被北盘江与乌都河相拥的天门村，生活着世代于此繁衍生息的布依族民众。封闭的地形曾一度让这一方水土上的布依族同胞，在朴野大地上过着生产资料、生活资料几乎自给自足的生活。自然地理上的阻隔，从另一个角度来说也是一种保护。在这种原生态的生活方式中，要解决村民基本的衣食住行，在很大程度上依赖的是布依族同胞世代传承的稻作文化，这也是他们的安身立命之本。而当传承和开放在社会进步里交融于一体时，天门村的稻作文化便进入了旅游和商品交易的范畴，以谷物为载体的"稻魂文化"就迎来了属于自己的春天……

一　天门梯田

地处山间盆地之中的天门村，海拔高度在900米以下，有的地方仅有600米左右，雨量丰沛，气候湿热，植被丰富，无霜期极短，是一方适宜稻作的天然宝地。再加上勤劳善良的布依族人，千百年以来就是一个以稻作生产著称于世的民族，他们将这里营造成一个水稻生产的聚宝盆，自然也是情理之中的事。天门稻田一年一度兑现着对当地布依族人的承诺。

梯田是稻作文化的根基。

作为在丘陵山坡地上沿等高线方向修筑的条状阶台式或波浪式断面田地，梯田在治理坡耕地蓄水、保土、增产，保护水土流失方面具有重要作用。秦汉时期，它在中国境内就开始出现了，但"梯田"一词最早见于南宋范成大的《骖鸾录》。范成大从故乡吴郡去广西时，泊江西袁州，因"闻仰山之胜久已"，故"去城虽远，

✿ **天门梯田** / 吴学良摄

特往游之"。至仰山，眼见"缘山腹，乔松之磴甚危，岭阪上皆禾田，层层而上至顶，名'梯田'"。

天门梯田主要集中在吴王大山底部，并层层逶迤延伸至北盘江岸。在全村10平方千米范围内，有耕地1680亩，其中水田占1180亩。天门村下辖鸭场、新寨、滚塘、小寨、大寨、坪寨6

❀ 入冬后的天门梯田 / 吴学良摄

个村民组，吴王大山下的这片梯田，除了鸭场村民组之外，也有其他5个村民组的部分。这片山水相围、绿植拥抱、环山而造的谷地梯田，有着神奇的优美线条，就像被天上神仙打翻的一块五彩缤纷的调色板，错落有致、大小不一地在群山的环抱之中铺展开，在四季里变化无常。冬春之交，蓄满水的梯田在阳光的照耀下，像被田埂分割出来的一面面明镜，透光透亮，映衬着蓝天，流动着白云；夏天，梯田苍翠欲滴，每一束稻苗都在蛙鸣声间展现着崭新的活力，疯狂拔节作响；秋天，遍野金黄，稻谷像心怀爱意的孕妇，给布依族人的生活带来厚望。如今，这片被勤劳的布依族民众开垦出来的梯田，已经成为人们眼中绝美的风景线。

其实，人世间的美，有时也是需要映衬的，故宋代郭熙、郭思在《林泉高致》里说："山欲高，尽出之则不高，烟霞锁其腰则高矣；水欲远，尽出之则不远，掩映断其脉则远矣。"而地处北盘江畔的天门梯田，在与之依偎的吴王大山被清晨缭绕的轻雾遮掩时，也会随着晨雾的飘移，让一层层或青绿或黑黄的梯田在山谷若隐若现，并将梯田与广袤大地和辽阔天空，尤其是与远山近水融为一体。晨雾渐渐稀薄，一块块梯田于山溪雀跃声里顺势蔓延，特别是稻黄时节，飘浮的雾岚仿佛捎来了米仁的窃窃私语，稻花若有若无的香味在风中飘荡……是谁孕育了天门这片美丽的梯田？又是谁与天门固守着一年一季的承诺？

一种荡气回肠在不停地激荡，我只想醉在这稻花香里。

人间仙境似的天门梯田，福泽了一方！

二　天门访稻

民以食为天。在中国的传统哲学思想里，"食"是与天同齐的。

天门布依族人的主要食物，与布依族传统耕作水稻有着天然联系，"稻作梯田"千百年来就是他们安身立命的根本。作为稻作文化的创造者之一，布依族素有"水乡布依""水稻民族"的称谓。天门布依族从明清两代迁移到这方水土上繁衍生存，从事稻作生产的历史已有数百年。

任何一个农事经验丰富的人都知道，稻田的形成比旱地复杂，历时也长，需要很多代人不断开垦，施以农家肥养护、改造，最后才能形成肥沃的熟田。元代王祯最早总结了梯田的修造方法。根据其记载，开辟梯田分为三种情况：一是土山，这种情况只需要自下而上，裁为重磴，即可种艺；二是土石相半，有土有石的山，就必须垒石包土成田；三是如果山势非常陡峭，就不能按照常规方法去开辟梯田，只好耧土而种，蹑坎而耘。不管是哪种梯田，只要有水就可以种植水稻。

那么，天门大规模的梯田究竟经历了多少岁月风霜，才变成现在这般模样呢？带着对这种传承和坚守的疑问，我们走进天门问稻。

稻谷是中国最悠久的粮食之一。中国稻作历史悠久，水稻遗传资源丰富，位于湖南省道县寿雁镇玉蟾岩遗址出土的古栽培稻标本证实，中国的稻作栽培已有1.4万年以上的历史，是已知的世界栽培稻起源地。"稻"字最早在甲骨文里出现，而后在各种古籍中亦有出现，《诗经·七月》写道："八月剥枣，十月获稻。为此春酒，以介眉寿。"宋时，"苏杭熟，天下足"的民谚，表明水稻已在江南地区得到了大规模种植和推广。到了明代，水稻成为中国人的主食，这从宋应星《天工开物》中的"天下育民人者，稻居什七"可窥之。布依族种植水稻的历史也非常悠久。自夏商周以降，布依族先民就开始在百越地区从事稻作生产。秦汉以前，布依族地区的"牂牁""夜郎"也是"耕田、有邑聚"。据《汉书·西南夷列传》载，夜郎国灭后，"句町王禹、漏卧侯俞……入粟千斛"，说明当时布依族地区的水稻种植已普遍达到了一定的生产水平，也佐证了"布依族人祖先原为江南古代百越人"的说法。到唐宋时期，布依族的农业经济尤其活跃，今黔南一带"土宜五谷，多种秔稻"。《鸿雪因缘图记》载："又见有取水器，以大竹为之，随山势为起伏，可沿涧水逆流，上山至十数丈，实有巧思。"可见，由水稻栽种延伸出来的灌溉技术，在当时已经很发达了。

因"调北征南"从江西到广西，然后再入贵州，经普安迁移到花戛天门村的布依族同胞，自然继承了本民族的稻作文化传统，在这片土地上繁衍生存下来。

天门村的稻作生产经营，从主体上考察，与其他民族和地区的大同小异。打田、选种、泡种、育秧、栽秧、薅秧、除稗、收割、打谷、入仓，这一套完整的程序，亘古未变。唯有在各地因地制宜里，于时间节点、技术手段、劳动工具等方面有所区别。

1.打田、选种、泡种、育秧

地处北盘江、乌都河之畔谷盆里的天门村，在地理环境、气温、雨水、湿度等方面与其他地区相比，更适宜于水稻栽培，再加上生活在此的布依族同胞占有稻作生产源自历史传承的先天优势，使得这里的稻作文化别具一格。

"乡村四月无闲人，春深无处不耕犁。"

春耕一般先从"打田"（整理秧田）开始。俗话说"母肥儿胖"，秧苗能否苗壮生长，秧田是关键，秧田整理好了，才能把秧苗育肥育壮。秧苗育得好不好，是水稻能否高产的基础。

天门一般在农历三月三祭过山神之后开始打田。由于天门梯田所处位置较高，山溪水小，表面上虽有守着大江大河之有利条件，实际更多地依赖"望天水"（雨），故而这成了制约天门村稻作生产的一个巨大瓶颈。"望天水"降落的时节，是天门布依族人不分白天晚上抢时翻耕梯田最忙碌的时节之一。尤其是在劳作不歇的夜里，天空繁星点点下，忙着抢耕的布依族妇女们手举着"青冈亮槁"（火把），犹似手握星宿的女神一般，在起伏跌落的层层梯田田埂上，错落地将梯田上空的天幕照亮；男人们则忙着手扶犁耙，指挥耕牛把田里经过了一个冬天的田土翻松、整平。村民们打田都是转着打，就是沿着田地往复来回地把泥土用犁耙翻转过来。每当这种时候，调皮的孩童也跟着跑来凑热闹，在田埂上疯跑追打，时不时被母亲或父亲骂上几句。风乍起，吹灭了"青冈亮槁"燃着的火焰，女人们熟练地甩甩，火把又重新燃起来。天门村民崇尚互帮互助，打田也好，栽秧也罢，农忙时节大家都把牛集中起来，通过换工方式互帮相助。如果人家打田的时候你不去帮忙，等到自家打的时候人家也不会来帮忙。所以，最多的时候，10多头牛在走得最快、力气最大、最听话的那头牛的带领下跟着转着打田，已成为这个季节里最热闹的农耕景象。

将田泥彻底打烂，田埂用泥敷好后，就放水浸泡，秧田水集够了就施底肥。

底肥一般是圈肥与秧青。圈肥与秧青的比例一般是各占一半，但并没有严格的比例规定。圈肥主要来自吊脚楼下圈舍里的牛粪和猪粪，以及个别人家的羊粪、鸡粪等熟净肥。经过自然发酵的农家肥的优点，一是不会烧坏农作物根部，致使农作物受到伤害甚至死亡；二是熟肥水分挥发后，重量变轻，便于往田间挑抬、手施。

底肥的另一配料秧青为从田边地头割的野草。施放粪肥和秧青时，村民们会尽量做到均匀，一般是每隔一米左右放一小抱秧青和一小堆粪肥。底肥放好后，适当踩压，用稀泥覆盖，大约半个月以后，犁好耙匀，也有的不犁，只用小耙耙匀即可。最后再用平耙将田泥刮平，避免田水深浅不一，以便于日后对田水的控制管理。秧田整理好以后，要在秧田中央插上一排巴茅秆作为秧标。插秧标主要起两个作用：一是告诉村民这块秧田已经整理好了，要马上撒秧或已经撒秧，不能再放鸭子或牛马进田；二是村民认为巴茅草具有驱邪的作用，能避免野外的邪祟对秧田和种子进行破坏。插秧标约两天以后，田泥下沉，田水变清，便可择日撒种。不过现在很多人家喂的牲口只有猪，圈肥不够用。为了解决这个问题，有的人家会在冬天往田里撒上绿肥种子，来年发出来就做底肥，也有的人家不栽，只随便割点田间地头的野草打底。

施完底肥的梯田，水面宁静，如镜面倒映着蓝天白云和四周青山，勾勒出"漠漠水田飞白鹭，阴阴夏木啭黄鹂"（王维《积雨辋川庄作》）的诗情画意，让人不由沉醉于乡村带来的闲适，感慨乡愁的忽远忽近、朴居的惬意和融入自然的心旷神怡。

秧田准备好了，就要泡种、选种、育秧。

贵州省内生活的布依族人，在泡种时间上因所处地域不同，有着不同的习俗。望谟一带的布依族人泡种要选日子，家中"老辈子"（一般上推四五辈）过世的日子不能泡种，否则秧苗会长得参差不齐。据当地传统，人们认为这一天下种是对祖先不敬。而据相关资料考证，布依语的"种子"和"灵魂"是同一个词，都读作"wanl"。他们认为老人过世后，灵魂居于家中，特别是过世这一天的日子更不会离家外出。如果这一天下种，祖先就会认为这是对其灵魂不敬，并会对后人的这一行为做出惩罚，导致秧苗长势极差。还有"破日"是个不吉利的日子，这天亦不能下种，否则种子会霉烂。然而天门布依族人在泡种时间上却没有与之相似的说法。我们采访赵光平、王仕洪、陆仕严等人时，他们异口同声地告诉我们，天门村只根据节令来安排。但从2018年开始栽种水稻新品种后，烂田（常年有水浸泡的田）和旱田在下种时间上会有所不同。

天门村人对稻作进行催芽、育秧的过程是很有诗意的。

天门周围的山上有一种开白花的野蒿树，村民们把它当作撒秧的风信树。该树一开花，就意味着撒秧要开始了。

育秧分为水秧和旱秧。育水秧又分为两种：一种是打好秧田后，村民们用撮箕或篢箕装上谷种到寨边溪流里淘洗，先去掉秕谷，然后再用清水浸泡两到三天。谷种泡好后，用从寨里摘来的棕榈缝制的口袋装挂在房前屋后的树枝或篱笆上，每天浇一次水催芽，三天后种子就开始冒芽。随即按相隔1.5—2厘米一粒的撒种密度——不宜太密也不能太稀，均匀撒在平好的秧田里，保持秧田田水足够直至移栽。另一种是两段育秧。先平好秧田，将稻种撒在起好垄的旱地或田里，覆盖2厘米左右的细土，待秧苗长至7—10厘米左右再移植到平好的秧田里，保持秧田不干水直至移栽。旱秧则是在干田里开箱起垄，一般垄宽1米左右，播种前在垄箱上施适量的农家肥和复合肥，撒1—2厘米厚的细土将农家肥覆盖后，再将稻种均匀播撒于表面并覆盖1—2厘米厚的细土，不定时浇水以保持湿度，直至秧苗长到18—25厘米时开始移栽。有烂田的人家，育秧可以随时撒种，靠"望天水"的人家则需要等田里雨水集够之后才能撒。一般来说，天门一亩秧田要撒谷种二三十斤，而实际上，这些关于催芽育秧的要求，早已经被岁月和生活经验刻在了村民们的生命里。

谷种撒下秧田以后，头两天的田水不能太深，以刚好能淹过种子为准。此时的谷种像母体里等待裂变的胚芽，待接受阳光充分照射后，才会懒洋洋地从秧田里渐渐探出头来。两三天后，秧苗长出，这时田水依然不能太深，否则秧苗会因水的浮力漂浮起来。再过几天，秧苗开始像调皮的小孩子，冒出水面2厘米左右，田水也要随秧苗的高度随时不断调整。当秧苗长到30天左右，十七八厘米高的时候，就要开始进行移栽了。

2. 栽秧

绿遍山原白满川，子规声里雨如烟。

乡村四月闲人少，才了蚕桑又插田。

这是宋代翁卷《乡村四月》里的诗句，它为人们描绘出了栽秧时节的迷人风光和农人繁忙的生活图景。

关于插秧，贵州境内不同地域的布依族人有着各自不同的习俗。望谟一带的布依族人在插秧之前会举行简单的仪式，开始插秧的日子也要选，祖辈过世的忌日和"火日""破日"不能"开秧门"。天门布依族人的插秧习俗则不同，他

❀ 插秧的布依族妇女 / 刘忠稳摄

们不用举行特别的祭祀仪式，也不需要选日子，一切根据主人家的时间进行安排。

插秧之前，男人们高高挽起宽大的裤脚，露出麦色肌肤，一人一牛沿着梯田顺沟慢慢往前犁，主人不用告诉牛儿要使多大的劲，彼此默然地行进，人与牛通过脚下的泥土交换着彼此才懂的密码，沉默间的偶尔吆喝是他们之间最默契的交流。每个地方使唤牲畜都有自己的习惯，就像各地都有自己的方言一样。

dèi dèi dèi——往前走

bò bò bò——往右走

lì lì lì——往左走

他们一般是二犁二耙，做得较精细的是三犁三耙。把白田（秧田之外的稻田）翻好之后，男人们扛起犁耙，赶着牛，吸着叶子烟满足地聊着天，背起阳光慢慢往回走，到家后把牛赶进吊脚楼底下的牲口圈里，丢上一把青草，围坐下来边喝酒边闲话家常。女人们缠挽起围腰，挽起肥大的裤脚，于沉下去的秧田泥土中，俯下身快速扯起秧苗，洗净秧根，一把一把捆起后，或用花箩背或用一根扁担挑送到田里。

手把青秧插满田，低头便见水中天。

心地清净方为道，退步原来是向前。

在唐朝布袋和尚的诗里，男人女人们在田里忙碌着，他们弯腰的影像倒映在水田里，随着水面被踩碎又合拢，不管怎么破碎都不能阻止最后的圆满。日头慢慢升上天空，忙了半天，亮汪汪的水田已有多半变得淡绿，刚插进去的秧苗像小婴孩才冒出的头发，还有些稀软。估计时间也差不多了，大家歇下来喝上一口用自家糯米酿制的米酒解渴，拿出竹饭盒里盛装的饭食吃起来。吃完饭，会烟的人再吸上几口叶子烟，疲惫的身体在烟云缭绕里得到了暂时放松。

插秧一般插"清水秧"，即田耙后澄一下，等水变清后再插，这样秧苗容易发亮分蘖，然而，为了避免鸟雀啄食偶尔也会插"浑水秧"。秧苗该插进土里多深，间距多少，村民们心里都一清二楚。在田里，男人们像在制作心爱的器具，女人们则像在靛染过的布料上刺绣，他们把生活的希望和愿景一根根插进泥土里，只为等待收获。

任何农作物与时间和季节的联系都是紧密的。天门的农谚说："三月不撒秧，就害了田地；五月不栽秧，就害了庄稼。"农历五月初五端午节之前，天门村民一定要把秧子全部插完。老辈人世代相传，端午节后插秧，水稻容易惹上钻心虫，谷粒不饱满，甚至完全是白线（空壳稻穗）。因此，如果进入农历五月以后，即使有的稻田先前因无水而未插秧，就算此时有水，村民也不会再去栽种。

宋代徐玑的《新凉》诗云：

水满田畴稻叶齐，日光穿树晓烟低。
黄莺也爱新凉好，飞过青山影里啼。

层层稻田里水波微漾，整齐的稻苗如刀裁的一般。对于稻田的管理，守水、割毛稗、割田坎被提上了议事日程。

守水是为了保证水田里的水量足够。

天门梯形稻田主要靠"望天水"。从前灌田是明沟，所以每一条小水沟里的水都显得弥足珍贵，故经常发生坎下稻田人家用锄头将坎上人家田埂铲薄铲垮等现象，也有人趁晚上歇作时间，偷偷去把别人家田里的水放到自己家田里，村民们也因此发生过不少用水纠纷。所以，有的人家会在田边修一个守水木房，以便晚上在田间守水。说起这事，乡干部刘忠稳回忆起小时候的一件趣事。一个月朗星稀的晚上，他独自在田间守水，因两家人的田挨得近，有个一起守水的同乡过来找他"吹牛"（聊天）。两个人愉快地聊着，不知不觉就是一夜。后来同乡先回家了，刘忠稳就站起身来去看自己家稻田里的水，只见同乡所坐位置前方的田坎已被用脚悄悄蹬出一个缺口，自己家稻田里的水一整晚都在往同乡家的田里流。原来，同乡为了把刘忠稳家水田里的水引到自己家田里，竟然故意和刘忠稳聊了一晚上，分散他的注意力，从而把田坎蹬出了缺口。还有的人会用一根竹管，偷偷插进别人家的田坎，让水不知不觉流到自己家田里。为了农田灌溉，朴实的村民们也用上了战略战术，听之不由得使人哑然失笑。后来为了减少纠纷，大家又约定两家稻田相连共用的田埂，不能用锄头铲草，只能用镰刀割除杂草；下家用水要过上家之田时，要向上家打招呼；上坎稻田人家不能无故不让下家放水过田，如刚施肥则要等上几天，一般施放农家肥要过7天、施放化肥要过3天，下家才能用水，民间"肥水不流外人田"的说法大概就源于此。如今，在政府的大力帮扶下，天门正进行旱改水工程，设计了明渠管网，装有水龙头，家家户户的田都能保证有足够的水源，守水以及因守水而生的一些趣事也必将消失。

3. 薅秧、除稗

秧苗插下三四十天，就要开始薅秧。天门村布依族习惯薅两道秧。薅头道秧和二道秧的时间间隔在十五至二十天之间。薅秧主要有两个目的：一是清除杂草；二是给水稻松土，使水稻根系更容易向四周伸展，促使水稻更好地生长。所以，薅秧并不是一个简单轻松的活，眼睛要亮，注意力要集中。薅二道

❀ 除稗／吴学良摄

秧的时候，要给秧苗追施化肥和圈肥。进入农历七月，秧苗开始打苞。十来天后，谷子变成苦李色（开始变黄）的时候，要放干田水，这样做一是为了增加田间的热量，催熟水稻；二是方便今后下田进行收割。

除稗也是极其重要的一件事。毛稗是一种杂草，最能抢吸养分，导致它四周的秧苗都长得不是太好，对水稻生长有相当大的影响。因此，在整个耕作的过程中，一经发现，要立即将它清除。

在此期间，还要割田坎。如果田坎上的杂草过于茂盛，老鼠就会借助杂草遮掩偷吃长出来的稻谷，这道工序绝不能省去。

4. 收割、打谷、入仓

民间有谚语说："立秋三场雨，秕谷变成米。"说的是立秋过后，经过三次秋雨，稻谷就成熟了。具体来说，这个时间段大致在农历九月，国庆节前后。收割稻谷的具体时间也要根据当年的天气决定，如果天气干燥就要提前，如果雨水多就要延后。

经过前前后后几个月的酝酿，走在田埂上，看见一块块稻田在田水的滋润下从嫩绿慢慢变成翠绿，又在阳光的照耀下慢慢变成金黄，村民们丰收在望的喜悦之情

❀ 稻收 / 吴学良摄

是难以言表的。

　　稻香时节，层层叠叠的梯田上铺满了稻浪渲染的色彩，好似逐级铺上了金缎天阶，不断延伸，涌向远方。风吹过，沉甸甸的稻穗在山间摇曳，波涛般一浪紧随一浪翻滚。这惊心动魄的金色，带着泥土芬芳的气息，宁静了天门，也宁静了崇尚朴野之居者心仪已久的向往。

　　天门有农谚说："栽秧割谷，爹妈死了也没得时间哭。"

　　蓝天白云下，一株株饱满的稻穗弯下了腰，在秋风吹拂中等待着村民们收割。村民们在烈日里身着便装，脖子上搭着自家靛染的擦汗巾，撸起袖子，扎着裤腿，走进田里弯腰割稻。他们在辛勤劳作的同时，也享受着丰收的喜悦。

　　割好的稻谷被一束束捆扎好搭放在稻桩上晒，如果遇到下雨天，就要用油布把稻谷盖起来，防止被雨淋湿生霉。稻谷晒干后，大家又集中起来打谷。打谷最早是靠男人们在田里放置谷斗，使劲摔打脱粒，或在场坝上安装木制打谷机，一脚踏板，一脚用力地踩动制动踏板，在脚用劲使铁齿轮飞转的同时，两只手抓着一大把稻秆，把有稻穗的那头使劲往机子里左右翻转，一粒粒金黄的稻谷便从铁齿轮上脱粒归箱。现在有了脱粒机，大家只需把割好的稻谷堆到打谷机旁，两旁各站一人，从稻谷堆里抓好稻把，递到打谷人手中，便可完成脱粒任务。谷粒不断盛满容器，村民们用撮箕将这些黄灿灿的稻粒撮出来装进袋子，像是在收集细碎的阳光。黄昏降临，留给合作社收购的稻谷被一袋袋堆积在吊脚楼下，自己家留着吃的都被放进了粮仓，瞬间吊脚楼就充盈起来。

　　稻谷储藏时容易陈化、发热、霉变、生芽，因此，稻谷保管的原则是干

❀ 收割之后的稻田 / 吴学良摄

燥、低温、密闭。在稻谷储藏过程中适时、合理地对稻谷推陈出新，是稻作文化非常重要的环节。

天门布依族的人字脊粮仓和吊脚楼一样，都是具有典型民族特色的传统建筑。传统粮仓系木瓦结构，离地一尺左右，以保护内藏粮食不受潮。有的粮仓还将底层木地板向外延伸三四十厘米，供布依族妇女在此交流挑花刺绣技艺，一派古风悠然。

粮仓一般建在吊脚楼底层（此种粮仓无瓦），或单独建在房前、吊脚楼左右不远处，是独立的存在。每家每户的粮仓大小不一，大多五六平方米，内置人字顶方形小仓，辅以隔板，按需隔出不同格仓，存放不同作物品种，每个格仓可以储粮一千斤左右。如果粮食多，还可以于仓内支柱的木槽内再加横板，以加高格仓高度，粮食可堆成斜面缓坡形。

天门布依族粮仓的木锁非常具有民族特色。这种锁看上去简单异常，由两块木方组成，一块抠有长形凹槽，另一块凹槽内设置可以上下活动的竹钉，用来开启木锁的铁制钥匙状如城里用来掏煤渣煤灰的"火钩"。木锁插入粮仓门上留出的方孔内，用钥匙钩动，竹钉便插入锁孔内锁住粮仓。因两孔间距不等，所以每家的钥匙只能开自家的粮仓，既应验了"一把钥匙开一把锁"的古语，又保证粮仓无偷窃之虑，受和睦之泽。

❋ 布依族粮仓 / 吴学良摄

❋ 粮仓门前手拿木锁的布依族妇女
/ 赵开云摄

"过了九月九，猪牛到处走。"

此时的天门村，进入了可以散养猪牛的休耕时节。村民们只需开圈门，关栅门，一任猪牛自由自在去寨子里找吃的。这段时间，如果哪家的猪或牛吃了别人地里的庄稼，主人家不能恼，也不能吵架。这样的牲畜放养方式要一直持续到次年农历三月三。其实这样做也是为了不浪费地里割剩下的稻秆。而村民们则开始用新米舂粑粑庆祝丰收，享受新米的香甜。

尼采说："对于平凡人来说，平凡就是幸福。"

曾经一度处于化外，被四面围阻而自给自足的天门村，与方内一度经历的"苞谷饭，老酸汤，两个辣子飘泱泱"的情形相比，村民们俨然生活在世外桃源。而这一切，都要感谢这片土地和千百年来的布依族传统稻作文化的哺育和滋养！

三　天门稻魂

天门村的稻作生产，无论是在过去还是现在都有着属于自己的传统民俗。这种传承世世代代影响着天门村民，已成为村民们稻作耕耘里的精神印刻。这与民俗学家钟敬文老先生"一个人生下来，就生活在民俗中，就像鱼儿生活在水里"的观点如出一辙。

看不见的世界在天上，看得见的世界在身边。

《魏书》记载布依族先民"獠"时说："其俗畏鬼神……号之曰'鬼'，鼓舞祀之，以求福利。"天门布依族人崇尚万物有灵，在他们心里，山、水、井、植物等都各有各的神灵，都是需要祭奉的。在一些特定场合，还要供祭神竹或形态奇特的古树、山洞，祈求保佑。尤其是对水稻，他们有着更多的敬畏之心，形成了许多与稻谷相关的宗教仪式和禁忌。在稻作生产里，他们崇拜和流行"请谷魂"。在他们朴素的观念里，稻谷是有灵魂的，如稻谷歉收，是要请巫师设祭请回谷魂的。

稻作生产时，天门村布依族第一次撒种前要祭秧田。祭田和祭山神一样，是布依族一年之中比较重要的仪式。天门村祭田不需要请布摩，一家之主祭即可。就近选择一块田，用"小饭盒"（当地布依语称"嘞biu"，是竹篾编成的长方形的容器，可以单个使用，也可以用一个罩住另一个合并使用。合并使用的时候根据盛装饭食的多少来决定盖下去多深）装上一碗红米饭和煎炒的鸡蛋，准备三炷香及三张"白纸"（意为"神人"，天门布依族吊脚楼堂屋内、粮仓上、牲口圈门上均贴有，有的人家贴的"白纸"还颇具人形，我想这一定是被他们视作守护自己的神灵的具象化，所以称为"神人"倒也恰如其分），在田埂较宽处选择一个地方，用树枝围成一个一至二尺见方的简单祭台，在祭台中摆上祭品，然后默念祈求神灵保佑之语。他们默念些什么呢？赵光平老人说，他所念的是：

> 守那块土地的'老古本'们，不要等我秧田秧子翻根。
> 守那块土地的'老古本'们，不要等虫来吃我的秧苗。

祭秧田时各家各户的念词不固定、不统一，主要意思都是请求祖先保佑庄稼。祭田结束，饭盒里的食物可以在田边吃，也可以带回家吃。天门村不像有的地方只有大人能吃祭田食物，这里小孩也能吃。

在进行田间管理时，如果发现水稻长"厌虫"，寨子里也会举行相关祭祀活动，祈求大雨把虫全部冲刷掉。"六月六"时有的寨子还要敬秧苗、敬青苗、敬谷神，以祈祷五谷丰登。

❋ 布依人家的小饭盒
／吴学良摄

> 山神啊山神，
> 我的儿女多得很啊！
> 你不要下冰雹，
> 打我的粮食。

这种朴素的说词，反映了天门村民盼望丰收的朴素心理和愿望。在天门村，从"三月三"到"六月六"期间吹唢呐是被禁止的。在村民们的观念里，这期间吹唢呐稻谷会"瞎掉"（即瘪谷，不饱满）。布依族崇尚"万物有灵"，他们认为世间万物都是有生命的，稻种撒下去后，就要让它静悄悄地生长，唢呐尖锐的声音，势必会吵到水稻。"七月半"尝新节，要抽取田中先熟的几吊稻穗置于神龛上祭供，祈求谷物丰稔。从水稻抽穗到收谷进家时，忌有人坐于门槛，以免挡住谷魂进家。

此外，在天门村的酒令里，也有关于祈祷稻谷丰收的唱词。

陆胜高是天门村滚塘组上寨人，生于1955年，系村里的"大歌郎"，哪家接亲嫁女都会请他去唱歌。他的歌里有一段将婚姻和水稻相比的歌词是这样的：

> 四月八不栽庄稼害一季，
> 谈婚论嫁不成家害一生。
> 生得好长得好也想找得好，
> 但天不一定遂人愿，
> 就像丢秧进田，肥地要生，瘦地也要长。
> 哪一线出得早，
> 哪一线出得晚，
> 早晚谷子都要生长。
> 八九月间你来帮忙（收庄稼），
> 田里稻谷都已经黄了。
> 除了上交的公粮，我们还有余粮，
> 今年感情顺利，庄稼也好。
> 如果庄稼不好我们去做小生意，
> 去做生意呀养你不长，
> 好与坏都像地里的稻谷。
> 一切都是天注定。

从以上唱词也可以看出，稻作生产是天门布依族生命中最重要的农事活动。歌郎们根据庄稼的生长，创作出很多与婚俗相关的酒令作品。

稻作生产在布依族的生活里既有形而下的联系，也有形而上的精神崇拜。比如：在敬鬼神的各种祭仪里，祭品中都必有水酒、饭和稻谷或稻米，而其他粮食作物则不受祭拜，也不能作为祭品；人死，口中要含米粒，出殡前其棺材头上要供一碗米饭。天门布依族的年夜也和汉族的除夕一样是大年三十晚上。三十那天，要在堂屋祖先的神龛前叫万物之魂，如人魂、牛魂、粮魂等，然后才能杀鸡。叫粮魂时的祭品只能让自家人吃，不能让外人吃，以免粮食丰收的运气被外人带走。天门人忌将稻谷、米饭放进火中燃烧或倾入茅厕；谷米、饭粒掉在地上要及时捡起，切忌践踏；家里的存谷或做的米饭吃完，不能说没粮（饭）了，要说粮（饭）多了。这些祭祀习俗和禁忌，体现了天门人对谷魂的格外崇拜和对稻的格外珍惜。

总而言之，天门与稻作生产相关的祭祀等活动，只是天门人把水稻敬作"谷魂"的一种愿景表达。这从科学上来看有些不切实际，然而，作为一种世代相传的民俗，是可以存在和被理解的，也反映了天门布依族人民对自然、对延续自己生命的稻谷的敬畏。

四　天门"稻具"

"技艺，是人在宇宙中为自己找到的位置。"法国一位人类学家曾这样说。

天门布依族人在稻作文化生产中，凭着自己的智慧，制作了一系列与水稻耕作有关的农具，可分为劳作工具、引水工具、粮食及副食品加工工具三大类。传统劳作工具有犁、耙、翻镐、挖锄、薅锄、板锄、钉耙、藤耙、摘刀、柴刀、斧头、拌斗、撮箕、箩筐、麻袋、扁担及晒谷用的竹席和麻毯（有的地方兼做蚊帐）等。传统引水工具包括水车、龙骨车、引水竹筒、水桶等。传统的食品加工工具有水碾、水磨、香、罐、风簸、筛、簸箕及烤酒用具等。

受地理条件限制，天门布依族人一直以来都是以牛耕马驮、人力和自制农具为主要的农耕方式。虽然随着时代的进步，有了很多适合高山田地使用的机器，但因为年轻劳动力的出走，留在天门的五六十岁这辈人依然保持着传统的农耕方式。传统农耕工具主要有犁头、磨耙、手耙、牛丫、牛耕索、牛打脚、牛千斤等。

恰逢花嶨乡干部刘忠稳在整理相关资料，因而，我们从他那里获取了一些天门传统农耕工具的信息。

1. 与牛相关的农具

犁头：简称犁，以翻土、松土、碎土为主要功能，由铧口、犁板、犁键、犁辕构成。犁头多用抗磨耐腐、弹性好的花梨木制成，前面包裹铁制尖头，一是为保护木犁头，二是更坚硬，便于使用。犁头家家户户都有，是重要的农耕工具之一。

❀ 磨耙 / 刘忠稳摄

❀ 手耙 / 刘忠稳摄

磨耙：主要用于碎土、平整土地，呈梯形，下部前后两根木档上，装有两排直竖的耙齿（前排九齿后排十齿）。耙齿有手指粗细，五寸长短，耕作深度一般不超过十五厘米。使用时把磨耙挂在牛身上，人立于横木上，驱牛在田地里行走，利用人身体的重量压着磨耙反复碾压泥块。

手耙：主要用于平田，由扶手、立柱、耙滚、耙齿、耙耳构成。使用时由牛牵拉，将翻耕好并经磨耙耙好的田平整成前高后低，相差五厘米（秧田为后高前低，栽秧的白田为前高后低）的形态。育秧时，秧苗七至十日龄时需晒水定根，把水田平整为后高前低，方便放干田水，利于幼苗坠底定根；栽秧后，把水田平整为前高后低，以便保水，保证秧苗生长。

牛丫：耕田时架在牛脖子上拉犁的农具，呈"V"字形。牛拉重物时，把牛丫架于牛脖子和牛肩膀之间，两端系牛耕索。犁地时连接犁头，耙田耙地时就连接磨耙，平田时就连接手耙。牛丫其实就是把各种农具套于牛身上以便操作的媒介，是牛生命里的枷锁，也是责任，当然，更是一种保护措施。

牛耕索：一般长2米左右，一端系于牛丫上，另一端打活结，根据所从事的农活不同而连接不同的工具。早期多用山间藤条和牛皮拧成，现有用夹麻胶皮及滤水性好的麻绳拧成的。人通过它们，把自身生存的重压转移给了牛。

牛打脚：木制，多用韧性强的河扬柳制成。长60厘米，用于犁地时连接牛耕索与牛千斤，两端有半榫系牛耕索，中间有个小槽连接牛千斤。

牛千斤："8"字形软连接环，用于连接犁头。多用嫩竹青篾经水煮后扭成。

2. 与马匹相关的农具

因贵州天然的地理条件，人背马驮一度是生活在大山里的村民唯一的运输方式。对天门的布依族人而言，马匹主要用于日常驮粪草、柴火，秋收时运送谷物。但现在随着社会的不断发展，基础设施不断完善，这种运输方式已基本消失。与马匹搭配使用的器具主要有马攀胸、马鞍壳、马鞍架、驮篮。

马攀胸：形似皮（腰）带。套于马胸前，扣在马鞍壳上，用于调整马鞍的松紧度。

❀ **马鞍架** / 刘忠稳摄

马鞍壳：由马剔、鞍壳、马屁攀、马楸珠组成，主要用于安放马鞍架。

马鞍架：材质多为大叶青冈木。主要用途是捆绑需运送的物资，如固定运送农家肥的驮篮。

驮篮：驮篮分为两种，一种是漏底的，另一种是不漏底的。漏底驮篮由篾片编织，上口小下口大，有活动的驮篮底，使用时用一根木棒支撑住一面驮篮底，可单人装卸，多用于运送农家肥。不漏底驮篮由篾丝编织，上口大下口小，使用时由两人共同完成，多用于运送谷物。

3. 盛装粮食的器具

囤箩：由竹子编成，口小肚大，主要用来装苞谷粒。视大小而论，普遍可以装800—1000斤粮食。

"嘞biu"：天门布依族特有的一种饭盒，系村民们农忙时节带饭食到田地里的用具。尺寸有大有小，祭祀时亦可使用。单独使用、两个套在一起合成一个使用均可。

粑粑箩：竹制，方方正正，有两个提手，主要用于装糯米粑等食物。在农忙换工时节，也可以用于给在田地里劳作的村民送饭。

❋ 囤箩 / 吴学良摄

农具的产生和发展，是与农业的产生和发展同步进行并相互促进的。在原始农业时期，农业生产方式粗放，农具的材料以石、骨、蚌、木为主，种类可分为农耕用、收割用和加工用三类。天门的农具多为竹制或木制，基本就地取材。当然，随着时代的变迁，除了一些供盛装的精美竹

❋ 粑粑箩 / 赵开云摄

制品还在使用外，多数农具已变成了机械化产品，传统农具现仅被天门还在留守耕田的五六十岁这辈老人使用。曾经的天门基本沿袭原始耕作方式，现在这种方式尚有遗存。艰苦的环境并没有磨灭人们对美好生活的追求，他们通过勤劳的双手，编制着自己的幸福。随着年轻人的外出，劳动力的丧失，不知道将来会不会有一天，这些精美的农具只有在博物馆里才能看到了。

五 天门"稻路"

历史上，天门村民赖以生存的传统水稻品种是麻粘谷和青秆稻，一年只种一季。糯米、粳稻米是村民们日常生活所需，这些品种就像村里的传统吊脚楼，陪伴他们走过漫长岁月，养育了一代又一代布依族儿女。但由于这些农作物品种在漫长岁月里不断退化，产量越来越低。比如，天门红米一直以来都是靠自留原生种繁衍栽种的，产出的红米以软、香、糯、油而深受百姓喜爱。然而，因为产量低，中华人民共和国成立以前只有地主家少量种植，土地承包到户后，种植的人同样不多，起起落落中，天门红米几乎断种。更新品种，实现增产，成为了天门村的必然选择。天门村现在种植的水稻品种，主要是新品红米。自2018年以来，天门红米产业焕发出新的活力与生机，成为当地布依族群众致富增收的另一条途径。2019年、2020年、2021年三年间，天门红米平均亩产在500斤以上。为了提高天门红米的品质及亩产，2022年，由天门村民乐种养殖合作社牵头实施原生种留种提纯复壮项目。2022年留种提纯复壮培育8亩（旧寨组3亩，板桥组2亩，滚塘组2亩，口坪组1亩），收取稻种2400斤。

由以下表格，我们可以看出天门100多年来稻作栽种的变迁。

年份	品种	亩产（斤）	种植方式
1900—1953	老品种水稻	70	刀耕火种
1954—1981	老品种水稻	110	广种薄收
1982—2002	老品种水稻	280	实行土地承包到户
2003—2022	新品种	800	耕种精细化，使用化肥，有效防治病虫害

天门的新红米品种开始种植推广后，吴王大山垭口半山腰"东西部扶贫协作'消费扶贫'水城县天门红米直供基地"的牌子竖了起来。伴随着产业结构调整政策的支持及帮扶单位（贵州天晟星华供应链有限公司）的参与，通过"公司+合作社

❋ 天门红米 / 符号摄

+农户"的模式扩大种植面积，新建加工厂等举措延伸产业链，盘活了天门红米产业，使天门红米走进了中高端消费市场，为天门群众致富增收拓宽了渠道，一改天门布依族村民原来通过种植红米零散出售换购日常生活用品，只停留在基本解决温饱需求的状况。

保护基本耕地是国家的一项重大决策。

天门村在坚守这一红线的同时，根据市场需求，不断拓宽红米种植面积。2022年11月，天门村"旱改水土地整治项目"开始实施。据悉，2022年，新寨（旱改水）土地整治项目，拟旱改水平整21个地块共22.2024公顷，新修100立方米蓄水池5个、拦水坝1个、排水沟1条、输水管6条、涵管3个、跌水2个、生产道12条，整修灌排沟4条，培肥土地面积24公顷。小寨（旱改水）土地整治项目拟旱改水平整14个地块，共18.88公顷，新修灌排沟1条、输水管7条、涵管1个、跌水2个，整修灌排沟1条……工程项目扩大了梯田面积，涉及灌溉与排水工程、田间道路工程以及其他工程。毋庸置疑，这必将为天门村的稻作文化注入新鲜血液，引发种植红米的热潮。为此，我专门就这个问题采访了村民。

天门稻农采访个案之一

采录时间：2022年8月26日

采录对象：赵光平，男，64岁，坪寨村委会原主任

采录地点：天门村老村委会活动室

采录人：赵开云

赵光平老人黑黑瘦瘦，生于1958年，今年64岁。他身材削瘦，但脸上的线条硬朗坚毅，人看去很是精神，让我不由想起收割后刚被摔出来的谷粒。在大寨村民组与他相遇时，他正在给侄女家的吊脚楼装板壁。得知我们在采访天门水稻品种种植的

相关情况，他停下了手里的木工活，随手拿过一张小板凳坐下，并示意我也坐下。看着满是锯末的小木凳，我有点不好意思地随手抹了抹。老人见我坐下后，拿起旱烟叭叭地抽起来，烟雾中他的面庞柔和动人。

❀ 采访赵光平 ／吴学良摄

"大叔，我想问问你们这里栽谷子的事，和我摆摆（聊聊）嘛。"

老人略停了一下，说："栽谷子么，家家都栽嘞嘛。我家住在坪寨，这点是我姑娘家。"他夹杂着点布依话的汉语让我听起来有些费劲，我只能引导着提问。

水稻是天门布依族人的主要粮食作物，自古以来，当地布依族人均以种植水稻为主。据赵光平老人讲述，天门以前栽种的老品种主要是麻粘谷和青秆稻，品种产量低，只能广种薄收。现在种的新品种产量比老品种高出很多，成熟期也比较短，只需要120天左右就可以收割。2017年，天门稻作梯田景观被六盘水市列入少数民族特色村镇保护与发展规划后，水稻种植的工作被提到一个新的高度。从2018年开始，农技站给农户提供新品种，每家每户都可根据自家田地多少领取相应谷种，待稻谷成熟后，公司在回收稻谷时，才扣除当初买种子的欠款。

"现在家家粮食都吃不完，大多都拿去卖。每斤能卖6—8块。今年我家下了20斤红米种，还有10斤糯米种，等过段时间谷子收割后，我送你们一人一袋红米。"老人于平和自在里开怀大笑着说。看来，是生活的富足给了他如此的从容和幸福感。

天门稻农采访个案之二

采录时间：2022年11月26日

采录对象：陆仕严，男，66岁，小寨组村民

采录地点：天门村小寨组王朝华宅

采录人：赵开云

2022年11月26日，我与汪龙舞老师在小寨组采访民间文化传承人、唢呐制作人王朝华时，正好遇到一个叫陆仕严的老人走过来。我就天门红米种植情况对他进行了采访。

陆仕严比较健谈，边吸叶子烟边和我聊天。还好有乡文化站负责人刘忠稳这个"翻译官"，不然我也只是一个"聋子"，未必能写下这些文字。

陆仕严家现有稻田2亩多，都栽合作社发的红米种。听他说起插秧栽稻的种种时，感觉他和赵光平一样都是种植水稻的行家里手。

"原来老品种每亩只收得到几百斤，不够吃。从前去哪家都不容易得一顿饭吃，现在走到哪家都是随便吃。这个年代比哪个年代都好，老人有养老金，吃得饱，穿得暖。"陆仕严吸一口烟又喷出一口烟雾，满满的幸福感和满足感被烟雾簇拥着飘往天边。

> 田地千年八百主，
> 只有见田不见主。

我不由想起天门的这句农谚。

尽管红米种植给天门村带来了令人惊异的变化，然而，天门的稻作生产前景依然让人感到不容乐观。

在天门村228户1180人中，有劳动力463个。这对家家户户栽种水稻的天门村来说，劳动力明显偏少。1998年第二次土地承包时，事实上只是在第一轮承包的基础上续签合同。因村里嫁出去的女孩不分田地，故女儿多的人家待女儿们出嫁后，家里的田地就多；女儿少、儿子多的人家，待儿子成家后分家，单独成户，以户为单位占有的土地就少了。这种具体问题沿袭到现在，致使每户占有水田1—2亩或6—7亩不等的情形出现。加之2005年天门未通公路之前，年轻村民只能偏安一隅，在此过着日出而作，日落而息，鸡犬相闻，纺织耕田，自给自足，几近封闭的生活，而自2015年公路硬化后，天门已经不是那个不为人知的世外之地，久处封闭之域的年轻人就像插上翅膀的鸟儿，迫不及待飞向外面的世界，只有老人和孩子们留居于此。这造成了当前常年从事稻田耕种农事的多是五六十岁的中老年人的现象。这一辈人尽管有丰富的水稻种植经验，可在封闭的环境里生存，多半连汉话都表达不畅，更不会使用现代化的新设备，依然习惯传统耕作模式。而年轻一辈人却又因一年种田卖谷米所得收入，还抵不上他们出门在外打工几个月的收入，自然就遗弃了稻作文化的相关技能。"（20世纪）五六十年代种不动，七八十年代部分会种，90后不想种，00后基本不会种。"面对"不晓得以后吃啥子"之叹，想起渐行渐远的村庄，等现在懂得水稻种植的老人们都远去了，又有多少人还会留在村庄呢？我们一时也是有些茫然。

❋ 采访陆仕严 / 吴学良摄

目前，天门大多采用两段育秧和催芽方式，这也很受劳动力限制。水源差、劳动力强的人家往往选择两段育秧的方式；劳动力差的人家就只能采取催芽的方式。聪明能干的布依族妇女，在这时真正体现出巾帼不让须眉的气概。男边（人）负责打田，女边（人）负责扯秧苗和插秧成为生产常态。天门新寨的卢勇四十多岁，外出务工，父亲去世后，老母亲在城里照顾两个孩子读书，就只剩他媳妇王永凤带着一岁多的老三在家务农。王永凤是市里评出的十佳绣娘之一，长相秀气，身材苗条，一点也看不出是三个孩子的母亲。家里没有其他劳动力，只能靠她，以前没有"铁牛"（犁地的机器）的时候，她甚至要自己赶牛犁田犁地。从她的身上，我们看到了更多布依族妇女勤劳的背影。

衣食住行，永远都是百姓的第一需求。

天门布依族人的主食离不开稻谷。几百年来，一粒粒饱满的稻谷不仅养活了天门布依人，更塑造了他们的精与魂。可如今村庄还是那个村庄，又已经不是那个村庄了。

唯愿天门村的稻作文化，在时代进步里能坚守下去……

第五章

明妆丽服夺春晖

北盘江水，千年流淌；布依文化，广袤悠长。

天门村依傍在千古奔流不息的北盘江边，为溯江而上的布依先祖所开拓。

从明代至今，天门布依人家聚族而居，抱团成寨，在这片亚热带河谷

❀ 天门春晖 / 汪龙舞摄

中战天斗地，男耕女织，顽强地繁衍生息。

天门布依人家祖传宗承，我行我素，自成一体，在不断提高的衣、食、住、行追求中创造传出灿烂的文化艺术，形成了自己的特色和风貌。其中，最为亮丽的就是式样独特、艳丽多彩的衣着服饰。在长期的历史演变过程中，天门布依人家所处的地理环境、社会生活、习俗风范等无不关联着自身的衣着服饰，它是天门布依族的特殊标志，维系着天门布依人家赖以生存发展的基因，有着极为丰富的人文文化内涵。

衣食住行是与人生存相关的四大要素。大道释然，排在第一位的是"衣"。从布依人家定居天门那一天起，布依人便在这天之一隅中固守着"男耕女织"的社会分工，以农为本，自给自足，艰苦卓绝地繁衍生息，历经沧桑，传承至今。

衣被暖兮，吾之所赏；华服美矣，吾之所赐。怀着对天门布依传统文化传承之美的探索与追求，我们走进了天门村；带着对天门布依妇女创造之美的无上崇敬与赞美，我们几次前往，流连忘返，乐此不疲。

一　丽服春晖

2022年9月，初秋出行，风爽日高。

为了解偏僻一隅的天门布依服饰文化，我们《天门记忆》课题组一行五人乘车经由水盘高速路，逢山穿硐，遇水跨桥，跃过水城天堑北盘江，绕过盘州旅游胜地娘娘山，将一座座连绵固守的磅礴山岭翻犁成车窗两边不断腾挪滚过的长波巨浪。我们在一拨拨不断变换着的美境奇景中乘风呼啸，只用了两个多小时，就到了过去要一整天才能走拢的花戛乡。

花戛乡党委书记朱培源等领导热情地接待了我们。吃过午饭，我们便兴冲冲地随乡文化站负责人刘忠稳上路，直奔有"世外桃源"美誉的布依古寨天门村。

1. 初探端倪显辉光

市区还是盛夏初褪之时，人们尚沉浸在消夏乘凉的余热中，天门村却已遍地金黄，人们正忙着收秋粮归仓，家家户户没一个随便闲着的人。

地旁林间，或聚或散地点缀着古老的布依楼房，像一个个在大地五线谱上交响奏鸣的旷世音符。空中朵朵白云舒缓移动，通过阳光将投影变换着倾洒而下，不断地转移挪位，时明时暗，若虚若实，无比丰富地幻变出各种不同。田间道上，寨旁楼边，间或蠕动着行路的车影牛迹或割稻的斑斑人点，若隐若现，似有似无。天地间不时有依稀可辨的大雁或鹭鸟飞翔起落，提醒着我们这不是一幅静止的画，而是一个鲜活灵动的天上人间！

风光如斯，伊人应美。走进天门，我企盼着能邂逅几位身着当地传统布依族服装的村民，可村里却清清静静，少有人影，一问，都说忙着割稻谷去了。碰到的过往人员大多穿着不分民族的普通城乡时装，看不出啥民族服饰特色。稻田割谷人员中倒是不时有布依人家打扮的妇女出现，但大部分都被齐腰深的稻谷遮挡，且挽袖裹帕，弯腰埋面，实在是难以分辨其具体衣着。好在向导刘忠稳先生早有安排，说已联系到滚塘下寨一个会做布依服装的刺绣能人，她在家中带娃，没去下田割谷，可以接受我们采访。

滚塘组分上寨和下寨，地处天门村中心区域。如果说天门村像一把在吴王山下铺开的五彩织锦折扇，滚塘就在扇柄中间自成枢纽，背依吴王山，面俯北盘江和乌都河，眼通远天云际的普安境内长岭大山，居高临下地被一片青翠金黄簇拥，再由一条条硬化公路挥洒出道道扇棱筋骨，将天门星罗棋布的村民组寨人家连为一体。滚塘上寨坡势平缓，田林相间，视野开阔，传统的吊脚楼和现代民居建筑同依共存，老天门村委会、医务室、文化中心、新居建设基地等都设在这里。从上寨硬化公路驱车直下，几道弯拐过，下寨欣然出现。

车在寨边停下，踏着石阶路，我们走到一栋漂亮的吊脚楼边。一个个子略高，眉清目秀，满脸和善的女子背着个娃娃迎了出来，将我们引上了楼。楼口放了个老大的圆木粑粑盆，覆过来刚好当长条坐墩用。女子名叫陆胜兰，出生于口坪，读过半年高中，二十七岁，已经是三个孩子的妈妈。她的丈夫王兴凡外出打工，家中其他人都收稻谷去了，因孩子太小离不开人，她便留在家中带孩子、做饭，"搞后勤"。

"听说你心灵手巧，挑花刺绣样样好，我们特来看看你的手艺嘞。"看着未着布依族服饰的女主人，我刚坐下就发问，"你们家的服装很好看啊，你咋不穿？"

"哎呀，我们家服装又是衣又是裙的，收拾打扮要好半天，怪麻烦的，还是这种流行服饰方便自在又洋气。"陆胜兰略带羞涩，"除了年纪大点的人，寨中年轻人平时都这样穿。"

"年纪大点的穿民族服装，他们不嫌麻烦吗？"我提出疑问。

"不麻烦，他们平时穿的我们家做的服装都是一般的衣裤，虽然也是窄袖、套褂、宽裤脚的老式样，但挑花绣朵少，制作也简便得多，老一辈人在家做事、下田劳动都穿，都习惯了，方便得很。他们不像年轻人喜欢赶时髦，穿洋装。"陆胜兰边将娃娃从背上放下边回答，"难得收拾的是逢年过节、走亲访戚、接亲嫁女、老人'成神'（去世）等场合才穿的绣花衣裙。那才是最讲究、最好看的穿着——不仅是衣裙，从头到脚都有讲究，光戴头帕时挽发堆顶都要好半天呢。"

"最讲究、最好看的穿着啊，我最想看的就是这种老祖宗传下来的盛装了！"我兴趣大发，有些迫不及待。

"那要遇到有啥大小场合才行，特别是姑娘'出客'、老人'成神'的场合。那时候啊，你来我们天门，亲戚朋友、主人客人、男女老少就会穿出自己最好的布依服装，打扮得规规整整，一点都不马虎。"陆胜兰脸上露出笑容，"特别是女人，衣裙、包帕、围腰、褂带、鞋袜都要挑花绣朵，耳朵、额头、脖颈、手腕、手指都要戴金挂银，相互比好看、比本事，热闹得很呢！"

"这种热闹场合难得碰到，现在只有看看你家搁起的最好看的绣花衣物了。"

陆胜兰没再言语，站起身走进内屋，不多一会儿，用簸箕端出了一大摞衣物绣件，摆到了我的面前。

这是足可让人眼花缭乱的一批漂亮绣品，全用布依族传统人工刺绣技法制作，有成品，有绣片，有已完工的衣、裙、马甲、围腰、花鞋，有只刺绣了部分部位的托肩、吊扁、鞋面、飘带等，为我们展示出天门布依服饰制作的工艺源流信息。刺绣物品中，从其引线用针技法上看，有数纱挑刺互为横竖交叉打点的"十字针"，有按图案花样换色用长短不一彩线配合架纱组成图案的"长短针"，有依序顺着底布经纬纱进针平行排列配线挑刺的"平行针"等；从其刺绣形式上看，有按花样图案用花线并排平铺的"平绣"，有用各色布块绣片贴缀镶订而成的"贴布绣"，以及在特定范围内用特定编织缠绕的花带、辫线等盘绕堆集填充而成的"盘订绣"等。其中，最具特色、最为普遍的是一种专用缠线盘边，再用"公母针"绞线缠针锁扣填充的盘钉与锁扣刺绣装饰工艺。绣品盘边缠线用白色，内芯锁扣用色由浅入深，不与盘边缠线用色重复，整个绣品纹样紧密，结实严谨，块面清晰，状如浮雕，有较强的立体感。

❋ 采访刺绣能手陆胜兰 / 吴学良摄

　　"布依刺绣服装真漂亮啊！"我由衷地赞叹，随后拿起一件方形缠线盘边锁扣填芯绣花围腰片，"绣这个围腰一般要花多少时间？"

　　围腰片由两部分组成。上为绿底平头居中两侧起凹弧对称连边，主花为六个波浪带起伏连接的带柄心形弯尖叶图案，左右对称排列；下为两种色布拼镶连接，中间深色黑布中偏上以"十"字刺绣花边分隔，左右两块浅色月白布内斜角向下与中间的黑布拼接，边线及拼接处皆镶接刺绣花边。刺绣花线有白、黄、浅绿、粉绿、草绿、淡紫、浅蓝、水红等颜色，搭配出来的刺绣图案色调偏浅。整个围腰片色调深浅相间，清新凝重，格调高雅。

　　"要月把多嘞。"陆胜兰抱起孩子，隔着楼堂大门转过头看了看，"这个还没有接上头颈挂带和中间系在腰后的飘带，要是几样连在一起，两三个月才做得出来。"

　　"两三个月？"我有些吃惊，"那做好一套衣裙不就要年把才够？"

　　"是要嘞！"陆胜兰抿嘴一笑，"还要中间不耽搁，做的人手脚快当。要不，一年都不够。"

"一年多做一套服装，这不是太费工了吗？""费工？汪老师嘞，我们家人是'养儿不算饭食钱'。按老传统，看一个姑娘聪不聪明，有没有本事，手脚灵巧不灵巧，最重要的就是看她挑花绣朵强不强。姑娘们从小就要学绩麻挽线、纺纱织布、刺绣挑花，样样拿得起放得下，穿着打扮漂亮好看，才会被人看得起嘞。所以呐——再费工都不怕，再费力都要尽心去做，就图个喜欢、好看呗！"

好一个"就图个喜欢、好看"！我不禁扼腕感叹：这一个"图"字不简单哪！就因为这一"图"，艺术才得以伴随着人类的社会劳动而生；就因为这一"图"，"美"才使人类社会文明在"真""善"的基础上得以启迪和升华；也就因为有了这一"图"，我们的民族民间传统技艺绝招才得以产生、形成与提高，才得以不断传承、发展与弘扬！

"小陆啊，你这盘边锁扣填芯绣得真好呢，能不能把刺绣过程讲来听听？"我指着围腰绣片上的带柄心形弯尖叶图案再提要求。

陆胜兰点了点头，回答说，图案先要用纸按所需部位剪成所需花样并钉在布上，刺绣时先用缠线依花样块面边顺势延伸盘绕并钉好镶边。缠线需用两根线，一根主线为轴心，另一根副线以螺旋式缠绕其上。缠线技法是用手边捻边旋转一多杈木制器具，利用纺锤吊转原理进行缠绕。缠绕线多为白、黄、红等彩线，轴心线要和缠绕线同色，以避免脱线"漏花"。制好的缠线要粗细均匀，密实而有弹性，并要打蜡上光。除了给主花图案盘边锁角，缠线还可不用剪刻花样，直接盘成连绵不断的"水波浪""旋涡纹""狗牙瓣"等用于衣物边饰。用缠线将花样块面盘钉镶好边后，就要用"公母针"绞线锁扣并往里面配色填充了。"公母针"又称绞线缠针锁扣，为双针绞线盘绕，两针两线，具体做法是：先用"母针"穿上锁钉花线，从底透出，另取"公针"穿引同色线作为绞缠线，绞缠线为明线，锁钉线为暗线，绞缠线比锁订线粗，可由两根花线绞成。将"公针"绞缠线绕"母针"缠圈并用左手拇指压住，右手抽"母针"随即埋针锁钉，每埋入一针后又回针在布面上再度缠圈重新埋入，如此反复，使绞缠线曲屈排列成纹，直至将底样图案块面锁扣填满。双针锁扣可单色缠绕盘填，亦可多色缠绕盘填。

"这'公母针'绞线缠针锁扣怪复杂的，请你做几针出来给我看看。"

陆胜兰应承下来，重新将娃娃背好，在桌旁坐下，从绣品物件中挑出一件尚未完工的绣件，带上顶针。她穿针引线，专注地一针引线朝前，一针连线赶后，缠一针钉一针，钉一针出一针，边出边缠，边缠边钉，很快就沉入了刺绣审美的醉心境界。

我仔细地看着她刺绣过程中盘填的缠钉程序，提出疑问："你的绞缠线所缠圈数一圈一钉，可以多缠两圈吗？""不能，缠的圈数要前后统一，松紧一样。我们天门的这种做法就是缠一圈钉一针，钉一针缠一圈，直到把花样中心盘填完毕，这样做来才细致密实，多缠就成其他做法了，不能混的。"

"这种双针双线锁扣盘填绣法太细，要花很多精力啊！"我从陆胜兰手中接过她刚刚示范刺绣的绣片，和先前的围腰片比了比，"花纹精细，厚重缜密。你的手艺真好啊，寨里怕是没人能比了吧？"

"哪里呀，比我做得好的可多了。"陆胜兰谦逊地说，"我大嫂那套衣裙就比我这套还好，花样更紧密，花的工夫更多，用去的时间更长呢！"

"啥？比你这套还好？能找来看看吗？"

"我嫂子下田帮人割谷去了，一会儿要回来吃午饭，到时跟她讲讲就行。"

看来得等一等了。我放下心来，和陆胜兰聊起了其他相关的事。

说起纺纱织布话题，陆胜兰说她老婆婆就是这方面的能手。不过她那都是很久以前的老手艺了，程序多，时间长，要求高，做完这样接那样，方方面面都要亲自动手，一年到头都在整，复杂得很，又劳累又操心，要做好实在不容易，早就不做了。

她说，现在不同了，年轻人都不喜欢传承老辈人那种样样都是自己整的土办法，市场上啥棉纱、毛线、花线、染料、布料都买得到，粗细颜色随便选，又好看又便宜，打一天工的收入差不多就可买一套衣料，划算。而老一代要自己养蚕收茧、种棉摘花、植麻绩麻，然后再纺纱、织布、制靛、浸染、剪裁、缝制，一套衣料要好长时间才整得出来，实在是不划算。她还说，现在市场上什么样式的民族服装都有卖，靛染、蜡染、刺绣、缠线、镶嵌全都是机器操作，快得很，做出来的改良成品鲜艳漂亮式样多，合体贴身赶时髦，要哪样有哪样，卖价还不贵。人们现在穿的大都是这种买来的机制品，纯手工制作的老传统刺绣服饰是越来越少了。

"机器再好，也做不出你这种缠线盘边'公母针'双线锁扣填绣法吧？"我极力维护着我所醉心的传统技艺的尊严，试探着问。

"那倒是。"陆胜兰爽朗地笑了起来，"所以嘛，我们天门布依姑娘们都专注在这种机器都无法做的手工刺绣上了。能做好这种难度最大的刺绣衣物，那才叫有真本事呢！"

哦！这才叫真本事，这才是我们民族民间文化传承之根本和真谛所在啊！我由此而慕，由此而悟，由此而歌，进而由此且慨且慷。

2. 美的递进与交响

烈日当午，是歇晌吃饭的时候了。

太阳傲慢地居空高照，从天顶正南挥洒出万道光针，照射得周围空气一片灼热。

几个身着便装的布依妇女说笑着从楼下走过，看到我们，都好奇地围拢过来。陆胜兰站起身，将其中一个中年妇女喊住，说这就是她嫂子，也是后家同姓姐姐，叫陆胜秀，坪寨人，40岁，挑花绣朵本事强，做衣做裙样样好。我忙起身致意，陆胜秀有些不知所措。刘忠稳与她是熟人，随即用布依语向她打招呼，说明要看她衣裙的原因。

一番交流之后，陆胜秀局促地说，正在帮人家割谷，刚收工回寨，吃完午饭就要下田，忙得很，来不及收拾打扮了。她说她把衣裙拿出来，让我们看过后交给陆胜兰收起就行，这样两不耽搁。说完，立即回房抱出个鼓鼓囊囊的大青布包袱，往楼间桌上一放，就匆匆下楼，随着伙伴们快步而去，消失在一片黄绿交替的树荫竹影之中。

陆胜兰将青布包袱打开，一沓折得规规整整的天门布依刺绣女子服饰灿然显现。

这是一套布依姑娘出嫁时穿的盛装，头帕、上衣、马甲、围腰、大裙、小裙等一应俱全，全都是用最为讲究的"绞线缠针锁扣"工艺精心制作，属于衣饰制作中"不计工时"的细致货。头帕为浅色月白布料，额口及左右两头边上均饰有水波纹、双曲连接涡旋纹套接延续滚边。上衣为自织升子底青赭色棉纱布面料，三件套

❈ 盛装套马甲女上衣（陆胜秀藏）
／吴学良摄

为交领右衽窄袖，短衩平摆。领襟边用浅蓝色布吊扁镶接，领口边滚钉有绿色布条，领襟下右头平直，左头方角起拐，缀有两尺多长浅色花布束带两片；袖上刺绣是整个上衣装饰的主体，分上下两部分，衣袖下臂为三道长"⌒"形盘边刺绣图案，前后连接，满填满饰，上臂一道较窄连续波纹盘边图案与下臂图案隔开形成宽窄对比。马甲交领无袖，所用面料与上衣相同。领襟、前后腰边、左右各两块连接带的图案为大小不同的水波纹连接弯尖心叶形图案；肩口边、背部上腰连接处，皆用水波纹、双曲连接涡旋纹套接延续装饰。围腰面料中为黑色，两边为浅蓝，其方形"几"字头、挂颈系带、后系腰带及所垂飘带头皆有刺绣为饰。大裙为织锦百褶式深裥长裙，上段青赭色，下段红色，中间为白、黄、浅绿、深绿、淡紫等彩色条纹带相连。小裙全为百褶折扇式，青赭色面料，与大裙等长，中间饰有较窄彩色条纹刺绣带。

我逐件翻看，兴趣高昂，忙请陆胜兰找出一块地坝上晾晒粮食的深蓝色人工纤维编织面料，就着吊脚楼檐遮挡所留的余阴在楼前高石梯下铺开，将绣品衣物逐件抹平折放摆正，招呼着大家聚焦拍照。我又跪又趴，时站时蹲，挥汗如雨，好不容易才在刘忠稳等人的协助下将一套盛装摆拍完毕。

正准备收工，陆胜兰又从里屋拿出个挎包，说是好多天门布依姑娘都离不开的一件随身用品，让我看看要不要得，顺便拍个照，好和出嫁盛装配套。呀！这正是我采访所需啊！我高兴得连连点头，激动地将挎包从陆胜兰手中接了过来。

这是一个做工精致、装饰漂亮的垂丝编织盖面刺绣挎包。包体为青布面料，略呈方形，边长约45厘米。包口为长方形，宽约10厘米，包底宽约20厘米。两侧呈梯形，上窄下宽，连口双折成挂带吊耳，挂带为6条较为结实的黄色连珠线环绕穿吊，吊耳下缀有2块令箭形刺绣牌带：上部为蜗状方形图案，连接包面前后主花图案；下部为对称尖角曲头飞鸟团花图案，较暖的黄色缠线盘成旋涡纹，与其他较冷的彩色条纹镶边形成对比；牌带左右钝角分吊彩色珠络，底下锐角缀圆形錾花银饰。包面刺绣上部是两道并列图案：上部略宽，为水波纹连接团鸟侧叶配盘蜗主花图案，逢中两盘蜗组成对称桃心形中心图案；下部略窄，为水波纹连接曲体蚂蟥花图案，上下图案中的水波纹皆为黄色缠线旋涡纹与其他浅色条纹镶边，周边皆以绿色缠线盘成的旋涡纹连边镶接。包面下部为顶平底斜角凹进，由水波纹、曲头飞鸟、盘蜗团花、旋涡纹等搭配组成主体图案，同样用黄色缠线盘成旋涡纹与其他彩色线条纹组合镶接，使不同内容的各类图案得以协调统一。

最为出彩的是挎包面下部刺绣图案上的一块手工编制的黑色镂空结花吊须盖面。盖面与挎包面等宽，长度与下部刺绣图案中间的凹底等齐，唯将左右两个斜角图案留出做托衬。盖面花头宽约两寸，以镂空留花绞结编织图案为饰，上下两排胡椒眼错位环接并列，中间三条四棱编线束腰扣露出菱形空位循环排列；盖面吊须紧接花头挽结后自然疏散下垂。随着吊须的抖动飘洒，下面覆盖着的彩色刺绣图案也随着一帘缥缈黑纱时隐时现，似动非动，十分诱人。

❋ 垂丝编织盖面刺绣挎包（陆胜兰藏）
/ 汪龙舞摄

我爱不释手，反复看了几遍，才把挎包放到底布上拍照。

"小陆啊，这个刺绣挎包好漂亮！"我由衷地称赞，"特别是这块吊须盖面，编得硬是有水平嘞！"

"这是我嫂子的手艺，有留纱、抽纱、吊线等很多编法呢。"陆胜兰温和地回应，"这仅是吊线中的一种，也是很费时间的。"

我站起身，将挎包递还陆胜兰，连续提问："会编的人多吗？都用在哪些地方？有多少传统花样种类？"

"这也是我们这里的女子聪明、显能耐的重点，好多人都会。除了做挎包盖面，主要用在头帕、围腰飘带、背扇盖头等露头和垂吊的地方。"陆胜兰接过挎包，不慌不忙，随问随答，"式样有繁有简，颜色有黑有白有彩花，随各人的喜好和需要选择，可随意组合，至于有好多种不好讲。"

正说着，刘忠稳走过来，凑在我耳边轻声说，大寨一个姓王的熟人家请我们去吃午饭，已经等了好长时间，再晚去就不好意思了。我抬头一看，太阳已经偏西，午饭时间早已过去，只好和大家一起上车，在一阵"麻烦了""对不起"的歉意声中告别陆胜兰家，伴着阵阵热风赶往大寨。

主人家早已在堂房中间摆开了桌子，看到我们到来，忙热情地招呼着起身让座——其中一位竟然是曾经为我们表演过唢呐吹打的帅哥罗乔发。一番寒暄声中，我们边应承边上座。主人照例敬酒，我以不会喝为由，辞谢了酒杯，端起了饭碗。

桌子上的菜肴花样不多，却尽显天门布依人家的豪爽与厚道：一盘脆炸洋芋片配花生米，一海碗腊肉豆皮炖猪脚，一大钵香油椒盐清水煮鲜鱼，汤为白菜豆浆"连渣闹"配以姜蒜末豆豉辣子蘸水，全都是当地布依人家的特色。

我们食欲大开，全不顾吃相和客气，喝酒吃饭一起上，拈肉挟鱼随意取，敞开肚皮尽管吞。好香的一顿布依农家餐哪！特别是那钵肥美鲜鱼，又香又嫩又爽口，豆腐坨坨般粉嘟嘟的，且不见刺，筷子一挑颤巍巍地热气冒，大块大块地蘸着姜蒜辣子水随便吃，全不用担心骨刺锥嘴卡喉。好客的女主人不等钵盆见底，吃了又添，吃了又添，总是让桌上的菜肴满装满盈。吃着不断添加的美味鲜鱼，大家交口称赞。主人家告诉我们，这是刚从北盘江深处捕捞出来的大头鱼，有三十多斤重，肉多刺少味道好，碰上了就尽管吃，管饱管够，满意安逸就行。我们都说今天运气好，有口福，十分感谢主人家盛情招待，让我们吃了一顿难忘的天门美食。

谈起北盘江中的大鱼，主人说，自从牂牁湖水位提升后，北盘江和乌都河也随之面宽水深，鱼又多又大，二三十斤的算寻常，七八十斤、百把斤的大鱼也有人捕到过，靠近江边的天门人吃鱼也成了家常便饭。如今搞旅游开发，天门村成了旅游热点，独特的自然风光和人文文化得以彰显，天门人脱贫致富，生活上了档次，吃、穿、住水平不断提高。我们听后啧啧称赞，大家都说全靠党和国家政策好，天门人硬是有福。

大家吃饱肚子惬意下桌，女主人热情地倒上茶水，招呼我们在堂房右边的沙发上休息。我刚要坐下，突然被一团随便放搁在沙发上的刺绣物件深深吸引。

我放下茶杯，弯腰提起物件抖开，哎呀！好漂亮的一个布依娃娃刺绣拼镶背扇哪！

背扇整体呈盖上盖子的火锅般双耳凸顶奖杯状，大圆头弧形腰连接方形窄平底，由深绿、粉红、浅蓝三种布料搭配作底，分别组成顶、芯、左右边片以及两耳背带、下底兜布等部位。主体背扇面图案总高45厘米，宽66厘米，为13条缠线盘边镶嵌绣带盘曲组成。绣带图案为天门布依刺绣中最为流行的双行白缠线套淡蓝或淡紫色线镶边，内填双曲连接涡旋纹、连续狗牙瓣纹样，或并列，或重叠，或镶边延续套接盘钉装饰。背扇芯中间心形图案的底布为深绿色，由2条涡旋纹、狗牙瓣双填芯绣带曲头对称盘曲而成，外圈由1条涡旋纹填芯、内边镶狗牙瓣、外边镶淡绿色布条绣带围绕盘接；心形外部为水红色底布，略呈方形的双圆头四锐角连腰图案，由3条与心形外圈相同的绣带围绕盘接组合，1条盘边组成上部双圆头连通两边的背扇耳，2条对应组成左右各2个锐角，与中间心形图案尖端并列连通下底；背扇上部的圆弧顶、下部左右圆弧边片皆为深绿底布，分别由2条袖带盘接组合，盘边绣带与心形外圈相同，盘内绣带与心形内圈一致；底边宽18厘米，镶绿色狗牙瓣、涡旋纹、水波浪3道并列填芯花样绣带，下接浅蓝色等宽方形兜布，兜布2个底角另缀2条长约70厘米的花布系带。背扇左右两耳各宽8厘米，分缀长约1.5米的浅蓝色布背带；背带为双层，前端约60厘米处饰以浅绿底白缠线套淡紫水波纹镶边，中填对顶相连同心七芒三角线形条纹。整个背扇图案全由绣带盘绕装饰，线条流畅，对比协调，配色清雅亮丽，呈现出一种别具独特韵律美的简约和大气之感。

❀ 菱形奖杯状布依刺绣背扇（陆仕正藏）
／汪龙舞摄

　　一番欣赏赞叹之后，我问起刺绣背扇是谁做的，女主人笑呵呵地走上前来，客气地说是自己"乱做"的，不好意思得很，在我们面前"献丑"了。我放下背扇，喜笑颜

❀ 天门布依族传统贴布绣背扇
（410×46cm　陆胜英藏）／汪龙舞摄

开："大姐哟，好得很呢！花了不少工夫吧？"

"哎哟，没去算，好长时间呢！"女主人爽言快语，"做来背娃娃的，喜欢了就花了点工夫，爱咋做就咋做，顺心就行。"啊！顺心，这就是为了娃娃的付出哪——喜欢了就花工夫，爱咋做就咋做，不计较制作成本，一件常用的娃娃背扇，倾注的是天门布依女人一腔浓烈的伟大母爱！值得。我感动地边掏出笔记本边询问，恭恭敬敬地记下了女主人的信息：陆仕正，布依族，女，47岁，刺绣能手，天门村大寨组人。

时间已是下午，明亮的太阳降下热量，歪着头一直向西，洒下片片增色添彩的和煦。我们告别陆仕正家，乘车来到滚塘上寨的天门文化活动中心，在路旁一个开着门的商店边大树下坐下休息。精明能干的女老板取出几瓶冰镇矿泉水，逐一递到大家手中，我们也不客气，拧开瓶盖就喝。

谈起今天收获满满的采访，我意犹未尽，说可惜人们太忙，来不及打扮，虽然看到了漂亮的天门布依女盛装，却没看到身着盛装的布依女人形象，少了点立体感，可谓美中不足。刘站长听后哈哈一笑，抬手指了指店中正在忙碌的女老板，说："实在想看，这不就有个现成的？她叫黄跃珍，40岁，小学文化，娘家在花水村包包组，是当地有名的女强人，聪明能干，也是个制作布依衣裙的刺绣高手。她的一套盛装也很漂亮，我请她穿起来让你们拍几张彩照就行。"

我一听大喜，忙和刘忠稳起身进店，礼请黄跃珍予以配合。黄跃珍开始还有些犹豫，说难得收拾打扮，几经劝说后才应承下来，走进内屋换装。

约莫半个小时，我们眼前一亮——黄跃珍终于身着盛装走了出来——除了那双时髦的白色高帮运动鞋，身着布依传统服装的黄跃珍和原先穿着时尚的女老板恍如隔世，完全成了风韵不同的两个人！

几个同伴忙着打开镜头，我一看白运动鞋太洋气，与传统盛装不协调，急忙喊停，要求黄跃珍另换一双传统的布依花鞋。黄跃珍说老式传统的翘头船形绣花鞋搁在老家一时拿不来，只找到一双自己手工做的圆口白边绿花布鞋将就换上。我连声说好，随后将重新换上绿花布鞋款款而行的黄跃珍引到对面稻田边，以远山和金黄的稻子作为背景为她拍照。

啊，好美的盛装天门布依女呀！只见黄跃珍头顶双层方形五彩刺绣盖帕，帕底边饰以吊坠珠络，帕顶中部及右侧横置假发辫束，前部套饰双列角突状银额勒，双耳挂垂珠耳环。上衣长恰过胯，为深赭色白缠线盘钉刺绣装饰，交领窄袖，袖下部三道水波纹配叶形图案绣带镶边连续满饰，上部盘钉彩色绣带一道。上衣外套栗色方形无袖交领腋下双带连接比甲，领襟、连接带、前后腰边均有水波纹配带柄叶形刺绣图案作饰。围腰为平头方形，下垂过膝。围腰头为三道绣带并列套接。围腰面料为绿色布居中，左右配浅蓝色布，皆为同款彩色绣带镶接，底边空出。两边围腰系带为黄色双层，下接较为宽大的浅绿、浅蓝双色刺绣镶边飘带各两条，两两相交系于后腰，逐块翻盖摆开垂下，飘带头以同款不同底的平头五角彩色盘钉刺绣图案为饰。百褶长裙长及脚踝，环接大裙下红上黑，中间饰两道刺绣彩带；黑色扇形小裙系于后面，中间两道彩带与大裙同款呼应。从头到脚，整个装束呈现出一派清新艳丽的雅致气派。

拍照完毕，黄跃珍回店换下盛装，恢复了原先的时髦装扮。

"黄老板啊，你这个带辫束的绣花头帕是咋弄的？"我指了指她刚换下的头帕，"好像和老传统不一样呢。"

"哎呀，是不一样啊，这都是先弄好搁起的，随拿随带，又好看又方便。"黄跃珍回答，"老式的那种光是梳头盘头发就要好半天，层层折叠慢蒙慢裹，面上一块帕子全覆盖，还没有这种好看。年轻人现在都时兴这种。"

"咋没见你戴项圈、手镯、戒指哪？"我试探着又问。"现在的人都很少戴了，嫌老土呢！"黄跃珍回过头来，挽拢长发，"我的那些老物件也不知放到哪里去了，难得找，所以没有戴。如果你们想看，下次来先讲一声，我们花点时间，找几个人按老式样梳妆打扮，照出相片来也是很好看的嘞！"

是的，我们下次还得来，还得再来，还得不断地继续深入探索下去。天门有那么多传统文

❋ 着刺绣改良头帕盛装的黄跃珍
/ 吴学良摄

化宝藏，方方面面都值得我们深入挖掘、调查、了解与研究。民族文化博大精深，千百年来的创造与传承源远流长，伴随着当今社会不断变化发展，我们需要认识与再认识的东西还有很多，很多……

3. 华丽、醉心更堂皇

是的，我们还得来，我们不能食言，我们还需要更多对神奇天门古今文化的再认识。

两个多月后，秋收人忙刚过，我们又抖擞精神地再度聚首，迎着初冬姣丽的暖阳，在一派红黄绿紫的斑斓风光中再探天门村，投入到新的搜遗补缺调查采访之中。这次迎接我们的是当地布依族古今传统服饰的系列展示，重点在新寨组，领头的是曾获县、市"十佳绣娘"称号的刺绣高手王永凤。

新寨是天门村亮丽开篇的西部"门面"，更是布依人家历史农耕文化的生态传承结晶。

从吴王山麓南天门口极顶的"天梯"之端俯瞰天门村全景丰姿，那依山顺岭的连片梯田中间，第一个以完整景象全貌出现的布依楼房古寨，就是恍如人间天上的新寨。新寨周围的梯田像一块块经过艺术家精心设计拼镶的彩色玻璃画面，成百上千地层叠累加，或大或小，或伸或弯，或直或曲，或方或圆，全都自成一体，竟没有一块相同的。在云海、雾凇、溪流、树林的相伴相随下，跨越天门坡岭、谷地、丘陵、山塆地带的众多梯田尽皆联袂嵌贴，袒胸平腹，镜面朝天，映照得大地处处五彩缤纷、熠熠生辉。山寨、榕丛、竹浪、蕉簇随意点缀在一道道田埂路坎边，像一个个在大地五线谱上交响奏鸣的旷世音符，时时吟唱着天门布依人家最具和谐魅力的自然人文复合生态韵律情感之诗。走进新寨，就如同置身于天上人间！

在这"天上人间"的寨子顶头，王永凤家漂亮的吊脚楼居高临下，巍然而立，全寨风光尽收眼底。敞坝高坎边，一排晶莹闪亮的不锈钢围栏尽数支撑着主人家的殷实与安全。水泥坝子干干净净，自来水管清水常涌，楼边粮仓谷物满储，房前屋后绿树翠竹掩映。时至初冬，九米光花正绽放黄嫩，三角梅依然红艳，蓝靛草还延迟着花期，四周尽皆跳跃着勃勃生机，全没有一点枯槁凋零的模样。

按照原先的预约与安排，面容姣好、40多岁的王永凤身着自制布依婚嫁盛装，引领着60多岁、身着传统老年服饰的王仕芬，50多岁、身穿平时常装的卢仕琼，以及20出头、穿戴着当今新式流行改良装的王梅等聚集在自家楼前敞坝中，将天门最具代表性的布依古今服饰予以原汁原味地逐一展现，艳丽满目，风光无限。

这才是现实中最为讲究的天门布依人家中青年妇女礼仪盛装。眼前身材高挑的王永凤，从头到脚都散发着无比的华丽与光鲜：多层盘顶的各色头帕，深赭为底五件套刺绣交领右衽窄袖上衣和方形交领腋下双带连接比甲，刺绣环带挂颈方顶凹弧头垂边连接双飘带并列的黑底围腰，皆为满堆满填的绞线缠针锁扣盘钉工艺。中嵌11道彩色花边的上黑下红织锦百褶长裙及深黑后裙，传统老式船形彩色卷云贴布绣花翘头毛底鞋，尽皆剪裁合体，做工精细。耳朵、脖颈、手腕、手指上佩戴的双丝环扣錾刻局部镂空团花银耳环、四族涡连扣银项圈、圆弧圈錾花银手镯和牙骨手镯、椭圆形錾花银戒指等，莫不满戴满缀，剔透闪亮。最为引人注目的是她那特色独具的传统头饰，其主体为将头发精心梳理盘挽成高髻后才随之包缠并戴上去的6层彩色盖帕。每层头帕颜色各异，宽窄不同，有素色，有刺绣，有编织。头帕包盘内隐外显，里三层外三层，或折叠，或平铺，或围裹，或顶盖，尽在额端密集排列成线形条纹，逐层露边为饰。整个头帕包盘高顶微仰，顶上为向后抛的深赭底刺绣结花吊须五彩帕盖，外罩浅锁扣盘填图纹镶边长帕束顶后曳。前看为朴素端庄的"观音顶"，后看似亮丽精致的"凤尾冠"，左右看则既巍然又飘逸，尽显天门布依女子的贤淑与秀气。

王永凤款款行过，王仕芬的老年装入眼而来。

❋ 着现代改良装、宽裤常装、老年盛装、中青年盛装的布依族妇女
／汪龙舞摄

这是天门老一代传统盛装的重现,现今一切华美与亮丽都是由之传承导引而发展。头饰为堆髻三层帕盘裹覆盖高顶斜后式,面顶罩盖为自制留纱编织结花吊须深青色靛染头帕;上身为深蓝色三件套挑花交领窄袖上衣和深青色方形交领腋下双带连接比甲,颈挂环带圆弧头垂边连接双飘带绿缎面料刺绣围腰,外系深浅青蓝色交替的菱形条纹扎染折叠腰带;下穿深青色靛染麻织百褶长裙,后覆黑色扇形饰边棉质褶裙,两裙等齐,中部嵌有色彩不同的条纹为饰;足登船形盘龙花刺绣翘头鞋。首、胸首饰品与王永风大体相同。和现今中青年盛装相比,老年装制作材料多为自织麻、棉布料和蚕丝绸缎,用色多为靛染,崇青尚黑,浅色布料用得较少。刺绣中多选用挑花、平绣、布贴、镶嵌等工艺,缠线盘填等技艺较少应用。选用的刺绣技法和花纹图案较为多样。总体造型稳重内敛,朴实端庄。

紧接着是卢仕琼的常装。常装为裤裙装束,是当地布依妇女们平时赶场做客、走亲逛寨或居家消闲时所穿。其头帕、上衣、马甲、围腰式样与盛装大致相同,用料深浅相间,少用或不用绸缎,刺绣装饰略简。下穿绣花带镶边青色宽脚口裤,着扇形黑色褶裙,鞋为平常的布鞋。银饰除耳环外,其他胸饰首饰等少戴或不戴。另外还有一种刺绣装饰更为稀少的裤裙女便装,适合各种年龄层次的人穿戴,是天门布依妇女常用的"当家衣"。裤裙装从上到下讲究用料色彩的变化搭配,配色多样,可视个人喜好选择装饰。其款式大方美观,随意潇洒,便于活动,是天门布依人家应用最广、最为常见的服装。

最后上场的是王梅所穿现代新式改良装。这是一款吸收北盘江上游各地布依族服饰特色改良设计的市场流行样式。坠珠束辫套额勒的刺绣盖帕为事先预制,短袖上衣内收,加扣比甲外露,长裙改短为及膝襦裙,后裙改为四条并列吊珠络绣花排带,长与裙齐。围腰改短,为方形黑底绣花镶边,下坠珠络,束比甲之下,长略短于裙。盖帕、衣裙、吊带、围腰等所饰花纹图案皆为机绣。膝以下外露,着肉色丝光袜,足穿圆口布鞋。服饰总体简洁方便,时尚光鲜,是当今天门布依女青年们所喜爱的时髦装束。

看完服饰,我们又观赏了寨中新旧不同的各款刺绣儿童"狗耳"帽和圆顶帽,鞋帮高矮不同、刺绣各异的各式皮底铁钉鞋和船形翘头鞋,总长4米多、带端缝口袋的老式团心绣花背扇,素色挑花飘带以及各类绣件、绣片等物品。

天门布依系列服装、用品、物件被一一展示，天门的古今历史霎时拢集闪现。我眼前一片红装素裹，花团锦簇，脑海中却尽是日朝月夕的风聚云会。我扪地叩天，若时空轮换，再往前推，天门的服饰文化又是一番什么样的光景呢？

　　欣赏完毕，我继续采访提问："永凤啊，老一代的盛装好像没有现在你们年轻一代的盛装精美嘞，为啥？"

　　"哎呀，过去老人些用的东西样样都是亲白搞，又费工又难整，现今全是街上买来的机器纺织品，细致、光鲜、颜色好，要啥有啥。"王永凤耐心作解，"有机器帮忙，做出来的衣裙自然要比过去的好看。"

　　"你的头帕6层，王仕芬的3层，有啥规定说法没有？"

　　"多少依各人喜欢定，最少3层，最多到10多层。少点戴起轻快，好做事；多的戴起稳重好看，也是可以显摆女人本事的地方呢。"

　　哦，原来是这样，这高耸的头帕也是颇有讲究的，怪不得布依女儿家装扮头饰要花去"好半天"的时间。

　　转过话题，我将重点放到了剪纸工艺上："你们现在的衣服刺绣还用剪纸花样吗？"

　　王永凤自然应对："用啊！绣什么剪什么，都是有'样样'的嘞。"

　　"找几个现成的看看。"我提出要求，"最好是以前的老花样。"

　　王永凤走回吊脚楼，拿出一个纸袋。

　　我接过打开，一沓不同形式的花样复印纸张赫然显现。"拿错了吧？"我有些懵，"这是花样复印纸啊，不是手剪的纸花样呀！"

　　"对头的嘞，就是这个，要哪样选哪样，现用现剪，现在年轻人刺绣都用它。"王永凤平静地边答边拿出剪刀，抽出一张花样复印纸，按图案的组合线条去虚留实，剪了起来，"以前那种顺手剪出的纸花样已经不时兴了，我也没有保存。"

　　我摆摆手，止住王永凤剪复印纸，请她另剪几个独创的"顺手花样"。王永凤满含歉意地说没认真学过，难得剪也剪不好。我不再勉强，只好作罢。问起天门村有谁的"顺手花样"剪得好，在场的人都说不清楚，不晓得。刘忠稳说过去花戛场上常有人卖剪纸花样，现在已难以见到。

啊！这可是过去布依妇女人人都会的技艺哪！

离开新寨，我撇去对剪纸变异的无奈，心中仍充满着对天门华美布依服饰的赞赏与留恋——虽然已有逐步的了解，却希望能看到更加精彩的展现。

精彩展现很快到来。

两个月后，接到刘忠稳的邀请，我们又重游故地，再进天门，到坪寨组小田坝龙家采访布衣人家最为隆重的丧葬祭祀礼仪，领略天门"明妆丽服夺春晖"的华丽与盛大。

不用动员，不用招呼，参加祭祀的人员都换上了自己最新最美的特色服装。

男人们皆着简约的青黑右衽长袍或对襟短衣，宽裤包帕作衬，天门布依人家所有的浓艳与精华都集中到了布依女人们的身上。走进小田坝，震天响的铁炮花炮、热闹的铜鼓唢呐声中到处人头攒动，移动着的人群所展现着各类打扮，人人风光靓丽，处处花团锦簇。

最惹人注目的当数用以迎客的盛装礼仪队，成员由主人家从邻寨或家族中聘请。被聘者须是人品端庄，有儿有女，夫妻健在，家庭平安，有本事有福气，懂得布依家礼仪规矩的中青年妇女。人数依祭祀的老人数量而定，只可多，不可少，一般为2—3人或5—7人。能当礼仪队队员是一种荣耀，被聘者皆要倾尽所有，用自己亲手制作的最好的传统衣裙首饰精心装扮，盛装入列，用以向来客和村人显示自己的本事和富有。龙家祭祀的主体对象是4个老人，所用仪仗队由5人组成，个个皆高顶五彩头帕，身着刺绣华服、百褶长裙，浑身满缀银饰。与其他盛装不同之处在于：其菱形条纹靛染折叠腰带从围腰右侧刺绣吊带下部斜挂收束于后腰，脚下均为同一式样的白色高帮厚底运动鞋，彰显出礼仪队的统一与和谐。

除了礼仪队外，着盛装的还有事主龙家的女眷，以及部分参加祭祀的至亲来宾等，区别在于事主家女眷盛装外均穿白戴孝。盛装中深浅不一的传统老年装较少，更多的是以浅色为主，做工精细，装饰繁复的时下流行的中青年装。

人群中最多的是着裤裙常装的各类人员。本家的、外寨的、帮忙的、看热闹的人员中有九成皆是。放眼望去，高帕绣衣满目，宽裤小裙遍布，月白银灰成了上浮主色调，辅以下方的黝黑深青，龙家房前屋后光色明媚，到处辉亮。尽管初冬寒意渐弥，仍有些只爱风度，不管温度的姑娘少妇们选择了紧身短裙的改良装，无所畏

惧地在一片高顶宽裤
长裙中不时穿插，频
频亮相。

　　"老姐啊，你们
这个靛染腰带从右边
刺绣围腰带上挂绕，
有啥讲究吗？"一番
观察后，我向盛装
礼仪队领头的妇女
发问。

❋ 在拜幡祭礼中着盛装的迎宾礼仪队（前）和祭祀事主家女眷（后）
/ 汪龙舞摄

　　"是有讲究哟，右挂的是主家，左挂的是外来客家，其他不参加礼仪队的横拴
在腰上。"

　　"客家也有礼仪队？"

　　"有啊！来下祭的'马郎'家都有。"

　　"马郎家？马郎是谁？"我疑惑不解。

　　"就是姑爷呀，马郎家来下祭的时候都有穿得最好的礼仪队走在前面，其他马
郎家的人啊、牛啊、唢呐啊、'花花祭'啊啥的都在后面。"老姐满脸和气，语音
甜润，"拢寨子边我们要领着孝家人去接，接到后我们要在最前面引路，半步半步
地慢慢磨，五寸五寸地向前移，要好半天才能走进场嘞。后天你就可以看到了。"

　　龙家祭祀礼仪要办五天法事，马郎家进祭在第三天，是整个迎宾礼仪的高潮。

　　高潮很快到来。龙家的三个马郎家的祭祀队伍按时赶到，被安排在寨子边的湾
田坝会集，以待娘舅家开祭后进寨上场。祭祀队伍相继入驻，人员尽着新装华服。
野外露天的湾田坝中顿时彩色纸扎林立，礼花炮仗不时响起，田边地角烟火弥漫，
地坎埂道人来人往。主家客家皆不急不躁，耐心等待——按照习俗，进祭须娘舅家
开头，马郎家紧跟，其他亲朋随后。

　　下午两点过，寨后一通震天铁炮响过，娘舅家的祭祀队伍在彩旗飘飘、唢呐声
声中到来。龙家孝子肩扛百叶纸伞，率领家人在坐堂唢呐的陪护下出寨跪迎，将来
者接到法事场中祭祀。祭祀中，主家要为来者奉上孝衣孝帕，来者要为孝子穿上孝

❀ 事主家盛装礼仪队率领主孝人员迎接
大马郎家祭祀队伍进场 / 汪龙舞摄

❀ 大马郎家祭祀中的"花花祭"纸扎
/ 汪龙舞摄

衣，并赠送一套礼服，孝子要将娘舅家所送衣裤鞋等悉数背上展示，直到所有人家祭祀完毕。

娘舅家祭完，轮到马郎家了。

来自盘州羊场的大马郎家立即整顿好上百人的队伍，盛装礼仪队领着主祭人员朝前，两套唢呐护送，供碗、献牲牛、祭礼等紧跟，各类彩色纸扎的灯笼、人神、马象、会动的毛猴斗鸡、摇曳飘荡的幢幡旗幌、时髦的车房器具等随后，浩浩荡荡地相拥上路。大队伍停在寨边，主人家举孝人员带着礼仪队迎上。一番寒暄敬酒交接之后，主人家礼仪队化尾为头，引领着大队人马在一派礼炮鼓乐声中缓步进寨。队列以极慢的端庄步伐行进。主人家浅色银白为主的褶裙装和客人家深色青黑为主的衣裤装对比鲜明，前面整齐的单列人员和后面簇拥高耸的彩扎队伍反差强烈，身着各色新老华服的男人们不时穿插其间。围观的女人们几乎都是传统的各式布依装扮，盛装、老年装、常客装、改良装应有尽有，美丽的童装、漂亮的背扇、流行的挎包随处可见……主人家领头的盛装迎宾礼仪人员个个彩色刺绣满身，百褶长裙曳地，敛息定气，气度不凡，尽显雍容华贵。引领者行走时以半个鞋位为限，半走半蹭，保持着一动三停的特定步伐。跟进的队伍也随之徐徐缓缓，慢慢蹭步，两百多米的距离竟然走了两个多小时！

这是天门布依祭祀礼仪中最为隆重的豪华展示，是主客炫富比美的队列走秀，是集当地布依服饰、音乐、纸扎等特色传统文化技艺为一体的观礼巡游。人们坚定着自己的民族信仰，怀着对祖宗先人的崇敬，遵循着老一代的传承，庄严肃穆、严谨自觉地参与并进入自己的角色，完成对族群部属、亲情信义的相互连接与腾升加温。

临近傍晚，大马郎家祭祀结束，二马郎、三马郎家依次递进。同样的光彩炫目，花枝招展，同样的礼迎恭接，步步到位。不同的是行路加快推进，程序加速轮换。夜色渐浓，祭祀场内外炮火连天，小田坝空中礼花频现，周围各式华服美饰不时变换位置，闪亮发光。我眼花缭乱，目之所及皆精彩纷呈，灿烂辉煌。

服装之美谓之华，礼仪之大谓之夏。不到天门布依家观礼，你无论如何也想象不到天门布依传统文化之美、之深会那么让人拍额惊叹，会那么令人意醉心迷。

二　古工美艺

人猿揖别，文明始生。

衣着服饰，由从蔽体御寒的实用物品上升到展示华美的欣赏载体，支撑起了人类文明之厦的定点架构，走在了众美之先。

衣之护体悦目功能无所不至，服装的款式、材质、色彩、配饰，组合成充满魅力的外形效果。一切实用所需和精神审美的根本，在于具体经营制作的劳动创造者——能人。衣装制作从无到有，创造点滴积累，劳作无比艰辛。这一切，天门布依人家都交给了女人们。

千百年来，天门布依妇女代代相传，无怨无悔，默默无闻地竭力奉献，为衣装而努力，为生存而奋战，撑起了天门布依农耕社会文化的半边天。随着时代的发展，工业化逐渐渗透、取代农业化，小农经济早已唱衰，退出了曾经光辉过的历史舞台。市场经济登场，将人类社会赖以发展的各类基因不断混同揉碎，筛选提炼出各式新元素组合而多元并进。面对着已经过去的历史岁月和面貌一新的现代社会，民族传统文化遗产的抢救与保护时不我待。历史创造的辉煌，今天发展的亮丽，未来弘扬的灿烂不断地激励着我们、昭示着我们：对已经过去的社会历史、快要消失的文化遗产，我们仍然有长期的发现搜求、抢救保护、传承发展的使命和责任。走进天门，我叹服着今天的不断进步和飞速发展。看到那些安置在吊脚楼下，尚在使用或不再使用的自制织布机、纺纱机、扎花机等，我见物生情，与之产生强烈共鸣，源于对天门布依妇女从古至今对于衣装创造之美的敬佩，更源于对其技艺源流过往的了解与探索。

撑着东升西去的日月，迎着撩发拂面的爽风，我和我的同事们几出几进，在满脑壳的渴求与希望之中信心十足，从一个采访点到另一个采访点，快乐地在美丽的天门布依村寨中往返流连，在对布依文化遗产中服饰制作备料、纺织、靛染等程序内容的深入挖掘和整理中，不断地熏陶着，感受着，追寻着……

1. 久远的传世奇葩

11月底，市区已步入冬寒，天门却依然阳光灿烂，温暖如春。

我们这次对天门布依服饰制作技艺的寻访点定在大寨组，对象是60多岁的纺织能手陆胜英。

大寨组紧挨北盘江边，南高北低，西面高耸着形成吴王山天门左膀的木耳大岩，面临北盘江，与江北峛岇大岩相对，东隔滚塘，为北盘江与乌都河交汇处。大寨一江长横居前，四周深峡高崖环围，气候炎热，是天门村地理位置最低的村寨。上次我陪著名学者余未人老师从水路乘船来天门采访，就是在大寨临河码头登的岸。

大寨风光之美为人称道。北盘江与乌都河随着牂牁湖提升水位后域宽面阔，过去浪激滩险的凶江恶河早已风平浪静，青深绿透，泛影粼粼。

❀ 屹立在大寨中心区的天门古榕树王 / 汪龙舞摄

天门大寨的山岭林田随之波光环绕，一派碧水蓝天——这才是真正的"世外桃源"啊！大寨为何尽得大自然如此的青睐和眷顾呢？

由于气候较热，这里的古榕、枫香树等也特别高大雄伟，就连寨边道旁成簇的龙竹棉竹，也比其他地方的粗壮了许多。这里的古榕不仅在岩坡砻石间连片成林，根连干缠，还遍布在一栋栋吊脚楼前后挡风遮热，铺绿布荫，棵棵扶摇衔天。寨中间的一棵古榕树龄已900多年，胸径3.1米，冠高30多米，是天门古榕中最大的树王。记得我初进天门，和搞旅游摄影的胡小柳夜宿大寨王世令村长家吊脚楼上，天麻麻亮就起来寨里寨外到处乱窜，劲头十足地搜寻着大寨朝曦晨雾中的奇光异景。他告诉我，这里的气候独特，每棵古树都有自己的奇特之处。说着，随便指着寨边一棵凭空而立的古榕，要我看看树顶10多米高的横丫空心处还生长着些什么。我仰起头，只看见满树苔藓和一溜长叶杂草。胡小柳却说那里长有颇为罕见的热带奇异兰花，以及名贵药材铁皮石斛等，一般只能在热带雨林中和亚热带的绝壁悬岩上才能看到，可在这里却伴生在寨边独处的树顶，你说奇也不奇？

陆胜英家吊脚楼居高临下，面对古榕树王，一共5间，高大敞亮。走近楼前，陆胜英和她70岁出头的丈夫王永习皆着传统盛装出迎，爽朗热情地接受了我们的采访。

初冬的太阳柔媚温暖，空气无比清新。眼前的古榕树王冠大叶密，黄绿掩映，充满生机。话题从靛染开始，陆胜英将我们引上吊脚楼，指着楼右间门口2个大小不一的塑料缸桶告诉我们，里面装的就是染料"靛"。我走近察看，只见大缸身宽口阔，内里满装着微泛泡沫的深青色靛水，面上横放着3尺多长的2块竹板和1根竹棍。小桶身细略高，两边带耳，敞口收颈，里面黑乎乎的，看不清装的啥。

"陆大姐啊，你用的'靛'是买的还是自己做的？"我回过头，向陆胜英发问。

❀ 天门布依人家种植的靛草 / 汪龙舞摄

❀ 用靛草制作的"靛"及用其配制的靛染水 / 汪龙舞摄

"自家整的嘞。"微胖的陆胜英微笑着走过来，从桶中舀出一瓢蓝黑色浆状物递过来，"街上买的没有自己做的好用，寨子里好多讲究的人家都是自己整。"

"靛"凝结成团，滋润细腻，映着天光，露青泛紫。陆胜英补充说，自己做的"靛"材质好、配量足，晓得"性水"，配成靛料染水也好掌握浓淡深浅，染布料时才顺心如意，想咋整就咋整，要多好有多好。

问起靛料的制作，陆胜英将"靛"倒回桶中，告诉我，老一辈人曾经用过野生的靛草和靛树叶，但很难采集，后来逐渐选用家种的靛草，要多少有多少，又方便又好用。现今所用靛草都全是人们自己种植的，野生靛草、靛树叶已不再使用。

靛草又名靛蓝、蓼蓝等，一年生草本植物，单叶互生，茎圆柱形，色淡紫，可长到2尺多高。花淡红色，种子黑褐色。2—3月间栽种，5—6月间采集，采后随发新叶，8—9月还可采集第2次。靛草用时割取地上部分，除去杂质后，按4∶1的比例加清水（100斤靛草加10桶水，约400斤）并兑少许石灰水（1桶兑1碗）入缸浸泡发酵。发酵以靛草茎叶变黑、腐烂适中为好，时间视天气凉热冷暖而定，最短3天，最长10天，一般5—7天。发酵完毕，捞渣滤汁，再用4—5斤生石灰发透搅拌成乳白色石灰水点入，停放沉淀1天后除去面上多余的清水，留下的20来斤蓝黑色灰浆就是"靛"。

"靛草泡烂发黑到啥程度为好？"我提出疑问。

"先用眼看，绿色转黑'断生'，再用手摸，捏起不糊且透熟才要得。"陆胜英语调微慢，声音平和，"不'断生'的靛量浅淡差火，烂过头的醒了颜色发乌，要断生熟透恰当，都是凭各人的经验看天气决定嘞。"

"制好的靛料能搁多久？会坏吗？"

"想搁多久就搁多久，不会坏，保持湿润就行。"陆胜英继续回答，"如果时间太长靛会沉底发干，要加点清水搅拌均匀，软软糯糯的才好用。"

真没想到，"靛"的制作和使用还有这么些讲究。我顿生敬意，重新走近靛料桶，借着房檐口透进的光朝里观看，只见半桶"靛"呈糨糊状幽幽沉铺，磷光微显，青蓝毕呈，透露出一派源源不断的安静与谦和，给人以无尽的期待与遐想。

"陆大姐啊，靛料做好，该染布了，先说说如何配制靛水吧！"我坐回楼门左边的矮凳，示意陆胜英在右边板凳上坐下。

"兑靛水先要准备草木灰。"落座的陆胜英有些拘谨，"草木灰以现烧的为好，狼蕨叶、蒿枝秆、谷草、豆秸、苞谷秆等等都可以。烧成黑灰就行，别烧过头成白灰。"

"要烧多少灰才够用？"

"要投十背干秸秆杂草，才烧得出十多二十斤灰来。"陆胜英继续回答，"将烧好的灰加一担清水搅拌，泡一天一夜后滤去沉渣，得到的灰水就可兑'靛'染布了。"

"投十背干秸秆有多重？一担水呢？"我有些糊涂，"背篓有高矮，水桶也有大小呀。"

"这……还，还没好好称过……"陆胜英有些语塞。

"不是背篓，是大背架。"楼下的王永习仰起头，代为回答，"十大背干秸秆少说也有千把斤嘞，一担水80多斤不会少。"

我终于明白了靛染所用原料的大概比例。

靛水在染缸中配制，具体有开缸、封缸、起缸、喂缸等过程。

"开缸"时要先将染缸清洗干净，再把草木灰水倒进染缸中，加入一大瓢"靛"（2—3斤），再倒入一瓶烧酒（约1斤），用竹棍搅拌均匀后盖好置放"封缸"。7—10天后，待其颜色加深再搅，看其发酵"来"了没有，"来"得好不好。若没有"来"或"来"得不好，要用一至两斤野生的酸汤杆、牛舌头叶等植物配成"发药"，捣成糊浆状拌进缸中去"接"。若闻着微有香味，面上泛起泡沫较多，且能映现出彩色反光，为发酵"来得好"，也就是发酵成功了，即可"起缸"进行靛染。染制前要先放入麻丝试色，看其"吃色"的深浅快慢程度，合适后再放进布料等物件。浸染物件放进染缸之前要用温水浸湿，面朝外合在一起，入缸后靛水须没过被染物，不得鼓包露角。浸染物件须反复多次，一次一道，所需时间可长可短，所染物品颜色由浅到深，逐渐从蓝变青变黑，何种程度停染，要看被染物件所需染色程度来定。每染一道一般要浸泡2—3天，取出洗过晾干后再染下一道，道道相循，可如此重复10多道，直到最后达到所需颜色效果，具体情况由靛染者根据自己的喜好把握掌控，一匹布一般需要个把月才能染好。染用过的靛水还可再用，但用前须在头天下午再添加"靛"和烧酒，这便是"喂缸"。"喂缸"时加多少料视所染物件的多少和染水的深浅浓淡而定，一般以"起缸"前"封缸"所用的一小半为宜。整个配料及染制过程中，忌与油脂、橘皮等接触。

采访靛染的过程中，我不由联想到广为人知的蜡染。

"你们搞不搞蜡染？"我试探着问。

"不搞，我们天门布依家不画蜡，也不搞蜡染。"陆胜英回答得很干脆，"老一辈传下来的习惯都是喜欢绣花，哪样颜色都有，哪样好看绣哪样，染的布都是靛染。"

陆胜英告诉我，天门布依人家的靛染主要是染制自织的丝麻棉布，老一辈染制工艺主要有染、捶、洗、捂四道程序。靛染"起缸"放入布料即为"染"。染到半程工夫，布料颜色从蓝转青，即可进入"捶"的阶段。"捶"即用特制的木布棒击打，具体过程为：先将头天浸染过的布料用清水洗过晾干，将干透的布料裹滚成2—3寸厚的筒状后放在石磴上捶击。捶要轻重适度，用力均匀，布面敲打要循序翻转，处处过棒，密实周到，切忌翻转不一，漏敲少打。1匹布每次捶打须1小时左右，以透平光洁为准。将捶过的布料重新放进染缸，浸染1—2天后再取出洗过晾干，干透后继续捶打。如此反复，边捶边染，边染边捶，直到所染布料的颜色深度、柔软度、光泽度达到所需效果为止。"洗"即布料每次浸染后都要用清水漂洗，洗过晾干后再重新入缸浸染，这样颜色才容易加深且明亮清爽。"捂"是天门传统靛染的最后一道工艺，即将浸染晾干后颜色达到所需效果的布料埋入烂泥田"捂"上3—5天，使其"吃泥"固色，然后再漂洗干净后晾干，进行最后一次捶打后即可收藏。经过捂泥捶打的靛染布料柔软不皱，光泽熠熠，颜色青紫鲜亮，不褪不变，是当地布依盛装中制作头帕、比甲等最为讲究的衣料。

"陆大姐哟，这个捶染捂泥不简单，染制的东西都要这样搞吗？"

"不一定嘞。蚕丝织的东西薄，上色容易，捶不得，也不捂泥；棉布细致，吃色好，要捶才软才亮，捂泥则可捂可不捂；麻布硬，比棉布粗糙，吃色差，上靛捶染时间长，捶打捂泥过程不能少。"真没想到靛染中还有这么些区别和讲究！

"陆大姐啊，你真厉害，手边有现成的东西吗？"

"有啊！"陆胜英指了指楼下正在和刘忠稳摆谈的王永习，"他那一身衣帕都是我做的，从织到染，编剪裁缝，全都是手工嘞。"

我兴趣大增，起身下楼，走到瘦瘦高高的王永习身边，仔细察看他那一身青黑

透紫的天门布依男装。不错，呈现在我面前的
果然是真真切切的天门纯手工服装。王永习裹
着稍呈蓝色的折叠吊须头帕，身着偏黑的长扣
右衽长衫。最出彩的是他腰间拴了条深浅菱形
条纹相间的靛染折叠腰带，并在背后收束挽结
处垂露出一截颇为讲究的编织吊须，和头上所
垂的帕头吊须相呼应，使从上到下的一片简约
素色中不经意地显现出些微精致，增添了服饰
整体的视觉美感。

❋ 着布依盛装的王永习、陆胜英夫妇
／汪龙舞摄

　　"好漂亮的腰带！"我由衷地赞美，"能
解下来给我看看吗？"

　　王永习二话没说，解下腰带递到我手中。

　　这是一件颇为精美的布依靛染服饰用品。
腰带面宽34.5厘米，用时折为4叠；总长200厘
米，其中布面实长170厘米，两头绞纱编结吊须各长15厘米。面上纹饰为双菱形图
案，由24道深浅相间的蓝色同心方框条纹套接组合。

　　"这个深浅条纹是咋染出来的？"我拿着腰带，走向陆胜英。

　　"这个可有点麻烦费力呢。"陆胜英笑了笑，向我解释，带帕布料以细纱布为
好，腰带最长，头帕稍短，约130厘米，具体尺寸可依个人需求而定。从织布时开
始，要先把用作带帕的布料两头1600—1800根经纱线分别留出约20厘米的长度，用
以编结吊须图案；留出的经纱每8—10根纱为一束，每4—6束为一组，用手工将其绞
结编织成实结并联、镂空扣接等各种下垂吊须的图案花样。将两头均编织好吊须图
案的帕带布料面朝外齐边对折，先在折叠面上用针线缝钉出单个对顶角同边菱形方
块，然后在方块中从外向内依序同宽等距离折叠缝钉出凸凹布棱，依次套接，直到
中心；缝钉顺序逐段推进，先完成居中菱形，再缝钉两边对顶等腰三角半方块，直
到铺满全部布面。缝钉完毕的带帕自然收缩折叠成山形连续拐弯串片，将其放进靛
水染缸中，浸染5—6道达到较为理想的深蓝色后拆去缝钉线，再染1—2道，使原先空
白处变为浅蓝（和染布一样，每染一道后要用清水漂洗晾干，再染下一道）。布料

靛染完毕便吊挂晾干，再经过捶打至变软发光即成。

缝制扎染工艺程序介绍完毕，陆胜英穿针引线，拿出一段正在制作的白色吊须带帕坯料，将其中菱形条纹的折叠布棱缝钉过程，从头到尾地演示了一遍给我看。随后，她将我领到染缸边，拿起缸面上的竹棍，从深蓝色的染水中挑起一挂正在浸染的青黑色吊须带帕染件向我展示，加深了我对整个菱形条纹吊须带帕制作工艺的立体感受。陆胜英告诉我，缝钉染制好的蓝色菱形条纹吊须物件雅致漂亮，依不同尺寸可做腰带、头帕、盖顶等，可自己使用，也可作为珍贵礼品赠送给亲朋宾客，是体现天门布依女人勤劳能干、心灵手巧的一种重要的服饰配件。

啊，菱形条纹吊须靛染腰带真是不简单哪！我突然想起，小田坝龙家隆重的祭祀礼仪中，那最受尊崇的女子盛装迎宾礼仪队，每个队员腰间斜挂在刺绣围腰胸吊带上的"绥带"，不也是它吗？她们展示的不仅仅是一

❀ 靛料染制的菱形条纹吊须扎染靛染腰带 / 汪龙舞摄

条凝聚着布依女人聪明才智的精美缝染腰带，更是天门布依人家对自己民族文化信仰的坚定自信与执着追求！它被男人在腰间拴着，被女人在头上顶着，被盛装迎宾礼仪队队员在胸前挂着，天门啊，你这一条小小的蓝色缝染编织吊须带帕，承载着的却是你深厚的人文情思内涵啊！

令人激奋的采访暂告一个段落。临别时，刘忠稳代我们和主人家约定，明天还来继续采访，要陆胜英在家等候，不要离开。

2. 不泯的创造匠心

天门布依服饰制作工艺采访继续进行，我们依约重返大寨。

群山顶上青天朗朗，峡谷之中却云烟氤氲，长雾深锁，大寨被一派迷蒙的雾气笼罩。吊脚楼房时隐时现，古榕新竹苍翠欲滴，似有似无。湿漉漉的树叶花草上遍

布着亮晶晶的露珠，空气也润润的，无比清爽。走进陆胜英家，大家都成了熟人，谈话省去了许多客套，采访直奔纺织主题。

陆胜英介绍说，纺织是过去天门布依女人的老本行，一家老小的穿戴全是女人承担。女人苦啊，除了生娃带娃、做饭做汤外，还要自己养蚕种麻种棉，自己扯丝剐麻轧花，自己捻线纺纱织布，直到靛染剪裁、挑花绣朵、缝制上身，步步都甩不脱。

"这些丝、麻、棉材料的衣装的制作过程不一样吧？"我提出疑问。

"有不一样的，也有一样的。"陆胜英不快不慢，顺应而答，"蚕丝要先养蚕结茧才能抽丝做线，麻要先撒麻、剐麻、绩麻才能纺纱，棉要经过种棉、采摘、轧花才能纺线，几样东西各是各的做法。"陆胜英语音略停，看了看我。我加快笔记，静等下文，陆胜英继续讲了下去："织布都是用一样的老织布机，所织的布纹也是同样的，一般有升斗底、斜纹、平板等样式。不一样的是，蚕丝织的布薄、细致，麻织的布粗、厚、硬，棉织的布密实、软和。"

"你家织布机在哪？我能看看吗？"

"在楼下放起的嘞，好久没用了。"

我起身走到吊脚楼下，果然，一架木质床架结构卧式织布"坐机"就在眼前。

织布机总长180厘米，高160厘米，宽80厘米。构架主体由大小36块木枋穿榫固定组合，另加可以连接活动的绕纱架、分纱滚筒、提花开口综框挂件、连杆打纬篦子框吊板、绕布转筒、脚踏板、座板、织梭、捅纱卡杆、捆吊绳等部件。其中，绕纱架（俗称"羊角重"）为两头双对连轴十字交叉，另带24块隔纱竹夹板，置放于机后两方柱之顶上凹口处；分纱滚筒2个，1个置于绕纱架之下两方柱之间，另1个另配2根分纱滚杆，安放于机中部偏后上方；提花开口综框挂件左右并列4块，置于机身顶上斜升横枋中部靠前下部，织布时再另挂提花开口综框4个，每个开口综框由2根吊棍与若干吊线交叉环绕连接；连杆打纬篦子框吊板上下各1块，共2块，中隔竹丝篦子格，从机身上方斜升至横枋之顶，吊挂而下，可前后推移拍打；绕布转筒安置在机身座枋前两矮方柱之间，带小卡棍1根，右边座枋内凿有小卡口10余个；另在绕布转筒下靠中座枋之上，置放收布裹杆或裹板1块（根）；脚踏板左右并列4块，踏板后面连接于机身最前面底部的坐枋横梁，前头翘起，与提花开口框挂件吊连，可相互配

✿ 老式布依族织布机（王永习藏）／汪龙舞摄

合上下升降；座板比机身略宽，横置于坐枋之上；织梭又称梭子，船型扁平，两头尖中间空，用作储纱引纬；捅纱卡杆置放于机身中间上方偏后的分纱滚筒之上，用于控制绕纱架的转停开合；捆吊绳若干，用于辅助各类吊挂物件安置稳固。

为了好看，制作者匠心独具，把机身最上边的两块斜升长枋向上做成了较大的半弯圆弧头，将中间向下垂吊的4个提花开口综框挂件加工成了开口向下的"3"形半圆并列双弧头样式，将连杆打纬篦子框吊板上面的一块大板也处理成了便于把握的半圆弧头，使整个织布机中较为单调的横竖方格版块线条陡然变化，为织布机增添了一种既有对比又很协调的韵律美。

"这个织布机式样好看呢，木匠师傅是谁？"看完织布机，我继续提问。

"我自己学着做的嘞。"王永习笑着回答，"自家用的胡乱整，织得出布就行。"

"上面这几个弯弯做得好，咋会这样想？"

"想咋做就咋做，就图个顺眼啊，老一辈传下来的式样多得很嘞，随便选。"

啊——"就图个顺眼"！我大为动情：又是一个"图"字！和在滚塘下寨采访中陆胜兰所说"就图个喜欢、好看"的"图"一样。"顺眼""喜欢、好看"就是天门布依人家在劳动生产实践中对美的无限追求啊！同寓其理的"图"，"图"出的是坚不可摧的信仰理念，"图"出的是百折不挠的奋斗精神，"图"出的是精益求精的匠心志气，"图"出的更是终成大器的圣哲品格！

"陆大姐哟，靛染缝扎都看了，还想看看你纺纱织布的手艺呢！"

"哎呀！纺纱早就不搞了，现在用的纱线都是从市场上买的。"陆胜英满脸认真，有些犯难，"织布的过程麻烦得很，牵纱、理线、上架、铺机、提线开口……样样都要根根计算，棵棵数到，几番几整时间长，不是三两下就搞得好的嘞。"

"没有的就算了，有的也不一定要看全过程。"我没有放弃，提出新的要求，"现成的有哪样看哪样。"陆胜英想了想说："现成的只有上别家了——寨上头还有我大爷家在织布，不晓得收机了没有，可以带你们去看看。"

　　走进"大爷"家，一切都似曾见过。

　　仔细一看，巧了，这不就是上次来采访时吃鱼、看背扇的陆仕正家吗？一问，原来陆仕正的丈夫王华熊是王永习的爷爷辈，所以喊"大爷"；陆仕正和陆胜英也是本家，他年纪虽小却是陆胜英的"老辈子"。陆仕正也认出了我们，一番热情客气之后，为我们端上茶水，招呼我们在较为宽敞的院坝中坐了下来。

　　陆仕正家织布机就安放在正房大门右边的房檐下，上面盖了块蓝色的塑料布。说明来意之后，主人家爽朗地揭开塑料布——织布机架纱并线，聚经集纬，一匹白练从中卡吊着铺开，或升或降，或舒或卷，或收或放地与机身连接在一起，与众多构架林立的赭黄木枋版块有机地穿插、映衬、组合，满散着无尽的对比之美。几番谦让之后，陆胜英轻撩裙裾，坐上织布机座板，熟练地手推脚踩，提线穿梭，心无旁骛地织了起来。机杼复踏，织声阵阵，院坝中随即风生水起，乡愁顿至，一幅生机勃勃的布依织造风情画卷迎面徐徐展开，一曲古老悠远的累世劳作颂歌在天门大寨布依人家盎然唱响。

　　我走近织布机，心敬意恭，认真地观看着陆胜英织布过程的每一步。

　　只见陆胜英的两只脚灵活地控制着四个脚踏板，或双或单、或分或合地不时变换踩跳，脚踏板牵动着机顶四个挂件的两头轮换跳跃，连带着四个提花开口综框上下交替滑动，有序地将经纱提起拉下，使其通过篦子框变换着排序的分合开口。她的两只手则轮换把握着连杆打纬篦子框吊板和织梭，从不时交替变化的经纱开口处让织梭引带着纬线飞穿而过，随即拉动连杆打纬篦子框吊

❋ 用老式布依族织布机织布 ／汪龙舞摄

板，将其排打两次，使新上纬线的紧密度保持与先前织好的布面一致。如此反复循环，若干踏穿推拉之后，一个个规范漂亮的升斗底布纹便密集出现在细致皎洁的新布面上。布面增长到三十多厘米，陆胜英左手把住布面，右手抽出座前绕布转筒上的卡棍，将增长的布面临时缠绕在转筒上，再通过坐枋内边上的卡槽口重新插上卡棍将其固定——待达到一定的长度后再卷裹在下方布板上搁置。

一阵令人赏心悦目的展示之后，织布暂停，我继续了解尚未知晓的内容："这匹布的升斗底纹很好看啊，要扯多少根纱头才能织成？"

"横竖各二十根纱才织得满一个斗底嘞。这个细纱布宽一尺八，横排八十个斗底，铺的经纱有一千六百根。"

"这么多根纱？数都难得数哟！"我有些吃惊。

"还有一千八百根的呢。"陆胜英心平气和，不以为然，"这都要依布料的宽窄和纱线的粗细来定。过去自己纺的棉纱麻线较粗，经线铺个三五百根就可织布了。现在用的纱线都是市场上买来的，有棉的，有腈纶的，还有混纺的，细致干净又结实，随随便便都要铺排出千把多根经线来。"

问起其他织布纹样及其织法区别，陆胜英回答，除了斗底外，常用的有斜纹、平板纹样。不管哪种纹样，铺的经纬纱头全都相同，只是在通过提花棕框、穿过篦子框时，变化纱线的单双间隔、加减织压纱头的层次不一样。按照不同纹样，平板纹两层、斜纹三层、升斗底四层，均由与其层数相配的脚踏板控制升降。按照不同的特定提花起纱层数变换增减纬线，就可织出不同的纹样了。

"陆大姐哟，你们家裙布也是用这种织法和织布机织的吗？"

"是嘞，织法和织布机都一样。"陆胜英放下梭子，离开座板，"裙布分麻布和彩布两种，不一样的是麻布要自己种麻再制作麻纱，彩裙布用料全是各色花线；织法都是用平板纹，这样整的布料折叠起褶才好看。"

话题由此进入天门布侬女裙的制作。陆胜英告诉我，麻布强度高，硬朗，容易起褶，透气清爽，吸湿导热，耐洗耐晒，过去老一辈人制作裙子都是用麻布。麻为自家种植，有火麻和苎麻两种。苎麻是多年生宿根性草本植物，纤维韧性好，分丝好，但产量低，主要用来制作缝制衣物的麻线以及部分较为讲究的衣料等。火麻为一年生直立草本植物，纤维韧性不如苎麻，但剐取麻皮简易，产量高，可大面积播种生产，是天门布依人家制作服装原料的主体种类。

麻纱的具体制作过程为：将成熟的苎麻棵割下去叶，折断并剥下麻皮，用竹刀将表皮剐去，留下白色纤维晾干成"白麻皮"；火麻棵则要待其开花后成片砍倒去叶，捆成捆放进水里浸泡，待其表皮软烂后，捞出剥取留下的纤维，洗净晾干即成"火麻皮"。用嘴叼起麻皮，两手协同将其划开分成细麻丝，用手指将麻丝双股捻紧绞结成匀称一致的单根麻线，呈"8"字形交叉挽结于左手后背——挽结在食指和小指之上的称"麻纠纠"，体积较小；挽结在带有套索竹签或竹筷之上呈橄榄状的为"麻手背"，体积较大——整个过程通称"绩麻"。将若干"麻手背"或"麻纠纠"喷水润湿，用自制的脚踏纺纱机将其结坨成锭，纺制成松紧适度、粗细均匀的麻纱。纺好的麻纱要用绕线的"嘎啦机"盘绕成直径长约60厘米的线圈，然后用草木灰兑水煮一天，捞出洗净晒干，干透后再煮、再洗、再晒，如此反复1—2次，使其颜色洁白纯净，质地柔软绵韧。将煮洗晒干完毕的线圈用绕线机绕成大小一致的纱线锭，便成为合格的织布麻纱线，就可直接放上织布机分类布纱了。

织布的麻纱线分为两组。一组为经线，要先将纱线锭拉开分绕在牵线架上，再牵引到织布机，收纳在绕纱架上，随后通过分纱滚筒，经过提花框分类，穿过篦子框，连接排列固定在绕布转筒上铺开即成。另一组为不固定的纬线，用时分段装进梭子，可以自由活动，左右穿行。经纬线准备好，人就可以坐上织布机，开始织布了。

麻布织好，经过靛染便可用来制作女裙了。若要制作彩裙，要先将麻纱染成各种需要的颜色才能牵线上机开织。过去老一辈人的麻纱染色都是自己用各种天然矿物、野生植物为原料，以深浅不一的红、黄、蓝色为主。现今的彩色纱线都是从市场上买来的，赤橙黄绿青蓝紫，深浅浓淡黑粉白，啥子颜色都有，喜欢哪样买哪样，随便咋选都行。织彩裙先要将各种所需颜色的花线配好，

✿ 天门布依族织锦百褶长裙（王永凤藏）／汪龙舞摄

上机铺成经线，再用单色线作为纬线，梭引织成。女裙布料的宽窄依各人的喜好和需要而定，一般宽为50—60厘米，长为360—480厘米。彩裙布用色以红色为基调，布的一边可用各种色调的红、黄、绿、蓝花线及亮条等，配织成鲜艳的七彩花边为饰。女裙大、小裙缝制工艺相同，一般都由上下两段裙布连接。彩裙上段为折口起腰，单色靛染，下段为有亮色花边镶嵌的彩色织锦。女裙裙布连接好后要以1—2厘米间距折叠，用针缝钉牢靠，使其整齐起褶；然后用清水浸透压实，吊挂滴水去湿，半干后再淋水，一天淋一次，共淋3—5天；将干透的裙布缝钉线拆去，在两边裙头交接处饰以花边，缝钉好腰口系带，一条华丽漂亮、挺括贴身的天门布依百褶长裙才算制作完成。

真没想到，一条裙子的制作竟然有这么多的复杂工序和讲究！

巧工美艺代代相传，创造发明从古至今。我脑海中回忆着几进天门的所见所闻，搜寻着世传纺织工艺中惊鸿一现的具体存在及尚未知晓的项目，以求发现更多的宝贝，获取更多对天门人文信息的认识和了解。

"陆大姐哟，现今村里都不再绩麻纺纱了，这些整治麻纱的老手艺你没丢吧？"

"我从很小的时候就学嘞，想丢也丢不了。"陆胜英先自信后伤感，"如今都不再整了，不想丢也要丢了。"

"纺纱机还在吧？我还想看看你如何纺纱呢。"

"哎哟，好多年都没有自己做纱了，纺车早就垮了架，纺纱看不成了呢。"陆胜英无可奈何，满脸歉意，"如今只有和织布机相配的绕线手车连同绕线架了，绕的都是市场上买来的现成纱线。"

看不成纺纱就看绕线！我提出要求后，主人家随即从西厢房中取出绕线手车和绕线架。

❋ 用古老的绕线手车和绕线架盘绕纱锭
/ 汪龙舞摄

绕线手车小巧精致，总高约60厘米，由横竖方框支架、中间安装的转车轱辘及传动带、上头的连动转杆、一旁与转车框相接的手摇把组成。摇动手把带动转车轱辘和传动带连接转杆旋转，便可将绕线架上的纱线牵引到转杆前部的线杆上，缠绕成织布所需纱锭。绕线架由支撑托架、十字形径枋交叉活动架及4根绕线立棍组成。交叉径枋略呈梭形，长约70厘米，两头留有距离不等的钻眼，用于安插绕线立棍，可自由收放调整绕线边框的大小，以适应不同径长规格的线圈。

陆胜英走上前，将一扎买来的白色棉纱线圈缠上绕线架，抬了个矮凳在绕线手车前坐下，左手将纱线连接到绕线手车转杆上，右手轻握把手，控制着转车轱辘按顺时针方向转了起来。

随着阵阵"呜呜嗡嗡"的声响，绕线架上的白棉纱颤抖着，跳跃着，呼呼啦啦地逐渐转移聚集到绕线手车顶的线杆上，形成个白胖胖的大纱锭。

日影偏西，不知不觉中大半天已经过去，大寨采访结束，我们满载而归。

3. 永恒的无穷故事

返程路上，大家议论着今天采访的得失，回味着那些有趣的情节和经过。

收获自不用说，遗憾却长萦于心，特别是那广为人知的养蚕、种棉以及绩麻、纺纱等技艺竟然没人再搞，那曾经是天门布依族妇女生存的看家本领啊！真就这样了无踪迹了吗？千百年的历史传承啊！我心有不甘，哪怕是蛛丝马迹，也还得继续探访寻觅。

好在熟悉村情的刘忠稳倾心投入，不断用电话到处联系，打听消息，搜寻各组各寨服饰制作的能工巧匠，访查上了年纪的名人智者，找到了几个养蚕种棉、植麻纺纱方面的能人高手，并打好招呼，约请他们接受我们的采访。

首先了解的是桑蚕丝作的生产，采访对象是滚塘下寨68岁的陆凤英。

中国是桑蚕生产的农耕古国，五谷、桑麻、六畜被列为农业的三大生产项目。夏朝以前就已存在家养蚕，春秋著名古籍《诗经》中就有"氓之蚩蚩，抱布贸丝"的诗句。从汉朝到明朝，丝绵、丝织品和粮食一样，始终是政府征收赋税的主要实物。赫赫有名、连通世界的"丝绸之路"，更是极大地促进了各国的商贸交往和世界文明的大发展，至今仍令国人引以为豪。布依族历来以稻作、桑麻生产为根本，传承着古老农耕文化技艺的天门布依人家的桑蚕丝作生产情况怎么样？曾经的历史现在如何体现？当今的现状及未来的发展何去何从？

带着种种思考和疑问，我们重返下寨，走进了陆凤英家的吊脚楼。

吊脚楼上右侧房外间火塘燃着几根凑在一起的老残圆木，上面放了个黑黢黢的三角铁架，火塘后壁下方摆着一排盖着盖子的砂罐及锑铝铁锅等物什，上方耳间门边靠内卧室壁角安了个白纱橱柜，一张方桌和几个木制矮凳则随意放置在较为宽敞的木楼板上。我们在火塘边矮凳上分散入座。陆凤英清癯精明，头顶高帕，腰间拴了条格子布围腰，端着个小筛子，为我们抬出了一团银灰色的蚕茧："这是我以前用剩的老茧嘞，好多年没养蚕了，倒多不少的就留下这些喽。"

蚕茧蓬蓬松松地散满游丝，连缕成团地绞黏在一起，原先的椭圆外壳或圆或瘪，或缺或残，依稀可辨。我起身摸了摸，些微细丝连带着茧团随即挂在手指间，传递出一种特别干爽轻滑的质感。

"这是野蚕茧还是家蚕茧？"我丢下茧团，坐回矮凳并掏出笔记本，"能下水搅丝吗？"

"是出了蛾的家蚕茧。"陆凤英的汉话带着浓重的布依土音，但不妨碍我们相互交流，"下水搅丝要没出过蛾、蒸过晒干的新蚕茧才捞得起丝头嘞，这种出过蛾的老茧和下水扯不出丝头的乱茧，只能扯松来吊纺成一般的丝线。"

"吊纺丝线？咋个吊纺哟？"我抬起头，要陆凤英做个简单示范。

陆凤英早有准备，转身从旁边橱柜顶上拿出个总高约30厘米，中间嵌着根上下出头铁捻棍，直径约10厘米的吊纺盘，然后坐下，随手从筛子蚕茧团中分出一把茧，拉扯出丝线头挂在吊纺盘上部的捻棍弯尖顶上。她右手捻住铁捻棍下部顺势向前一搓后放

❋ 用传统吊纺盘纺制蚕茧丝线 ／汪龙舞摄

开，吊纺盘便吊挂着左手所握蚕茧中不断分扯出的丝线，滴溜溜地顺着逆时针方向旋转起来。吊纺盘启动后，陆凤英将右手抽回，协助左手分扯丝线。当丝线绞紧到一定的程度和长度，她再用左手卡住线段上端，分出右手捏住纺轮底下的捻棍，手动控制着将纺制好的丝线段从弯尖顶上褪开，将其旋转缠绕在稍下的盘线捻棍上。缠绕完毕，再将线尾当成下段纺线线头挂上弯尖顶，重新展开下一段丝线的搓纺盘绕。如此反复，直到纺好的丝线在吊纺盘上逐渐增加成锭。

"您老不简单哟，扯纺出的丝线粗细均匀，松紧适度，好手艺嘞！"我察看着聚集在吊纺盘上的丝线锭，从内心发出赞叹。

"这个纺法简单，我们家女子个个会，不简单的是水煮扯丝。"

说起不简单的水煮扯丝（缫丝），陆凤英告诉我，从前天门布依人家老一辈人经常搞，一年可养1—2季蚕。除了各种可用的野生杂木蚕叶外，较为讲究的人家都栽有桑树。养蚕辛苦得很。蚕蛾下蛋后，从蚕出壳到长大，天天都要喂几次新鲜桑叶，1个多月里要脱去4层皮后才会变亮，然后"上山"做茧。收取蚕茧后，要将用来扯丝的茧剥去面上乱丝，蒸过晒干，选取大小一致的茧放到锅里煮湿软化，趁热捞出茧的丝头，每5—10个茧丝并拢拧结成一根丝线，通过绕线手车盘旋缠绕成可用的蚕丝线锭。蚕丝线轻盈、滑爽、有光泽，可染制成刺绣用的各色花线、织成漂亮的丝绸制作头帕腰带等，是天门布依人家服饰制作原料中的上品。

啊！不简单，确实不简单。中华民族传承着独有的古老养蚕缫丝技术，同为中华民族一员的天门布依人家皆能独立完成栽桑、养蚕、缫丝和织帛的全过程，从而形成了布依历史传统中农桑并重、耕织结合的生产结构，同时也说明、佐证了天门布依族妇女的勤奋劳作与聪明才智。

离开陆凤英家，大家心情舒畅，趁着兴头，我们继续投入采访。采访对象是滚塘组上寨棉作高手，57岁的王天好，她家就在我们驻地的村文化室后面；采访内容是轧棉花。

采访起因是文化室准备陈列的一架轧花机，系刘忠稳亲手制作。刘忠稳告诉我，过去天门棉花种植很普遍，好多人家都有轧花机。后来市场上棉花、棉纱等逐渐充斥，家种棉花逐渐减少到最终放弃，轧花机也就随之作废，没人保存了。为了挖掘、抢救非物质文化遗产，村里才重新按照一台早已垮架的老机的式样和尺寸复制了这台轧花机。我们来调查了解天门的传统农耕文化和服饰文化历史，这台轧花机正好派上用场。王天好家过去就种植过棉花，从下种到采收、轧花、纺纱、织布，她全都会，因此刘忠稳特意请她来为我们做专场表演。

轧花机由桌架、轧机、踏板组成。桌架为长条形，长64厘米，高67厘米，面宽37厘米，两头桌脚之间分别有横枋连接。轧机固定在桌面中间，机架高36厘米，宽和桌面等齐。机架上空下实，中间安放2根上下并列、留有一定空隙作为轧口、各自可以转动的圆轴。上轴为铁质，往外出头向中间固定连接到木质方形转枋上。转枋宽约10厘米，长约70厘米，一边离轴心10多厘米处安有向外伸出、长约5厘米的转头。下轴为木质，比上轴粗大，向内出头，与手摇把相接。踏板长约130厘米，放在桌架下面，一头向内着地，一头系麻绳向外抬升翘起，系挂连接到转枋一边的连转头上。踩动踏板，可牵引转头带动转枋，利用惯性带动上面的铁轴旋转。摇动手摇把，可直接带动下面的木轴旋转。通过旋转倾轧，可将采摘来的棉花分离去籽，得到纯净松软的棉絮。用搓板将棉絮搓成拇指般大小的絮条，便可直接用来捻线纺纱。

王天好满脸福相，头顶高髻盖帕，身着宽裤常装，端庄稳重地拿着些棉花絮走过来。我忙端出个塑料凳在轧花机旁摆好。王天好走近轧花机，把棉花絮放到桌架面上，伸脚在底下的新木踏板上试着踩了踩，摇摇头说不好用，随即转回家，拿来了一条老旧的竹踏板将新木踏板换掉，三两下绕上麻绳，系到了轧花机转枋的转头上。老竹踏板略扁，中间微凹，有着明显的踩踏磨损痕迹。板身因年代久远而尘垢遍布，呈现出一派暗淡的灰褐色，和新轧花机整体的黄赫色形成了鲜明对比。王天好告诉我，这竹踏板是家传老物件，好用，舍不得丢，特意留下来做个念想。

整理完毕，王天好坐上凳子，右脚踩住落地踏板根部，左脚抬起踩动悬吊起的踏板上部，从而牵引转枋，右手控制住轧花机手摇把，左手把持住棉絮，将其均匀地塞进轧口。随着两双灵巧手脚的协调舞动，条条板结灰暗的棉絮便从轧口中倾涌而出，瞬间膨化演变，在桌架面板上聚集起一堆堆蓬蓬松松的雪白花团。新老结合的轧花机嘎嘎作响，随即欢唱起一曲凤凰涅槃的生命之歌。

"王大姐哟，你这个棉花是自己种的还是买来的？"表演结束，我继续提问。

"是旧棉被中拆出来的老棉絮。"王天好边说边将老竹踏板取下，系上刚被替换的新木踏板，"我们没种棉花已30多年啦，要用棉花棉纱都是从市场上买。"言毕，弯下腰拾起老竹踏板，轻轻拂去上面所沾的泥尘，夹在腋下返家而去，消失在文化室的山墙边。

啊，没想到，曾经的命脉重技，竟然仅成梦中乡愁！真是物过境迁，今非昔比了。乡愁真美好，乡愁永难忘，接下来对小寨纺纱技艺的采访，更使我乡愁频添，情怀激荡。

小寨是天门村原生态古建筑群落最为集中的地方，我去过多次，印象最为深刻，是我最为熟悉的天门村寨之一。即使好久不见，那浓荫掩映中错落有致的古

❀ 用传统的老式轧花机轧棉花 / 汪龙舞摄

吊脚楼和木柱瓦房都会不经意地在我眼前涌现，家家清晰，户户明朗，栋栋如斯。这次我们造访的对象是寨中76岁的老人王刚贵，起因是她家还保存着一台古老的纺纱机。

老纺纱机静静地安放在王刚贵家房檐下大门旁边，一旁横摆着两条摞在一起的木板凳。王刚贵一身常装，两鬓斑白，走出家门在石敞坝中和我们见面，将我们引到纺纱机前。

老纺纱机总高100厘米，长130厘米，宽64厘米，由支架、转车、传动带、转杆、锭棍、踏板等部分组成。支架底部为安置有固定踏板支柱的长条横枋，挡头榫接为中间高两边矮的"山"字形排列竖柱，竖柱之间有上下两道穿枋串卯。转车为两边十字枋中心连轴双竹箍圆形架构，轮腰间宽30厘米，径长60厘米，一边通过中轴固定在中竖柱下方转口上，一边在十字枋中轴外约1/2处凿出转孔，以作踏板穿连之用。圆轮中间用麻布绳条绞结成网状并绷满，布绳条网上套接着一条韧草编成的传动带，传动带上部与支架上部并列的两根转杆套接。分别安置于固定在中竖柱上的传动横枋凹槽中，前端连接安放缠绕纱线的锭棍。踏板为竹质，约与支架底部横枋等长，一头削圆插进转车十字枋转孔，用以控制转车，中部安置在底部横枋固定踏板支柱的圆顶上。踩动踏板，可转动转车并通过传送带连带转杆和锭棍转动。

我仔细察看着这台原始简朴的纺纱机，周围逐渐聚拢起一帮好奇的寨中妇女。一阵阵布依话语低声传来，我听不懂，只专注于纺纱机的形制架构。

"转车上绷的布绳条可以是其他种类的绳子吗？"我问。

"可以的，麻绳、藤子、牛皮条都可以。"王刚贵回答，"只要能绷耐磨就行。"

"这个传动带咋是用草编的呢？"我继续问。

"草编的好嘞，又贴机身又软和。"王刚贵开口后，人们你接我答："还不会打滑。""便宜撒脱。""坏了随时换嘞……"

一番问询议论之后，进入纺纱表演环节。王刚贵刚开始准备操作，便碰到了实际问题——没有可供上机纺制的棉麻原料！究其缘由，是因为近二三十年来村里已没人再继续种棉植麻，过去布依族妇女们人人都会的捻线、绩麻、纺纱技艺成了即将消失的美好记忆。如今要用的各种棉麻纱线、各类彩色花线、各样粗细布料等随时都可以从市场上买到，并且成本大大低于自己的家传手工制作品。除了部分人家还坚持着织布、靛染、刺绣等服饰制作技艺外，许多过去人人都会、家家都有的东西都没有保留下来。咋办？踌躇半晌，年近六十的陆跃珍自告奋勇，热心地跑回家，拖鞋都来不及换就拿来几个由苎麻绩成的"麻纠纠"，说是自己绩来搓线用的，可以当成上机织布的纱线用。说毕，她将"麻纠纠"分别摆放在纺纱机左侧石地板上，从里层抽出线头，牵引到纺纱机的锭棍上缠绕固定。

该纺纱了，王刚贵手中拿着根30多厘米长的细木棍走到纺纱机旁，威严地在高高的双重板凳上入座。然而因为年迈，她双脚刚提起还没踩上竹踏板，身体便颤巍巍地晃动着。看着坐姿不太稳的老人，热心肠的陆跃珍忙上前将其扶下。我回过头，问陆跃珍会不会纺纱，

❋ 用古老的纺纱机纺制麻纱 ／刘忠稳摄

会就上机试试。陆跃珍没有答话，抿嘴笑了笑后便从王刚贵手中接过细木棍，直接坐上双重板凳，熟练地抬起双脚控制住纺纱机踏板，左手将两根麻纱线撩起分别穿过指间，右手握住细木棍轻压在接近锭棍的麻纱线上。随着陆跃珍双脚在踏板上伸缩踩踏，古旧的纺纱机全身抖动着，吟唱着，"嘎嘎吱吱"地复活了，重现威风。

陆跃珍手脚并用，灵活有序地变换着招式上提下按，转车呼呼飞旋，前转纺纱，后滚绕线。两根麻纱线簌簌欢跃，绞扭着、串跳着从陆跃珍指间棍下奔涌向前，服服帖帖地汇聚到纺纱机的锭棍上。转车加速旋转，陆跃珍渐入佳境。突然"扑哧"一声，草编的传动带断裂甩下——由于长时间的搁置和风化，传动带已失去韧性。

断开的草编传动带掉落在地，陆跃珍遗憾地站起身，从纺纱机上取下纱线。大家共同上前，七手八脚地将草编传动带勉强按先前所在的位置重新安上。继续纺纱已不可能，古老的纺纱机停止了转动。漫长的岁月将会一天天过去，老纺纱机只能继续在主人的庇护下静静伫立，陪伴着古老的吊脚楼，将那一道道历史刻痕和一个个过去的故事慢慢舔舐，在无限的希冀中翘首以盼，期盼着那复兴时刻的到来，等待着新生命的开始。

回到驻地，我整理着几天来的采访资料，脑海中不时浮现出一幕幕难忘的采访情景，那一件件简陋而伟大、平凡而奇特的世传老式服饰制作器具不时在我眼前定格闪过：浸泡着扎染布料的靛水染缸，布满白色经纬纱线的织布机，吐着雪白花絮的轧花机，牵连着长长纱线的绕纱机和牵线架，不停地吊挂着蚕丝旋转的纺轮盘，缠绕着草编传动带的纺纱机……更有那一个个善良朴实、生动鲜活的布依族女能人：舀着靛料自豪地向我展示的陆胜英，捻着蚕茧丝端坐着认真吊纺的陆凤英，腋下挟着老旧竹踏板逐渐远去的王天好，颤巍巍地坐上双重板凳的王刚贵，笑盈盈地趿着拖鞋拿着"麻纠纠"跑来的陆跃珍……

天门哪，你广博中的点点滴滴都辉映着华夏民族传统文化的灿烂光芒，我再怎么深入也只能触摸到你宽阔无限中的有限珍藏。你还有多少宝藏等待着我们去挖掘发现，还有多少遗产盼望着人们去抢救、保护、传承与发展哟！

第 六 章

人间能有几回闻

　　天门村是一个令人神往的地方。

　　天门村是一个较为封闭的布依族传统文化村落。

　　走进天门村，最震撼心灵、让人着迷的就是那关联着古往今来兴衰历史的布依传统音乐文化。

　　神奇的器乐，无尽的歌谣，天籁的物语，莫不在天门这一特定的时空环境中，以自己特有的内容和形式生发、转换、传承，以执拗罕见的生命力在历史的长河中不断发展。大浪淘沙，绵延无息，深不可测，无际无边……

　　天门是一滴晶莹的水珠，缩存、容括、反映的是整个浩大的布依音乐世界。我无法把握这无尽的川流，只能从这器乐之河中舀起一瓢解渴的生命之水，捧起几朵通透清亮的神奇浪花，以体验布依传统音乐文化的清澈与甘美，管窥其无尽的博大与精深。我忍痛割爱，且不言空灵的口弦，清纯的箫笛，悠悠的木叶……仅择取神秘深沉的传世铜鼓和悠远激昂的生态唢呐，从中欣赏天门布依传统音乐文化中最为美艳的一面。于是，便有了这次难忘的《天门记忆》课题组之行。

　　9月，迎着朝阳，秋高气爽。我们一行五人乘车沿着彩带般的柏油公路，越过吴王山麓山势峻险的南天门口，天门村便以她最为光彩动人的全景丰姿展现在我们眼前。

那是一片何等动人的瑰丽壮观啊！一派令人心醉的金黄和碧翠交相辉映，由浓渐淡地向天边推移过渡。赭色的岩，黛色的山，映着天光的水，均相携着在极远处与透透朗朗的天，连同绵绵白白的云一起融青化蓝，组成了一幅亮丽和谐且透视感极强的秋光彩画。举目望去，煌煌的秋阳明艳万里，视野空灵通透，了无尘埃。天门村依山顺岭而成的联袂梯田在一片黄绿中分划出一条条柔和的弯弧曲线，或长或短地累叠着，舒展着，勾勒出深浅色块。远远近近的林木竹丛涂抹出无尽的老青嫩绿，点缀在一片片黄浪金波之中，营造出天门斑斓初秋的无限诗意。

司机将车停在天门绝壁吊挂的公路上，大家惊叹着、赞美着掏出各自的相机或手机，自由寻找最佳观景点，"长枪""短炮"齐瞄，对着长谷中的大好风光一阵猛拍，好半天才尽兴上车，继续踏云踩雾般飘荡而下，来到风光旖旎的天门村。

❀ 天门初秋风光 / 汪龙舞摄

一 铜鼓 铜鼓

秋阳灿烂，稻熟谷黄。

按《天门记忆》课题组的安排，我们首先采访的是极为神秘的铜鼓。

关于铜鼓，最早见于文字记载的是范晔《后汉书·马援传》："援好骑，善别名马，于交趾得骆越铜鼓。"还有很多史料记载，如房玄龄《晋书·南史》载："广州夷人，宝贵铜鼓。"《隋书·地理志》载："自岭以南，二十余郡……并铸铜为大鼓，初成，悬于庭中，置酒以招同类。"唐代杜佑《通典》载："铜鼓，铸铜为之，虚其一面，覆而击其上。"较为详细的有唐代刘恂《岭表录异》中"蛮夷之乐，有铜鼓焉，形如腰鼓，而一头有面。鼓面圆二尺许，面与身连，全用铜铸。其身遍有虫鱼花草之状，通体均厚，厚二分以外，炉铸之妙，实为奇巧。击之响亮，不下鸣鼍"的叙述，亦有南宋诗人范成大《桂海虞衡志》中"其制如坐墩，而空其下，满鼓皆细花纹，极工致。四角有小蟾蜍"的形象记载。铜鼓原为部族统治权力的象征，用以号召部众进行战争，并作为祭祀、赏赐、进贡的重器。明清以来，铜鼓已成为中国南方少数民族所使用的传统乐器。流传下来的铜鼓，年代远自春秋初期至清末不等。

现今各地传承下来的铜鼓，皆用青铜铸造，形如釜，大小不一，形式多样，重量自数十斤至数百斤不等，是一种平面曲腰、中空无底的敲击体鸣乐器，由面、（颈）胸、腰、足、耳等部分组成，吊挂或架托横置，用裹布木槌、圆头木棍分别击打不同部位发音。鼓面有浮雕图案，中心为太阳纹，边缘有蛙、龟、牛、马等立体装饰，鼓身有丰富多彩的花纹环绕。按其历史、分布地域、形制和饰纹等的不同，可分为"万家坝""石寨山""冷水冲""遵义""麻江""北流""灵山""西盟"八种类型。

天门布依人崇拜铜鼓，认为铜鼓是上天赐予布依人的神物，上可通天，下可达地，中可显灵传信，具有娱神慰祖、降吉驱邪、镇鬼保家等多种功能。从民族文化形成的历史渊源和深层关系上看，铜鼓集冶炼铸造、雕刻绘画、音乐舞蹈、设计装饰、宗教民俗、理念信仰于一身，在布依传统文化里扮演着极为重要的角色，是中华民族文化宝库中之珍品，也是东方文化圣坛上的一朵奇葩。

1. 巧遇有缘成奇遇

小车顺着天门绝壁公路盘旋而下，大家心舒情畅。

我牵挂着天门布依铜鼓的神秘，巴不得即刻能见。我倚老卖老，大家虽各有访查任务，却都顺着我的心，决定先陪着我一起去采访铜鼓，看看稀奇。

课题组向导刘忠稳是花戛乡文化站负责人，是个高鼻大眼的帅哥，腰直背挺，40多岁了还是30出头的样子。他出生于当地，精明能干，曾任天门村支书，熟悉当地的村情寨况，本是汉族人却懂得布依土语，很有人缘。他又开车又讲解，不时向我们做出相关介绍，安排具体采访。他告诉我们，天门村共有4面铜鼓，一新一残，一大一小。其中最老、最具代表性的一大一小两面，皆为陆姓家族祖传。大铜鼓为鸭场组布依族布摩陆凤开所藏，秘不示人，除了特定的祭祀娱神场合，其他时间一律不许看。陆布摩"又偏又犟"，谁说也不行，刘忠稳至今也"不识庐山真面目"。小铜鼓为口坪组寨中的长者陆凤献保管，此人经过乡村领导做工作，思想较为开通，好几拨探访者都看过小铜鼓，此行应该没问题。口坪组不属于小天门村，但与鸭场组毗邻，为了全面了解铜鼓这种稀有物的整体情况，我们决定"搂草打兔子"，把考察视野适度拓展到该村。于是，按"先易后难"的惯例，大家决定由刘忠稳打电话和陆凤献取得联系，我们先去口坪组采访。

口坪组地处天门村一带与北盘江交汇的乌都河东面河谷处，谷深水急，山高峡险，植被茂密。车沿着吴王山悬崖北麓坡脚延伸的硬化公路盘旋而下，山梁岭洼间，满目金黄的梯田稻作不时闪现，有的已经被收割，有的尚硕实吊垂。道旁房边尽是一排排巨茎长叶的高大芭蕉，下焦上荣，迎风飒爽。蕉丛林边，随着盘挂着的一团团硕实香果闪过，一棵根须包裹着巨石的茂盛榕树旁边，陆凤献家楼房随之显现。车刚从公路边拐进陆家敞坝，中等个子、60多岁、初中文化的陆凤献便笑眯眯地迎了上来。

"老陆啊，我带上边领导来看你家宝贝呢，准备好没？"刘忠稳边开车门边招呼道。

"好嘞，好嘞。"陆凤献一边谦恭地连声应答，一边伸出右手，把我们往敞坝上方的房坎上引。

铜鼓已经被安置在房坎上，靠着墙壁，大家心怀虔诚，环围上前。我躬腰屈膝，屏息敛气，将铜鼓横置竖放，内外揣摩，仔细察看，感觉似曾相识般极有缘分。

这是一面阔面挓足、凹腰起棱的典型世传麻江型铜鼓。鼓身黑赭相间，花纹密布，包浆遍

❊ 口坪铜鼓（陆凤献藏）

/ 汪龙舞摄

裹，透露着一股高远古雅的不凡气派。铜鼓总重15.1公斤，通高26.5厘米。鼓面盖过鼓颈，微出顶外，直径达48厘米。鼓胸、颈、顶直接从鼓面以弧形下连鼓腰，凹腰中间拱凸起棱，凸棱周长128厘米；两边低凹处上浅下深，下面凹陷最深处周长121厘米。底足圆圈呈喇叭状，敞口直径46厘米。4个鼓耳为半环形，两边以凸线为饰，分2组从鼓胸2道晕圈上部起头至鼓腰上凹处连接，各长13.5厘米，宽3厘米，每组鼓耳之间距离9厘米。

铜鼓铸造主体工艺为合范铜汁浇铸，鼓壁较薄，鼓帮有局部漏眼和些微漏砂。鼓体内部为素面平铸，外部通体有较为清晰的线条装饰图案。

鼓面圆而平。中心图案为散发着12道光芒的太阳，芒束较为纤细，相互之间距离较宽，圆形阳体较为突出。周围从内到外同心镶以由10道弦纹套接组成的9道晕圈。第一、第五、第九道晕圈大体为大小相同，距离相等，数量不一的内、中、外乳钉纹，内圈62颗，中圈125颗，外圈178颗；第二道晕圈为由长短竖线交叉连接组成的几何形循环构件纹；第三道晕圈为等距离密排的竖线节纹；第四道晕圈较宽，是其他晕圈的2倍，由32组游旗纹连接组合，是鼓面晕圈中的主体图案；第六道晕圈为长短斜线构接组合的锐三角逆时针递进循环排列翅羽纹；第七道晕圈为折角线对顶装饰双重循环连接菱形纹；第八道晕圈为曲线等分演进连环水波纹。

鼓帮从上到下，由凸凹深浅不同的棱弦边线依次分为9道宽窄不等的平行起伏

晕圈。除第四道晕圈中起棱鼓腰和第九道晕圈的底足边圈为素面外，其余皆有简繁不一的装饰图纹。前三道晕圈饰鼓胸：第一道晕圈靠下为等距离环围排列的乳钉纹；第二道晕圈较宽，内饰五种循环连排图案，上下依次为密排左向九十度拐角线纹、双重循环连接菱形纹、三个重叠"W"形连接纹、三个组合菱形左右上分叉、密排双点长短双曲圆顶下垂弧线步行人纹图案；第三道晕圈宽度约为第二道晕圈的一半，饰图案三种，上为折角线对顶装饰单线内屈折转循环连接菱形纹，中为三条短横线组成的扁窄的平行"三"字纹，下部分别为一个横椭圆、三个略小连接横椭圆、两个倒水滴状心形垂叶、若干底边锯齿纹填空组合装饰的繁复细线图纹。鼓足部分的第五道晕圈为圆形与左右圆头对称凹腰接半圆托底弧线构建的承云托日独立并列日云纹图案，并列图案之间留有明显间隔空间；第六道晕圈图案与鼓面第八道晕圈相同；第七道晕圈图案与鼓胸第三道晕圈一样；第八道晕圈为单个并列，有一定间隔空间，有四道锐角向上直线等距相套组合的山形图案。

这是一面大小适中，厚薄均匀，造型线条流畅，面、胸、腰、足比例协调，花纹图案装饰精美的铜鼓。鼓上图案的选择和布局注重协调与对比：鼓面中心的太阳主体与挥发的12道芒纹连接，浑然一体，与周围密布的弦纹和晕圈图案形成有序的点、线、面；晕圈中的三道同心乳钉纹将鼓面心、间、边分为三等份，使之主从相随，层次渐进，协调共存。再看鼓帮、鼓胸、鼓足满填纹饰，鼓耳、鼓腰、鼓边足皆为素面处理，使铜鼓身上烦琐的图案花纹和较大面积的空白块面相互对比映衬，明显区别了鼓胸、鼓腰、鼓足的不同，增添了人们的审美兴趣，免除了视觉疲劳。其中值得注意的是鼓胸顶上第一道晕圈的乳钉纹和鼓足上部第五道晕圈的日云纹，均有显著的留白空间，造成了素面板块与密纹图案之间的相互融洽与过渡，增添了鼓体图案纹饰的层次感。特别是第一道晕圈的乳钉纹，既呼应了鼓面3道同心晕圈中重复出现的乳钉纹，又装点并照应了鼓足上部第五道晕圈的日云纹和下部足边的素面，使整个铜鼓的装饰张弛有度，分合得当。值得一提的是鼓面第八道晕圈与鼓帮第六道晕圈中水波纹的重复，鼓帮第三道晕圈与第七道晕圈中组合图案的相同，更使整面铜鼓装饰重点突出，泾渭分明，体例统一，具有一咏三叹的复沓叠句韵律美感，形成并增强了这面铜鼓的自身工艺特色和历史文化价值，显现出铸造者的较高艺术修养和审美眼光。

这面铜鼓小巧玲珑，铸造工艺精湛，形体结构精致，装饰图案精美，应是同类铜鼓中的佼佼者，能与之相遇实在是一种缘分。

我站起身，拿出手机拍照，并招呼大家一起过来拍。一阵"咔嚓"之后，我向主人问起了铜鼓的来龙去脉。主人说，铜鼓是家传，具体来历已不知晓。从祖辈一代代传到爷爷再传到父亲手里，父亲去世后才交由他保管。家族和寨邻亲朋需用时，便会按照特定的老规矩提酒前来礼请，他将铜鼓取出用钱纸擦拭干净，奠酒祭拜后才让来人背去，用完后再由事主送归家中，用一只公鸡做谢礼并祭祀，之后他才将鼓存放好。

"你不随事主去敲铜鼓当'先生'吗？"我心存疑虑，不禁发问。

"不去。"陆凤献微笑着回应，"我不是布摩，不当'先生'，也不会敲铜鼓。"

"你保管铜鼓却不敲铜鼓，那谁会敲啊？"

"我么兄弟呀！他年轻肯学耳性好，能背鼓谱会敲鼓，时常被人请嘞。"

"鼓谱？"我一下子兴奋起来，这正是我所要寻访的重要内容哪！

"你家有鼓谱吗？家传的还是外传的？能拿出来看看吗？"

"有家传的手抄本老鼓谱，但看不到了。"

"啥？看不到啦？为啥？"

我有些迫不及待，陆凤献却沉沉稳稳。他不慌不忙地告诉我，老鼓谱写在白纸上，传了好几代，早已破旧不堪，父亲在世时就拿给么兄弟，让他去学打铜鼓了。么兄弟叫陆凤龙，是父亲的直传鼓师，长期在外省打工，一年半载难得回来一次。如今么兄弟不在家，老鼓谱还在不在、是个啥样子陆凤献也不知道。

会打铜鼓的人不在，传世鼓谱没下落，我的心情一下跌入低谷，感到无比失落。

看着我垂头丧气的样子，大家议论纷纷，说陆凤龙外出打工，不可能将鼓谱带走，鼓谱肯定还在家中，要陆凤献再想想办法。在大家的一番请求和动员下，陆凤献踌躇半响，才答应再翻翻么兄弟托他保管的箱箱柜柜，看能不能找到鼓谱。

陆凤献走回屋里，我们在外面静静地等。好半天，陆凤献才拿着个污渍斑斑的纸本子走了出来："老鼓谱本还是找不到，只翻到我么兄弟学打鼓时抄的本本，你们看看要得不？"

这是一本已经破损、较为常见的彩印封面横格手抄本，鼓面上重复潦草地写着

✿ 口坪陆氏铜鼓谱手抄本（陆凤龙抄） / 汪龙舞摄

"陆凤龙"三个字。翻开内页，令我期待惊喜的铜鼓谱赫然在目。我打开手机摄像头，将手抄本放置在桌面上，逐页翻拍下鼓谱的相关内容。

鼓谱用圆珠笔抄写，汉字表音，括弧加注，从一开始，依序递进，每谱篇首皆标有"温云"字样，最后一谱篇末记有"1987年正月二十八日星期三"的落款。

铜鼓谱用"到、腾、夸、清、多、等、姐、哟、成、瓜、逃、儿、春、荅、挖"十五个汉字表音，每字代表一种敲法。谱本共九谱十五则，分别代表一年四季十二个月。演奏从一月开始，击打顺序为：一月、二月、三月、四月、五月、六月各一谱一则；随即重四月一则；再重三月、五月、六月各一则；七月一谱一则，再重四月一则；八月一谱一则，再重四月一则；九月收尾一谱三则（一谱重复击打三次）。其中四月谱击打四次，九月谱击打三次，三、五、六月各击打两次，其余一、二、七、八月各击打一次。

如开头只打一次的《一月鼓谱》：

　　到、腾腾到，腾腾到；夸腾到，腾腾到。到、夸夸到，夸夸到。清夸夸，清夸夸，清到夸。到到夸腾多，到到夸腾，夸腾多腾到；夸腾多腾到，腾腾多腾到。姐到，哟到。

只打二次的《三月鼓谱》：

　　到、夸夸多到，姐成哟到；姐姐哟到，姐成哟到多。到、夸夸多到，姐成哟到；姐成哟到，姐成哟到多。到、夸夸多到，姐成哟到；姐姐哟到，姐成哟到多。瓜瓜瓜夸，夸腾多腾到；夸腾多腾到，腾腾多腾到。姐到，哟到。

中间须重复打四次的《四月鼓谱》:

夸、夸腾夸,夸腾春到多;夸腾到多到,腾腾到多。腾腾多到,夸夸到多;夸夸多到,姐成哟,多哟,多哟;瓜瓜瓜瓜夸,夸夸多到到;腾腾到到姐,到哟,多哟,多哟。瓜瓜瓜瓜夸,夸夸多到到;到哟,多哟,多哟;瓜瓜瓜夸,夸腾多腾到;夸腾多腾到,腾腾多腾到。姐到,哟到。

最后须接连重复打三次的《九月收尾鼓谱》:

姐多到,姐到多,姐到到;姐到哟,多哟,多哟;姐成哟,多哟,多哟;瓜瓜瓜夸,夸腾多腾到;夸腾多腾到,腾腾多腾到;腾腾多腾到,姐到,哟到。

谈及铜鼓演奏,陆凤献告诉我们,他家的打法是将铜鼓和皮鼓配合敲击。铜鼓可敲击鼓面芯、间、边以及鼓腰,发出四种不同的鼓音;皮鼓也要打出三个音,即鼓面轻、重两个音,鼓边一个音。二者的具体配合打法按鼓谱进行。铜鼓演奏一般都是在正月间或祭祀老人时进行,具体内容和打法各有不同,其他时间不能乱打。问及铜鼓谱"九谱十六则"的分合重复的寓意以及其在不同场合时期的不同打法规则,陆凤献说有很多差异和说法,具体情况只有他幺兄弟晓得,他不打铜鼓也不背诵鼓谱,所以不知道。

这真是个无可奈何的遗憾,我们一行人只好就此作罢,客气着怏怏告别。

大家刚坐进车,陆凤献就从房里拿出一大盘熟透的芭蕉,撕扯开强行从车窗口递给我们,说是自家种的,要大家尝尝鲜。

火红的太阳已经落下西山,深谷中的口坪全罩满一片灰蓝紫亮。芭蕉酸甜适中,润滑爽口,我们边吃边交流着采访的感想和收获,议论着明天采访的程序安排,在一派凉爽的晚风中回到了乡政府驻地。

说缘分还真有缘分,记得十五年前,为搜集《六盘水民间美术图志》资料,我曾到花戛乡一个叫天星的边远村寨寻访一面纹饰精细的布依族铜鼓,铜鼓主人也姓陆。当时由于峡高坡陡，又没有通村寨的公路，在乡领导的安排下，铜鼓主人将铜鼓背到一个深谷中的拦河坝边，任我随意观看拍照。我很看重这面漂亮的铜鼓，将其照片放大作为《图志》中所列铜鼓类图片的压轴之图。这次采访回到家中，我翻开《图志》一看：呀！"陆凤献藏"四个字跃然纸上，《图志》所载花戛天星铜鼓竟然就是天门口坪铜鼓！

惊诧之余，我忙打电话询问刘忠稳，才得知天星就是现在的口坪，2015年并入天门村，两个"陆凤献"为同一个人。惊诧变为惊喜，我随即通过电话联系陆凤献，说起当年采访的情景，陆凤献也激动地连说"缘分，缘分"，还要我下次到天门一定去他家玩。两个月之后，我们再次深入天门采访，我特地将一本《六盘水民间美术图志》送到陆凤献手中，他高兴得直点头，好半天说不出话来。

2. 神奇查访解神秘

第二天，依然是个艳阳高照、碧透长空、白云飘飘的好天气。

这天我们采访的对象是布摩陆凤开，重点是考察那面从不示人的神秘大铜鼓。

车到天门，气温陡然上升。刘忠稳眉头紧锁，传递出一个令人沮丧的消息：本来电话联系好今天和布摩陆凤开见面，可现在对方关机，联系不上了。通过寨邻询问打探，才知道陆凤开天一亮就下田收稻谷了，要到中午才回家吃饭，现在见不着他。刘忠稳说，现在正值"栽秧割谷，爹妈死都得不到哭"的大忙时节，要我们理解陆凤开。无奈，我们只好在村文化室等待。刘忠稳笑眯眯地招呼村医务室王医师托村民赵申云买来一只大公鸡，和区文联主席符号一起张罗着宰杀，说要给我们煮一锅具有布依族特色的鸡稀饭，让我们尝尝天门布依人家的传统美味。

随着时间的推移，太阳越升越高，火辣辣的，渐显"秋老虎"的威力。周围稻田的成片金黄一改先前的艳丽爽朗，吐火放焰般散发着灼光与热气。临近中午，鸡稀饭煮好，胖胖的王医师拿着块抹布走过来，将村文化室门口稻田边上的台桌擦拭干净，抬上饭锅肉盆，摆好壶盘杯碟，赵申云斟上自制的糯米桑葚酒，热情地招呼我们吃饭。大家在一片稻香风浪的熏抚中说笑着围拢桌台，就着肉味浓郁的鸡稀饭，品着甘醇舒爽的糯米桑葚酒，尝着香辣咸酸齐备的精肉酢和肥嫩美味的鲜焖鸡，赞誉着相邀着把盏举箸，惬意地猛吃海喝，尽情享受，领教了一顿不同寻常的布依特色美餐。

饭后，刘忠稳又尝试着拨了一通陆凤开的手机，对方要么不接，要么占线，始终不见回音。陆凤开的固执拒访更加坚定了我的采访欲望。我们商量后决定，村里各家中午吃饭时间不一，长短难定，干脆静下心来休息一下，下午晚点直接到陆凤开家，来个守株待兔。我下定决心，不管如何，一定要排除万难，采访到陆凤开，见到神秘的大铜鼓。

顶着阵阵热浪，肖雯积主任见缝插针，拉着符号主席跑到村医务室王医师处采访了解布依医药情况。吴学良先生则提着相机四下游走，不时搜寻抓拍着烈日下天门光影幻变的景象。我年高体胖不耐热，便先在医务室备用病床上睡了个小午觉，然后在房边树丛的浓荫里坐下歇凉喝水，闭目养神。

时光慢慢过去，太阳终于收敛起它的威力，移到西边半空，将一片烂漫温情逐渐释放。不知不觉中，白云增添了金边，天际抹上了红彩，周围的热流也悄悄退却。预定的时间已经到来，我们振奋起精神随刘忠稳上车，爽爽快快地到了鸭场。

鸭场是天门村旖旎风光中的主要寨子之一。寨里古榕枫香林立，巨竹长蕉簇拥。浓浓淡淡的一片蓝碧绿黄中，盖着青瓦的吊脚楼随坡就坎，或接檐相携，或依墙独立，默默传递着雍容典雅的古老信息。寨边林旁，紧贴着几湾大小不等、满缀稻谷的金黄梯田，将榕树巨大的伞盖以及树下小鸟依人般的楼房瓦屋映衬得明透晶亮。寨中随意相连的路坎、围墙、院坝皆为青石垒砌铺就，清洁舒爽，映着阳光通过树荫竹影洒下的斑驳光影，或高或矮，或长或短，或宽或窄地在寨里林里伸延收敛，或苔藓满铺，或光滑袒露，处处随意自然，彰显着布依古村落布局的精巧。走进鸭场，蔽日遮天的古榕浓荫使天门初秋的燥热尽褪，使纵横皴裂的树干枝丫间不时涌动的阵阵火气化为缕缕和缓清风，致客人以仙境中爽凉突降，人世间溽暑全消的无比快感。

都说水城最美的榕树在花戛，花戛最美的榕树在天门，天门最美的榕树在鸭场——而鸭场最美的榕树，就在我们所要采访的布摩陆凤开家房旁的宽敞石坝中。这是一棵被人们称为"月亮树"的奇特菩提古榕，高28米，胸径3.7米，树龄1000年以上。此树在不知始于何年何代垒聚的两堆高低各异、大小不同而截然隔开的毛石之中屈盘扎根，树身却执拗地在两石堆之上相对屈背躬腰，随即通筋结皮地凌空交颈连体，留下一个左高右低、斜立横放着的巨大肾形"月"字拱门，然后再交相缠绕着发干生枝，仰面朝天地曲臂伸展，无限生机地泛青着绿，铺荫冠盖。月形门拱顶上倒悬着一粗一细、一短一长两个根瘤。高处粗大者多根盘裹，筋凸棱显，椭囊如睾包；矮处细长者独体垂引，顺溜如胡萝卜，伸手可握——于是，人们因势象形，又衍生出"合欢树""夫妻树"等不同称谓来。透过月形门洞，有布依家特有的户外青瓦木楼粮仓同框。调换角度，寨中楼房、远山景象等皆可随意观赏。敞坝中间砌有一太极形浅水池，可任意将月亮树及周边景象变换着倒映其中，使本来就稀奇无比的寨景又凭空增添出许多意趣。石敞坝自古以来就是鸭场寨议事聚会的重要场所。古榕左边扎根的毛石堆上，至今还保存着一面依稀可见，高1米、宽70厘米、厚10厘米，清同治年间立的青石质《同议执照》议事碑，无声地述说着天门鸭场早已逝去的遥远历史。能在最美古村寨中的最美古榕树旁采访最为神奇的大铜鼓，想想也是一件爽心快事。我们兴致勃勃地流连在鸭场寨的林间道旁，欣赏、拍摄着处处美景，耐心等待着陆凤开的出现。

太阳西坠，霞红漫天，一个穿着绿胶鞋，身着淡蓝棉毛衫，外掖黑色长裤，头发

❀ 天门最美的榕树在鸭场 / 汪龙舞摄

花白，面目清瘦的布依老人来到石敞坝。刘忠稳说，这就是陆凤开了。我们随着刘忠稳走过去，陆凤开却视若无睹，不闻不问，走到石敞坝边的平顶木仓库房前，弯腰将房檐下横放着的木楼梯竖起，自顾自地爬上房顶，照管起晾晒的谷物来。

刘忠稳走到石房下，仰起头用布依语和陆凤开打招呼，做起了思想动员工作。陆凤开不言不语，好久，才勉强停下手中活计，面无表情地从库房顶上下来，在石敞坝边坎上一屁股坐下。我和刘忠稳面对面地陪陆凤开席地而座，大家一拥而上，围着陆凤开，相互介绍着身份，敬烟的敬烟，递火的递火，和颜悦色地配合着刘忠稳缓解气氛，轮流着多方劝导陆凤开。一番交流后，陆凤开疑虑渐消，终于答应让我们观看大铜鼓，但提出了一个条件：大铜鼓是神物，不能随便"见天"，不能碰敲出声，只能在屋里看，且要等他先请出大铜鼓并将其安顿好，我们才能进屋。说罢他站起身，径直走回房。我们肃然起敬，静静地在外面等。

约莫半个时辰后，陆凤开才打开门，招呼着把我们让进家中。

大铜鼓已端端正正地摆放在外屋中间平铺的木纹板上。鼓旁茶桌上，并排列有5个斟有烧酒的瓷碗和半钵新苞谷米——显然，陆凤开已履行过简便的铜鼓礼请仪式。我们围着大铜鼓，开始了对形体铸造、装饰图案等基本数据的搜集和考察。

这是一面从冷水冲型过渡到麻江型的遵义型铜鼓，通高33.5厘米，由鼓面、鼓颈、鼓胸、鼓耳、鼓腰、鼓足6部分组成。鼓面直径53厘米，覆盖于鼓颈之外；鼓颈接面连胸，与胸同体起弧；鼓胸大于鼓面凸起，周长约175厘米；鼓耳弧长12厘米，宽4.5厘米，弧高4厘米，共4只，分2组跨接于鼓胸下部和鼓腰上部，每组鼓耳间隔8.5厘米；鼓腰平凹，周长144厘米，下部呈喇叭状外扩起凸棱连接鼓足；鼓足弧度上收下挖，底足敞口直径达54厘米，大于鼓面，小于鼓胸。鼓胸、鼓腰、鼓足构成鼓帮主体，胸、腰高度接近，足稍矮，敞口边沿略有凹陷损缺。

✿ 采访布摩陆凤开及鸭场大铜鼓 / 吴学良摄

鼓身为合范铜汁浇铸，内部素面，外部装饰较为简单，且磨损较大。图纹部分依稀可辨，大部分较为模糊。鼓面中心为浑然一体的12芒太阳纹，芒束较宽，基座挨拢排列。周围有13道深浅不一的刻线同心弦纹相互套接，组成宽窄不一的6道大晕圈，从内到外依次列序。第一道晕圈为磨损较大的连排乳钉纹；第二道晕圈为不甚分明的几何纹连续循环图案；第三道晕圈似为32组同类排列的传统主体游旗图案；第四道晕圈似为交错横排的标志性飞鸟连续循环图案；第五道晕圈似为双重双链接的同心圆纹；第六道晕圈为鼓边，由朦胧可见的3道弦线和4道浅晕圈组成，浅晕圈中似有装饰图纹痕迹，面上留有4组制式相同、等距对立、逆时针朝向蹲伏的蛙趾纹凸起。

鼓帮表面有18道宽窄不一的平行浅晕圈作为装饰。其中有与鼓面第五道晕圈似为双重双链接的同心圆纹相同的3道图案纹饰，分别在鼓胸中上部连接凸顶处、鼓腰下部凹面连接起弧处以及鼓足中部弧面上对应装饰。另有鼓胸中下部连接凸顶处晕圈似有部分装饰图纹的模糊痕迹，已融入晕圈之中，难以辨识。其他晕圈为深浅不一的平行素面，无装饰图纹。

✳ 天门鸭场大铜鼓（陆凤开藏）
／汪龙舞摄

鼓耳装饰分左、中、右3部分，较为繁复。左右两边分别为4条垂直凸棱线上下通头并列装饰，中间分格凿有4个开孔方洞，方洞间隔壁以4条短横线并列逢中竖线相连为饰。4个鼓耳制式相同，其中一个左棱边残损。通体对比，鼓耳图纹风格与鼓面、鼓帮截然不同，似为单独制成后再嵌入模具与鼓体合范浇铸。

不同铸造合范工艺的广延，增添了大铜鼓的价值。平实简朴的装饰，使大铜鼓避去繁缛，尽舍铅华，更显古朴端庄。逐渐模糊隐退的图痕纹迹，无声地诉说着大铜鼓神秘、厚重而深远的历史。和口坪小铜鼓相比，鸭场大铜鼓的历史更为原始、古老。

看过大铜鼓，我拉着陆凤开坐上沙发，顺手从茶桌上端起一碗酒递到陆凤开手里，一番寒暄致意之后，便询问起了大铜鼓的根源历史。陆凤开说，他家是天门传承8代的布摩，大铜鼓乃世代家传，上通天庭，下达地府。在做祭祀法事时敲响铜鼓，可以召唤天仙地神来护佑去世老人的灵魂，将其平安送进天堂。听到鼓声，神人仙圣心舒情畅，降福施恩；邪魔鬼怪骨软筋麻，不敢作祟；祖宗先辈意安气和，保佑子孙。布依人家祭祀时若不打铜鼓，老人上不了天，子孙不得安宁，家中也会诸事不顺。

"所以啊，铜鼓是神物，不能随便见天，也不能乱敲。"陆凤开满脸认真地告诉我。

"为啥不能随便见天呢？"我好奇地问。

"铜鼓有灵性嘞，随便'见天'它就跑啦！"

"跑？能跑吗？"我大为惊奇，"跑去哪？"

"能啊，我家这面大铜鼓过去就经常跑，时常半夜跑出门，跳进北盘江找龙打架嘞。"

铜鼓找龙打架的故事，我在过去的采访中多次听说。我疑惑顿消，陆凤开却深信自己的说法，继续补充着大铜鼓的传奇。他说大铜鼓本来是居住在北盘江边的神物，雄气得很，开口一吼鬼神都怕，后来因和老祖宗有缘，被老祖宗接来家中供奉，专门负责老人去世后护送其魂灵上天。大铜鼓面上原先铸有四个显灵蛤蟆（青蛙）。蛤蟆喜欢水，经常揎掇着傲气的铜鼓飞到北盘江去玩水、找龙打架，尽显威风，有时一去三五天不归，不免耽误了送人魂灵上天的事务。老祖宗一怒之下，敲掉了鼓面的蛤蟆，铜鼓从此失去了飞的能耐，再也跑不脱了——至今鼓面上还留有四个蛤蟆蹲伏的脚趾痕迹呢！谈及铜鼓"不能乱敲"的道理，陆凤开说铜鼓只能在喜庆的新春正月和祭祀去世老人时敲响，且要按祖传的鼓谱演奏，才能迎吉驱邪，避难呈祥。乱敲乱打没得"哈数"（章法），会惊扰天地，导致神鬼不安，引来灾祸。

话题转到鼓谱上。陆凤开告诉我，他家祖传鼓谱为《十二月鼓谱》，一月一谱，演奏时九月谱可反复六次。鼓谱在不同场合、不同时间演奏的谱数和重复增减则数不一样，要根据实际需要应用。我请求陆凤开拿出鼓谱本看看，陆凤开却说已传给他大儿陆胜煌保管了，而陆胜煌外出打工，没在家，现在无法看到，给我留下了重重的遗憾和悬念。

鼓谱看不到，我们又聊起陆凤开当布摩的事。陆凤开说，当布摩给人家做法事规矩多得很，一切都要按老祖宗传下的要求进行。做法事一般为5—7天，需要2—6个"布光"先生相互配合，他是主持祭典的掌坛"布摩"先生，整个祭祀仪式中都要带领参与人员唱诵经书，敲打铜鼓，吹奏唢呐，进行各类祭祀活动。祭祀程序环环相扣，日夜不息，直到棺木上山，老人魂灵平安升天与祖宗团聚才结束。说着，他还取出8本老旧发黄，用毛笔抄写，汉字注音的布依语家传丧葬祭祀经书让我们观看。

我翻开一本名曰《莫当》的经书，内有"民国拾年六月廿八陆正福定招"落款，以及"牛马栏中像麒麟，鸡牲鹅鸭千支成双，万支成库，□天上老鸢不打，地下狐狸不食，豺狼虎豹远走他方""日从老君安过后，富贵荣华万万春"等祝辞隐约可识。其他如"鸡叫给耗（半耗），天亮又正拜身（坎死）""更峇了又身旺得温""朋亡讲用丕你仁呆（本介），彩法焉刁（胖木）"等众多内容皆佶屈难辨，如看天书。陆凤开告诉我们，这种以布依语为主的家传汉字注音经书，只有得到老一代布摩真传指点的人才读得懂，用得着，其他的人难读懂，也不会用。

时间在不知不觉中过去。我们翻阅着经书，欣赏着铜鼓，边摄影边饶有兴致地询问着相关事项，听陆凤开逐一讲解，直到满寨灯火，万籁寂静，月挂中空。

3. 深情信仰荡激情

离开陆凤开家，刘忠稳说，天门布依人家对铜鼓的信仰神圣得很，至今还遵循着老规矩，要想听到铜鼓演奏，除了大年正月就只有在丧葬祭祀期间了。他让我先安下心来静候，天门铜鼓演奏一定会欣赏到。

在期冀和企盼中，机会终于到来。两个多月过去，庄稼已经收割完毕，农闲伴着初冬的清冷降临，各类婚丧嫁娶祭祀活动相继展开，乡村的热闹和人们的激情也开始随着冬阳升温，到处都呈现出一派红红火火。佳期传吉，刘忠稳通过电话告诉我坪寨组小田坝有家村民即将举办一场传统的布依族丧葬祭祀，正是我们见证神秘铜鼓奏响的好时机。

没有彷徨犹豫，没有停顿耽搁，我们再次按着日期飞车直达，来到了天门坪寨小田坝。

❋ 小田坝龙家隆重的丧葬祭礼中，马郎家候场的待祭队伍 / 符号摄

坪寨组毗邻滚塘，地处天门村最高处，背依吴王山绝壁，整个天门村景可尽收眼底。小田坝紧挨着坪寨西面稍矮的一片丘陵落窝梯田。梯田里少了初秋黄澄澄的稻谷，换成了时下绿茵茵的油菜。

通村公路连接着进寨硬化便道，将掩映在竹丛树林之中的一栋栋吊脚楼房相互联结，红黄苍翠交织，点线块面互衬，烟云雾气荡绕，清新爽朗迷人，形成了天门村落入冬时节所特有的美感和景观。祭祀事主龙继光，家有三兄弟，这次他们要礼祭的是已离世多年的爷爷、奶奶以及父亲、母亲，两代四个老人。

布依族是一个最为崇拜祖先的民族。老人去世，若因经济条件不够等种种因素不能在当时进行祭祀，可等到相关条件达到后，在一定的特殊时间再举办较为讲究的祭祀礼仪。祭祀对象可多可少，年代可远可近，辈分可延及数代；场面可大可小，一般有3、5、7天的区别。整个法事过程中，神秘的铜鼓演奏贯穿始终，不可或缺。此次龙家祭祀法事要举办5天，布摩是鸭场年近七十的陆凤毕，铜鼓师则是小寨小有名气的王仕洪。

王仕洪中等个子，40多岁，大眼瘦颊，纯厚朴实，读过初中，聪明机灵，是天门著名省级布依族唢呐制作非遗传承人王华朝的侄子兼徒弟，和我早就认识。我只知他会制作唢呐，没想到他还是个受人敬重的铜鼓师！真是想得巧不如碰得巧，鸭场神秘大铜鼓传承人——布摩陆凤开的儿子陆胜煌还跟他学习过铜鼓演奏，算是他的徒弟。

我大喜过望，随即通过刘忠稳联系到王仕洪，连夜将他约到我们临时住宿的村文化站进行采访。更为惊喜的是，他竟然还带来了自己所演奏的家传纸质铜鼓谱手抄本！

我和刘忠稳的第一反应是将鼓谱逐页翻拍，把图像资料及时存进电脑。

只见铜鼓谱被人用毛笔在白棉纸上誊写得规规整整。所记为十二则通行十二月老谱，谱序循序渐进，一月至十一月皆自立成一则一段，唯有十二月为一则三段式，不重复，不翻头。各月各则内容长短不一，最短的十月有十四乐句，最长的十二月有六十七乐句。各则中句式组合有独立的，有重复的，多少不定，可单可双。如十月谱：

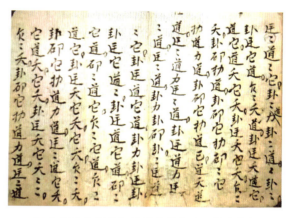

❀ 小寨王氏家传铜鼓谱手抄本（王仕洪藏）

/ 汪龙舞摄

道，廷廷道力廷廷道，卦廷道力廷廷道，廷廷道。卦力卦廷卦廷卦，卦廷道道它。卦廷道道它，拓①拓它道。卦廷天道，卦拓它力道。卦拓它力拓拓它力道力道。卦拓它道己，道天道。

通篇鼓谱中选用"道、廷、力、卦、拓、它、己、天、乍、瓜、打"共十一个汉字或变形汉字作表音符号（另有一与"力"字重复的变形字省略未记），每个字符代表一种击打方法，具体含义和演奏技巧全在王仕洪的掌握之中。我寻根究底，王仕洪有问必答，为我解开了谱中字符的密码。

道：同时以槌击铜鼓芯，以棍打皮鼓边。

廷：重击皮鼓面、铜鼓腰。

---

① 拓：原手抄本鼓谱中系不规范的手写变体，引用统一用作同音规范字。下同。

力：以槌擦（轻）打皮鼓面，以棍击铜鼓腰。

卦：以槌杆击皮鼓边，以棍打铜鼓腰。

拓：以槌轻打皮鼓面，以棍打铜鼓腰。

它：以槌击打铜鼓间内圈（下），以棍打皮鼓边。

己：以棍重击铜鼓腰，以槌杆部敲击皮鼓边。

天：以槌击铜鼓间外圈（前），以棍敲皮鼓边。

乍：以棍轻击铜鼓腰，以槌杆部敲皮鼓边。

瓜：以槌擦打铜鼓面连击皮鼓面，以棍敲铜鼓腰。

打：以槌拍击皮鼓边，以棍敲铜鼓腰。

"仕洪啊，你太有才了，没想到你对铜鼓这么精通，既懂鼓谱，还会演奏，咋学的？"记录下鼓谱字符表意，我放下笔记本，由衷地赞叹致意。

"祖上家传嘞，我爷爷、叔伯都会打铜鼓，我十多岁就边背鼓谱边学打，已经打了三十来年啦！"王仕洪双手抚膝，老老实实地回答。

"你有家传铜鼓吗？"

"有啊！不过现在不在我家，在鸭场布摩陆凤开家保管，临时要用时才去背。"

"啥？"我大感惊奇，"鸭场大铜鼓你们家也有份？"。

"是有份呢！大铜鼓早先是在我们王家传世。"王仕洪认真仔细地讲述起了大铜鼓的过往来由，"小寨王家和鸭场陆家都是天门老住户，历代都是姻亲嘞。我家会打铜鼓、做唢呐，他家会做法事、当布摩，一来二去种种原因，老辈人和好又扯皮，扯皮又和好，几经变换，我家铜鼓就转到他家保管啦。所以啊，鸭场大铜鼓我们两家都有份，既属于陆家，也属于王家。从过去到现在，我们两家相互尊重，有事都可以用。"

啊，原来如此！大铜鼓几经沧桑，历尽坎坷，终究成为两个家族化解恩怨的联系纽带。神秘大铜鼓的不凡经历，见证着天门布依人家的古今历史演变，这本身就是一个传奇。

说起天门铜鼓的具体演奏方式，王仕洪告诉我，各个家族传世的铜鼓不同，所传的鼓谱和记谱的汉字也不一样，演奏的手法和技巧也不相同，各有各的章法，各有各的打法。就是同一个铜鼓及鼓谱，不同的鼓师也有不同的理解，打出来的效果也不一样。他这次所打的铜鼓，是陆凤毕前两年才从广西买来的新物件，谱调却是原先随着大铜鼓传下的王氏老鼓谱。谈起铜鼓演奏和布摩法事的关系，王仕洪说，布摩一般都有自己的传世铜鼓，有的会打，有的不会打。祭祀活动中布摩只管法事不打铜鼓，事主家须另聘专职司鼓的鼓师。从法事开始到结束，铜鼓演奏始终伴随。家族传世铜鼓一般都有自己的鼓谱和鼓师，鼓师可带徒弟，人员可多可少，既为本家族服务，亦可对外接受聘请。没有铜鼓的家族举办祭祀活动，要向有铜鼓的家族或人家礼请铜鼓，聘用会打铜鼓的人当鼓师。王仕洪还说，当布摩是鸭场陆家祖传，陆凤毕、陆凤开都是同一个祖宗所传下的堂兄弟，都是能主持丧葬祭祀法事的布摩。大铜鼓传到陆凤开手中后，陆凤毕为了方便，花钱买了面新铜鼓，撑起了自己的门面。

说到即将举办的龙家祭祀，王仕洪说今天凌晨四点钟左右要举行招魂迎灵仪式，将四个老人的灵魂迎进法堂安置，到时就要吊起铜鼓并敲响。我说我们要提前赶去看看天门布依族如何举行古老神秘的迎魂安灵仪式，更要看看王仕洪的精彩铜鼓演奏。于是大家决定暂停采访，不再熬夜，立马散伙睡觉，四点钟以前起床赶往小田坝龙家。睡到床上，我辗转反侧，好不容易才睡着。

一觉醒来，已快五点，我急忙喊醒同行的符号主席和刘忠稳，由区志办驻村的石舒德主任开车载着我们直奔小田坝。

四周一片黝黑，龙家的招魂仪式正在举行。就着微弱的灯火，布摩手持法剑，默念祷词，宰牲洒血，率领孝家子孙将老人的魂灵一一依附在茅草俑上，从野外逐步招引跪接到家，让儿女们为其穿衣着装后送入放在堂房左上角的灵房安置。随后，总管和

✿ **王仕洪演奏祭祀礼仪铜鼓** / 汪龙舞摄

鼓师指挥众人卸下右边的堂房门，顺门楣正中从耳间楼枕下插入一根龙竹吊杆，用连环套将铜鼓吊起并悬挂于离地面约一尺的位置，平置皮鼓于下方，与铜鼓面成90度角，旁边摆放鼓师所坐矮凳。

一切准备就绪，四个坐堂唢呐师傅在耳间火塘边入座，王仕洪左手握着用稻草绳裹绑捆扎成头的鼓槌，右手执竹条鼓鞭在堂房铜鼓边入座。迎灵安魂仪式开始，布摩诵经致意，王仕洪率先敲响铜鼓，唢呐随即出声，鼓、钹齐鸣，外面铁炮、花炮、鞭炮同时冲天炸响，众儿孙跪伏痛哭号啕，屋里房外顿时响成一片，凌晨的小田坝全沉浸在一片喧闹华光之中。

以灵堂为中心，围观者层层簇拥，手机相机频频闪光。

王仕洪精神抖擞，左右两手交叉舞动，鼓槌和竹条鞭上下翻飞，强弱相间、轻重分明、节奏感极强地在铜鼓和皮鼓上跳跃起落，极有韵律地将铜鼓芯、间、腰，以及皮鼓面、边轮换敲响，传递出淳厚悠远的铿锵乐音。演奏从一月开始：

> 道，廷廷道力廷廷道，卦廷道力廷廷道，廷廷道。道，卦卦道力卦卦道。道，卦卦力道卦卦卦。卦卦卦，道，卦卦道力卦卦道，道卦卦力道卦卦。卦卦卦，道道，卦拓它力道，卦拓它力拓。拓它道力道，卦拓它力道己，道天道……

王仕洪全身心投入，不时变换着节奏，时而等速递进，时而间歇休止，时而分节连音，急如雨点倾盆，慢如长旆抚风，顿似狂飙骤止。演奏逐月推进，直达六月高峰：

> 道，廷廷道力廷廷道，卦廷道力廷廷道，廷廷道。瓜瓜瓜卦道它，瓜瓜瓜它道。瓜瓜瓜，卦廷它道道，卦廷道它道。拓拓道它，乍乍它道，乍乍道它。道它道，廷打道它道，卦卦道力卦卦道，卦廷天道。乍乍道天，卦廷天道它。乍乍乍，卦拓它力道，卦拓它力拓，拓它力道力道，卦拓它力道己，道天道……

好个王仕洪！只见他目不旁视，双肩抖动，引伸双臂，轮番变换着手法招式，或同时以槌击铜鼓芯、以棍打皮鼓边，或以棍打铜鼓腰、以槌击皮鼓面，或以槌杆部敲皮鼓边、以槌头拍击皮鼓边，或轻敲、重击、擦打，或连拍、实捶、虚晃……一口气将演奏直推到最长的十二月一则三段式：

道，廷廷道力廷廷道，卦廷道力廷廷道，廷廷道。卦力卦拓卦，卦廷道道它。卦廷道它道。卦力卦廷卦，卦廷它道道，卦廷道它道。拓拓它道，拓拓道它。乍乍它道，乍乍道它。卦廷夭它夭，它夭，乍乍夭。卦拓它力道力道，廷廷道它夭，它道夭，它夭，卦廷夭它夭夭夭。乍乍夭，卦拓它力道力道，廷廷道它己。

道夭它夭，卦廷夭它夭。它夭，乍乍夭，卦拓它力道力道，廷廷道道己，道夭它夭它夭。卦廷夭它夭它夭，乍乍夭，卦拓力道力道。廷廷道它己，道夭它夭它夭，卦廷夭它夭夭夭，乍乍夭卦拓力道力道。廷廷道道己，道夭它夭它夭。乍乍夭，卦拓它力道力道。

廷廷它道己，道它己，它道己，道己，道夭它夭夭夭。乍乍夭，卦拓它力道力道。廷廷道道己，它道己，道它己，道己，道夭它夭夭夭。乍乍夭，卦拓它力道力道。廷廷道道己，道它己，它道己，道己，道夭它夭它夭。卦廷夭它夭夭夭。乍乍夭，卦拓它力道力道。卦拓它道己，道夭道。

雨疾风狂，云涌雷滚。铜鼓引领演奏，唢呐声声伴随。

人间致语，天籁极音，我顶礼膜拜，虔诚聆听，直到最后一个音节息声。

这是一场古老神圣的天门布依圣乐交响曲，这是一曲布依人家生死轮回交替的历史繁衍颂歌。它超越时空，向天地祖宗庄严致敬，向圣贤仙神诚挚礼贺，对邪魔鬼怪威严警告；它驾风御电，让老人魂灵得以被护卫，得以直达天堂，得以平安超度；它辟邪降吉，使布依村寨得以安宁，家庭得以幸福，子孙后辈得以兴旺发达。

了不起的布依铜鼓啊！你贯通今古，博大精深！

天亮后，趁着法事休息的时间，我凑近观察了新铜鼓。

这是一面现代仿制的麻江型双鱼纹铜鼓，鼓面盖颈，为中心太阳12芒12弦纹11晕圈，其中芒间2晕圈，芒外9晕圈，饰有竖条、云纹、乳钉、游旗、水涡、双鱼等图纹，3道乳钉相间，4对双鱼图作为边饰。鼓胸有7道晕圈，饰有乳钉、如意头、水涡、雷纹、竖条等图纹；鼓腰素面，鼓脚有4道晕圈，饰有雷纹、水涡、锐角山纹等。铜鼓面径52厘米，总高30厘米。鼓耳乳钉边起棱，宽4厘米，弧长12.5厘米，2个一组对置，两耳间距11.5厘米。鼓身装饰图纹清晰，发音清脆响亮。

问起鼓槌为啥要用稻草绳捆扎，王仕洪说这都是老祖宗传下的规矩，丧葬祭祀是"白喜"，用稻草绳扎成鼓槌才敲得出福音；若是喜庆的新春正月，鼓槌则要用红布包裹，打起铜鼓才天地同欢，万物共喜。再探缘由，高额深目，长衫长帕着身，指挥祭祀的老总管赵光平以一派长者风度，说出其中道理：谷居五谷之首，是布依人家的崇拜物，代表富足、安康、吉祥，祭祀主家参祭人员头上都要插一穗稻谷作为标记。铜鼓送回，鼓内还要存放一穗稻谷和一坨酒药"镇鼓"。酒药为百草之精，聚有日月生发之气，与稻谷相配足以使铜鼓能神威久远，吉利长存。

谈到鼓谱的具体应用，王仕洪说铜鼓可与唢呐、铙钹、皮鼓一起配合演奏，也可单独演奏。开打须将十二则的十二月全谱依次打完，随后按祭祀进程中每则法事的开头和收尾分别演奏。根据需要安排，击打时间有长有短，所打鼓谱则数可多可少。每次击打都须从一月起始，打到三月（春季），或到六月（夏）、九月（秋）均可，顺序不可错乱。原则上每次至少要打满三谱（一季），后面鼓谱的增加数量可依时间的长短决定。整台祭祀法事完毕时要打全十二谱结束，然后由布摩念诵经书、烧纸祭扫，管事将铜鼓解下才算完事。

谈兴正浓，隆重的"立亡龙竹竿挂灵幡"祭祀程序开始了。

布摩步入法堂，炮手、唢呐师傅等屏息以待，王仕洪入座，面对铜鼓挥槌举棍。

铜鼓再次发声，钹炮唢呐重鸣，新一轮法事轰然展开。我不敢怠慢，随即起身，听音观物，就事寻人，重新紧张地投入到新的现场采访中……

4. 庆幸罹劫存万幸

立竿挂幡结束，寨邻宾客陆续到来。

小田坝人人着华服赴约，处处花团锦簇，鼓乐礼炮声声不断。事主家周围燃起一堆又一堆青冈柴火堆，依序为来客们供献出足够的温暖和热量。

赵老总管神色自若，来往指点，安排着祭祀场中的一应事务。布摩按部就班做着法事，帮忙人员忙忙碌碌，接待服务有条不紊。我见缝插针，瞅着赵老总管空闲之际，将他邀到火塘边坐下，向他请教解天门布依族祭祀的相关习俗，想弄清个中疑惑与不解。

摆谈中，说起天门另一面我尚未见识的老残铜鼓，赵老总管说，那是新寨他老外祖公卢登明于民国初花了50块大洋，从花戛狗场买来的传家宝。可惜"文化大革命"期间被当成"四旧"破坏了，鼓面被打凹敲裂，鼓帮开丝致残。后来，他的岳父卢向文几经周折，才将残铜鼓"合"了回来，但已声嘶音哑，再也敲不出原先韵味了。

"啊——那铜鼓还在吗？"我倍觉惋惜，怅然若失。

"在。"赵老总管双眼炯炯有神，"残铜鼓'合'回后，我岳父仍然看重，轻易不肯示人，直到后来去世前才将铜鼓传给了他儿子卢仕周，再传给孙子卢勇。若汪老师喜欢，我抽空带你去看看。"

真是"瞌睡遇到枕头"！我转忧为喜，立即和赵老总管约定，明天下午他提前安排好相关事宜，跟新寨卢家取得联系，再由刘忠稳开车接我们和他一起去看铜鼓。

事情敲定，我心情舒畅，兴趣盎然地继续按祭祀进程采访龙家法事。我听罢铜鼓听唢呐，看完立龙看拜幡，转火塘、进经房、察服饰、观环境、访长者、问来宾……一边不舍昼夜地感受着古老布依族风俗的震撼，一边静待着与天门最后一面铜鼓相见。

日动月移，雄鸡唱午，第二天我们约好的时间终于到了。

车进新寨，巧了！迎门而出的竟然是我曾经采访过的著名绣娘王永凤。王永凤是卢勇的妻子，因卢勇外出打工未归，赵老总管安排的带我们看铜鼓的人的就是她。

"哎呀！永凤啊，我又添麻烦来了，想看看你家铜鼓呢！"我又惊又喜，忙打招呼。

"啥麻烦不麻烦嘞，汪老师辛苦了，我取来就是。"王永凤满面含笑，立即转身上楼，将铜鼓抬了出来。

一切依约而行，过程顺顺当当。历经劫难的新寨卢氏铜鼓终于摆在了我们面前。

❀ 天门新寨铜鼓鼓面（卢勇藏）
/ 汪龙舞摄

❀ 天门新寨铜鼓背侧面（卢勇藏）
/ 汪龙舞摄

卢氏铜鼓属世传麻江型，总重15.1公斤，通高26厘米。鼓面盖过鼓颈，直径47厘米。鼓足敞口直径与鼓面相同。鼓耳为半环形，宽3.5厘米，长8厘米，弧3厘米，每组耳间距10厘米。鼓身密布图纹装饰。鼓面中心为12芒太阳纹，外接10弦线，套9晕圈，3道晕圈为一组，由3道乳钉晕圈等分为3部分。鼓面图纹因敲打磨损较大，除弦线、乳钉纹较为明显外，其他图纹皆模糊，难窥全貌。鼓胸7道晕圈，饰有乳钉、圆弧头、水波、雷纹、栉纹等图纹；鼓耳两边各2道反向绳纹凸线，中间以方雷纹为饰。鼓腰下端有晕圈1道，内饰水波纹，其余部分为素面。鼓足有4道晕圈，饰有圆弧头、雷纹、水波、锐角山纹。鼓腔内足底边口饰3道弦线，其余皆素面。鼓帮所饰图纹比鼓面清晰。铸造方式为合范铜汁浇铸，鼓面、鼓帮均有局部漏隙、漏眼和漏砂，其中鼓面外部漏隙1道，约8厘米，波及外部4道晕圈，漏隙两侧有因敲打造成的凹陷，波及内部圈。鼓足底口有缺损残口3处，最长残口边约20厘米。

和天门其他3面铜鼓相比，新寨铜鼓体积稍小于口坪小铜鼓，是天门现存铜鼓中最小的一面。从其装饰图纹的磨损程度来看，其铸造历史时限应仅次于鸭场大铜鼓，但工艺略显粗糙，残损处较多，直接影响了叩击音质。

信仰成就传承，劫难带来遗憾。一番拍摄测量之后，我心存恻隐，满怀伤感，为致残铜鼓命运的竭蹶多艰而扼腕长叹。

离开新寨的路上，刘忠稳说他懂点电焊工艺，愿意试一试，看能不能将致残铜鼓焊接修复，使它重新发音。我说难度较大，原样可以修复，要恢复音质恐怕就难了。我顺藤摸瓜，问及鼓谱，刘忠稳说卢勇在天津打工，过几天就要返回，到时再问问他会不会打铜鼓，有没有传承的鼓谱。于是，我顿生新念想——但愿天门铜鼓谱能阆苑添葩，奇迹再现。

转回水城，我时时挂怀，充满期盼。不久，喜讯传来，刘忠稳发来信息，卢勇已经回家，并将其铜鼓谱拍照转发给了我。我急忙下载打开，对照起王仕洪提供的小寨王氏铜鼓谱和口坪陆氏铜鼓谱，研读起其中内容来。

卢勇传承的新寨卢氏铜鼓谱为毛笔誊写白棉纸手抄本，字体稍潦草，同样以汉字注音表意，篇首名注有"思温云　白事用"字样。章节构成上和小寨王氏铜鼓谱大致相同，均为十二则通行十二月谱式，内容却长短不一，大相径庭。卢氏鼓谱选用的汉字有"道、廷、拓、妈、寡、逃、瓜、它、且、交、己、臣、朵、春、日、抵"十六个汉字标注符号，比王氏鼓谱多五个字符。和其他两家鼓谱相比，卢氏鼓谱最短的为七月、八月，各为十五乐句，王氏鼓谱最短的是十月，为十四乐句，口坪陆氏鼓谱最短的是五月，为十二乐句，三家鼓谱相差不大。同为最长的十二月，卢氏鼓谱两段共为一百三十乐句，比王氏鼓谱的三段六十七乐句多了将近一倍，比口坪陆氏"九谱十五则"鼓谱中最长的九月收尾谱三段四十八乐句多了近三倍！

从乐句组合句式上看，三家鼓谱乐句皆为一至九字句，或单独成句，或相随相间，或重叠反复，或前后呼应，但具体组合各有差异。新寨卢氏鼓谱中，每段开头除第三则、第十二则下段略有增减外，其余段首皆相同的一、七、七、三字式四乐句结构，结尾皆为二字式单乐句或双乐句结构；小寨王氏鼓谱中，十二月十二段开头皆相同的一、七、七、三字式四乐句结构，结尾第七、第十二段同为五、三双句式结构，其余皆为六、三双句式结构。口坪陆氏鼓谱中，所有十五则开头都各有异样，结尾皆为五、五、二、二的双乐句式。

新寨卢氏鼓谱是天门现今所存鼓谱中最长的，其则与则之间的前后内容长短及句式变化的差异也是最大的，自成特色。

如开头的一月谱：

道，廷廷道，妈廷廷道，寡拓道妈拓拓道。道道，寡寡道妈寡寡道。逃瓜寡，道，寡寡道妈寡寡道。逃瓜寡，寡道寡，道道，寡拓道它寡拓它。拓拓它道，瓜瓜寡，寡拓它拓道拓道。拓它拓道拓道，且道，交道。

中间的六月谱（朵迷^①）：

道，拓拓道妈拓拓道，寡拓道妈（朵迷）拓拓道。拓拓道，瓜，瓜瓜寡，朵道道，拓抵道朵道。瓜，瓜瓜寡，道道朵，拓抵道朵道。瓜，瓜瓜寡，朵道道，拓抵道朵道。拓拓朵道，朵道朵，妈寡寡拓抵道朵道。寡拓道朵道，道逃瓜寡妈寡拓朵道。寡寡道日寡，己臣交道朵。瓜瓜寡，朵道，逃道道道，道妈拓抵道。朵道，寡拓道朵道，寡寡道妈寡寡道，逃瓜寡妈寡拓朵道。寡寡道日寡，己臣交道朵。瓜瓜寡，朵道道道，道日拓抵道。朵道，寡拓道朵道。瓜瓜寡，寡拓朵拓道，道道（且道，交道）^②。

最短的七月谱：

道，拓拓道妈拓拓道，寡拓道妈拓拓道，拓拓道。寡寡道妈寡寡道。逃瓜寡，道，寡寡道妈寡寡道。逃瓜寡，寡道寡。道，道寡拓朵道，朵寡拓拓拓朵道。道寡拓朵拓道道，道道（且道，交道）。

最长的十二月谱收尾：

道，拓拓道妈拓拓道，寡拓道妈拓拓道，拓拓道。瓜，瓜瓜寡，交道，己臣交朵交。瓜，瓜瓜寡，朵交己臣交道。瓜，瓜瓜寡，拓朵道道，拓抵道朵。交朵道交，己臣交朵交。交交，瓜瓜寡。寡拓朵道道，拓拓拓拓道道。朵道道，朵道道，朵道朵道交，己臣交朵交交交。瓜瓜寡，寡拓朵道，拓抵道朵交。朵道交，己臣交朵交交交。瓜瓜寡，寡拓朵道道，拓拓道道朵。道道朵，朵道朵道交，己臣交朵交交交。瓜瓜寡，寡寡朵道，寡寡寡道。拓抵道朵道，拓拓朵道。道，己臣交道己。己交道，己臣交道朵。拓拓朵道，己臣交道。己

---

① 朵迷：手抄本原注汉字，系表音说明字符。下同。
② 鼓谱末尾括号中的乐句，系整理中根据原结尾乐句异同提示所补。下同。

己交道，己臣交道，己臣交道朵。瓜瓜寡，寡寡朵道，寡寡道朵。朵道，朵道，道妈拓抵道朵道。朵道，朵道，妈寡寡朵道。寡寡道朵，道朵道道妈。道妈拓抵道朵道，朵朵妈寡寡朵道。寡寡道朵，朵道，道朵，朵道，妈拓朵道抵道。朵道朵道，妈拓朵道抵道，寡拓道朵道。瓜瓜寡，寡拓朵拓道，道道（且道，交道）。

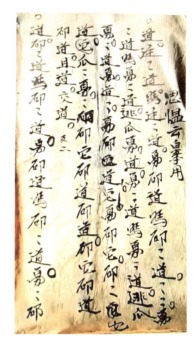

❋ 新寨卢氏铜鼓谱手抄本（卢勇藏）
／刘忠稳摄

道，拓拓道妈道妈拓拓道，寡拓道妈拓拓拓拓道，拓拓道。寡寡拓寡，寡拓春道朵。寡拓道朵道，寡寡拓寡。寡拓朵道道，寡拓道朵道。拓拓朵道，拓拓道朵。寡寡朵道，寡寡道朵。己臣交朵交，瓜瓜寡，寡拓朵朵道，拓拓道道。且道，交朵交，己臣交朵交。瓜瓜寡，寡拓朵道道，拓拓道道。且道交朵，己臣交朵交。瓜瓜寡，寡拓朵道道。拓拓道道，且道交朵交。己臣交臣交，瓜瓜寡，寡拓朵拓道道道。拓拓道，朵且朵道。且，道，道且，道且，道交，己臣交朵交。瓜瓜寡，寡拓朵拓道道道。拓拓道朵且，朵道，且道。道且，道且。道，交，己臣交朵交。瓜瓜寡，寡拓朵拓道道道。拓拓朵拓拓道拓道，且道，交（交道）。

通谱对比，可谓天差地别，变化极大。

尽管各则谱曲长短不同，但皆为开头、中间、结尾三段式结构。开头一般为略有变动的三句式或四句式，形式较为固定；中间为自成一体的多样句式组合，是各则谱曲中的主体部分和重点，也是决定每则鼓曲简繁长短之所在，结构复杂，变化较大；结尾为较为固定的双乐句结构。三家鼓谱相比，虽然各自的谱曲结构组合不同，各月每则的开头和结尾也略有差别，但都有着多个段式的相同循环或一致，具有中国民族传统循环曲式中较为明显的并头合尾结构特征。特别是较为规整的小寨王氏铜鼓谱，并头合尾式结构特征表现得更为规范统一，既方便了鼓谱的传习和演奏，又使谱曲增添了重叠复沓的韵律美。

冬日的天气逐渐阴冷，我心里却续存着一团热烈的火。

我继续追寻新寨铜鼓的相关传承情况，并通过刘忠稳了解卢勇对鼓谱的传习与认知情况。通过数次电话沟通，卢勇告诉我，新寨铜鼓残损后已很久未用，家传鼓谱也就随其被束之高阁。鼓谱抄本是卢勇的曾祖父卢贤兵誊写传给其爷爷卢相文，再传给其父亲卢仕周的。父亲过世后，铜鼓和鼓谱虽传给了卢勇，卢勇却没有再继续传习鼓谱演奏，对其中字符乐句及具体打法等概莫能知。几个叔叔虽然曾经跟着爷爷和父亲学打过铜鼓，但几十年过去，所学早已"丢在了爪哇国"，对所传鼓谱也是"它认得我，我认不得它"了。

又是一个难以弥补的遗憾！

新寨卢氏铜鼓真是命运多舛！

我思前想后，一阵叹息之后又转为庆幸。好在信仰未灭，根本尚在，铜鼓和鼓谱抄本还能传承下来，使我们在其历尽劫难后的今天还能看到它，这已是不幸中的大幸。

天门丰富的布依铜鼓文化令我眼界大开，收获满满，但众多奥秘尚未揭示，不少疑惑仍扑朔迷离。在对四面铜鼓的寻访中，我们所见仅冰山一角，深闺玉颜尚隐，秘境风光待探，天门传统铜鼓文化的无尽亮丽与惊喜，还待更多人探寻。

天门铜鼓啊！我向往着你，期盼着你，等待着你。

天门铜鼓神奇多多，奥秘多多，故事多多……

二　唢呐　唢呐

走进天门，最具魅力、最受推崇的当属天门布依唢呐。

天门布依唢呐是天门人津津乐道，引以为荣，世代为豪的传统乐器。

北盘江流域是布依族世居之地，北盘江是布依人的母亲河。布依人沿江而上，逐水而居。千百年来，这里的布依人家以铜鼓通人神，用唢呐聚族属，坚守着自己的不变信仰。不管哪一村哪一寨，凡有布依人家居住的地方，就有布依唢呐的存在。

"出门十里远，十里不同风。"天门布依唢呐的与众不同，就在于他们尊循着祖辈的遗训，依凭着古老的技艺匠心，自制、自吹、自传，不受外面花花世界的干扰，一如既往地保持祖辈传下的原汁原味，使之成为天门布依传统器乐技艺中与铜鼓互为依存的联璧绝配。

1. 吴王山下的制作绝技

这是一项几近绝迹的民族民间传统工艺。在整个北盘江上游的各个布依村寨，缘起于天门的布依唢呐制作独一无二，没有人能与之争雄。我走访过六盘水市境内众多布依族村寨，都没有发现过从事布依唢呐制作的传承艺人，唯独在天门有缘相遇并频频相会。

早在十多年前，"养在深闺人未识"的古老天门初揭面纱，我应邀和县、市文艺界的一帮朋友前往采风。大家都惊奇于连片吊脚楼的赫然存现，感叹着众多珍稀古榕老簧的相谐相生，赞叹着峡谷风光的阴晴变幻，我则更为注重对民族民间特色传统文化的观察与寻觅。几经问询，同行的胡小柳先生提起小寨组天门布依唢呐的制作——于是，我兴冲冲地与之前往小寨，初次访问了唢呐制作师傅王华朝，留下了深刻的印象。

　　2016年5月，我和水城县非遗保护中心主任李荔再次访问王华朝，采写材料，将天门布依族唢呐制作技艺申报为省级非遗文化传承保护项目。当年10月，著名学者余未人老师来六盘水讲学考察，我又陪她乘船从牂牁湖逆北盘江而上，从水路来天门，到小寨了解王华朝制作布依唢呐的历史。如今，我又与《天门记忆》课题组一起，听鸣蝉，浴金风，迎着浓浓的稻香和丰收的喜气重新来到小寨，迈进了王华朝家的吊脚楼。

　　小寨是天门布依族吊脚楼民居最为集中的地方。初识小寨，我便为它无与伦比的自然风貌和人文景观的完美结合而倾倒。

　　在天门与北盘江之间的舒缓半坡中，小寨独占着一处巨大的马蹄形凹地。四周凸起的一道圆弧石脊棱岭上，满布着由各类榕树、白桦、枫香、青冈等高大树木组成的树林。石脊棱岭内环半山腰上，一条放牛牧羊、供人行走的山间小路在林丛树荫中横亘贯通，并不断分出路口岔道连接到下面凹地中的各家各户。路边道旁，箬

❀ 天门小寨布依吊脚楼群 / 汪龙舞摄

叶蒲草中不时耸起一簇簇密集的龙竹丛。龙竹有碗口粗细，顶着伞形的分枝，托着交拥的长叶，将一簇簇青翠尽情向蓝天泼洒。林旁丛边，一根根尖头硕身的竹笋或高或低地茁壮成长。宽大的笋衣不时随风褪下，翻翻飞飞地将一瞬银辉不时簌簌抖动。竹影婆娑中，"马蹄"凹处斜面上下的一幢幢吊脚楼纵横相间，密拢疏分，处处是景。吊脚楼是一种古老的干栏式石木质结构建筑，歇山顶正间带厦，有以大小五柱、七柱所区分的，一间两厦、两间两厦、三间两厦等不同形式。楼房顶檐盖瓦，块石垫基，毛石面料垒砌上楼梯坎，楼上住人，顶上有较为窄小"天合楼"，楼中间靠前部分有空出凹进、供人活动的"腋窝"间，底层关养牲畜、家禽，置柴火、农具、杂物，设春碓、磨坊作坊等。吊脚楼冬暖夏凉，隔热驱湿，避兽防涝，是天门布依人家风格独具的特色民居。

在刘忠稳"老朋友来看你来啦"的召唤声中，中等个子，紫棠面皮，嘴唇略厚，上身穿了件有些皱巴的浅蓝运动衫，下着灰青裤、绿军鞋的王华朝笑容满面地将我们迎上了吊脚楼。

王华朝家吊脚楼位于寨子左上石坎较高处，建于20世纪50年代初，属常见的大五柱加瓜单间两厦木质建筑，瓦面梯石，楼间凹处"腋窝"较宽，竖有圆竹围栏。凭栏而观，全寨28幢大小不一、高低各异的吊脚楼房逐级起伏，错落有致地分布在一处处宽窄不一的石坝坡坎中。一道道高矮不同、厚薄不等的石墙石梯夹裹着一条条石阶路道任意分连串隔，间或有些悬山盖瓦的小木仓点缀其间。青瓦赭楼间，一株株撑着团团绿伞的棕榈和满挂金黄硕实的果树随意穿插。墙旁路边，宽大的芭蕉叶、连丛的砂仁香草绿影憧憧；坡上坎下，裸露的古榕根、盘结的竹树苑遥相呼应。放眼望去，全寨没有一栋现代水泥浇筑建筑，满目皆是浓荫相衬的古色古香的老楼，令人一下子沉跌到了遥远苍凉的过往历史和乡愁之中。

王华朝的唢呐制作工坊设

🌼 采访布依族唢呐制作艺人王华朝 / 刘忠稳摄

在左厦楼下底层、土炉风箱、铁锤铁砧、刀剪钳錾、刨锯钻凿、铜皮木料、炭煤焊具等一应俱全。工坊空间开放，靠里堆放着各类原材料，靠外为工作之地。农闲暇息，王华朝总会埋头于工坊，心无旁骛，专注于古老的布依唢呐制作技艺。

布依唢呐制作是王华朝家祖传绝技。早在清末民初，王华朝的爷爷就是声震花戛周围数十里的名家，人称"王铜匠"。王铜匠擅长银铜器具、饰物制作工艺，又是布依族唢呐演奏的高手，他制作的铜盘唢呐具有装饰讲究、美观大方、音色圆润、穿透力强等特点，远近闻名，誉盖盘江，无人能及。王铜匠所传徒弟除儿子王荣成外，还有当地外姓人赵文成等。后有野钟乡发射村的王兴忠师从赵文成，并传徒弟王太凡等，从而形成了由王铜匠所传，双流同源的北盘江王氏家族布依唢呐制作传承技艺。王铜匠离世后，王荣成将其艺传给儿子王华朝。王华朝从小学艺，聪明勤奋，15岁学成，6天便可制作一对唢呐，为众多唢呐演奏艺人所推崇。王荣成病故后，王华朝继而传艺给儿子王江湖和侄儿王世红，使这一独特的布依族唢呐制作技艺继续在天门小寨得以传承。

王华朝依祖传技艺制作的布依族唢呐为哨口八孔木管铜盘吹奏乐器，由铜质吹嘴、大盘和木质吹管、芦苇哨子等组合而成。制作工艺程序按唢呐从下到上的部位说明如下：

制作铜质唢呐盘：唢呐盘总高16—18厘米，盘底口直径9—14厘米。选用优质的红铜为原材料，将其放入特制模具中熔化成铜块，敲打成梯形薄铜片，再分大盘口卷边、中套箍、上口、上箍口等不同部分锻打并连接，制成上小下大，具有扩音功能的唢呐盘。

制作木质唢呐杆：选用当地产、无疤痕，直径约为7厘米的靛叶树枝干，加工成26—38厘米长，上略细下略粗，中心钻空的吹管，管上按不同距离钻上不同高低音调的音孔8个（前面7个、后面1个），制成唢呐杆（在上部

❉ 寻找制作唢呐的木料靛叶树 ／ 李荔供稿

两个音孔之间及以上部位镶包铜管口，连接吹嘴，铜包管后下部钻一音孔，和木管上部后面一个音孔对应镶接）。

制作铜质托气盘吹嘴：吹嘴长8—13厘米，上细下粗，以3道片盘分隔，2道圆球居中，上下2道半圆球托片盘做装饰，中下2片盘直径较小，仅比吹嘴略宽。上片盘较大，为直径约3厘米的托气盘。

制作吹口哨子：以江河塘泽等水边的小管芦苇作为原材料，用细木棍从芦苇管中穿过，再用刀将芦苇管刮薄，剪成长约1厘米的小段，用麻线做拴系物。

组装修整：将唢呐盘、唢呐杆、吹嘴、哨子从下至上依次进行组装，然后试吹定音，反复调试修整，最后再予以修饰打磨便完工了。做好的唢呐须妥善保管，勿使其受热受潮。

成品天门布依唢呐按大小分类，有"大排"（亦称"头排"，总高61—68厘米，盘口直径12—14厘米）、"中排"（亦称"二排"，总高52—60厘米，盘口直径10—11厘米）、"小排"（亦称"三排"或"尖排"，总高46—49厘米，盘口直径9—10厘米）三大类，吹奏者可视喜爱和需要挑选并按相同制式尺寸配对。吹奏时须按谱子需要，同音高低变化扣合，同声同谱，变音相配，不漏气、断气，以皮鼓、铜钹依节律击打配合演奏。

王华朝曾告诉我，按老人们所传，他家做的唢呐两头为铜，中间为木。上部分代表天，中间代表人间万物，下部分代表地。演奏时可和铜鼓相配，一起上通天堂，中发万物，下达地府，能令天地高兴，祖宗欢喜；能娱神乐人，迎吉驱邪，给村寨和人家带来安定和幸福。所以，布依人家红白喜事都离不开唢呐。唢呐的八个音孔，分别代表"八洞神仙"，前面七孔为阳，代表七个男神，后面一孔为阴，是女仙。传说女仙不好意思和男神们并排露面，便单独躲到了后面，而男神们尊重女仙，都推她为首。所以做唢呐的人都要将背后这一孔排在最上头，吹唢呐的人都要用大拇指按它，以表示对女仙的推崇。没承想，与天门人朝夕相伴的布依唢呐，竟承载着如此美妙的传奇与趣闻。

岁月似乎对勤劳的王华朝特别照顾——除了头上多了些白发，他还和6年前一样精神饱满，身康体健，微笑中略显腼腆，满透着忠厚与谦和。

"汪老师啊，路那么远，您咋会想到来看我？"

"想你的唢呐了，来看看你生意旺不旺，手艺传承得如何。"

"托政府的福，唢呐不愁卖，生意马马虎虎嘞，两个徒弟都能独立起伙啦。"

"很好嘛！这次主要是想看看你的排号唢呐，手边有货没得？"

"有啊，有新做的，也有别人送来修理的老物件。"王华朝边点头边回到房中，抱出了一大捆唢呐，"都是我做的，大排、中排、小排都有，汪老师您随便看。"

唢呐在楼堂大门前铺板上一字摆开，由高到低，成双成对，足足5排。刘忠稳取出钢卷尺量了量：最大的"头排"高67.5厘米，盘口宽14厘米；最小的"尖排"高46厘米，盘口宽9.5厘米；"中排"依次增减。唢呐样式统一，全都是标准的旋木制成，一管八眼，铜盘铜嘴套结，双珠双托作饰，线条流畅，无比华美。这就是令人倾慕的天门布依唢呐了，两头铜饰与中间木管等距离镶铆套接，白木黄铜搭配和谐，底口敞盘和吹口托盘大小对应，底盘和托盘块面浑然一体，与吹管音孔的连点排列形成对比，所有色彩与各个部分全熨熨帖帖地相融在一片大小环连、依次起伏排序的三维弧形圆圈线条中，形成了天门唢呐金木共振、音色淳厚、结实耐用、漂亮美观的总体特色。就是它，这天门布依家的传世精灵，千百年来陪伴着闭封在这江峡中的天门布依人家，度过了多少不为外人所知的岁月，忆唱着这天涯一角中多少离合悲欢，诉说着这僻远之地布依人的多少志趣与情怀，见证着天门在历史长河中缓行慢变的时尚更替与进退兴衰。

❀ 王华朝制作的天门布依族对子唢呐 / 汪龙舞摄

我肃然起敬，打开摄影镜头，躬身匍匐在楼梯与楼板之间，从竹栏杆下取景，用最佳角度摄下了5排新老唢呐的队列镜头。

王华朝曾经告诉过我，天门布依唢呐制作难度大，工艺性强，对制作者要求极高，非一般人所能轻易做到。首先，其制作过程集传统的铜、木制作装饰工艺于一体，程序较多，具有较高的技术含量。制作者必须同时精通铜饰、木作两种细作"花活"，这在边远闭锁的偏僻山区谈何容易！铜饰制作有烧熔、铸压、锤贴、切剪、錾刻、镶嵌、焊接、铆合等工艺，木作有砍、削、劈、锯、刨、刮、凿、钻等技术，还有烙、套、通、粘、贴、沙、磨等综合技艺。每一道工序都有特定的学习要求和精准程度。光对这两套不同技艺的熟悉和掌握，没有个十年八年的苦练是达不到的。

其次，要懂音律，知调门曲理，自己会吹唢呐。制作者只有能作会吹，集双重技艺于一身，所制作的唢呐才会音准好吹，不走音不跑调，吹出来的曲子才好听动人。自己不会吹唢呐，就分不出音高音矮，不晓得吹出来的声音是好是坏，制出的东西也就没人要。

再其次，要懂"水法"（原理规则），有诀窍，有眼光，分辨得出强弱高矮。不懂"水法"就摸不着门道，做起来心中没数，费力不讨好。没有诀窍就没得自己的绝活和特色，算不上好匠人。没有眼光则分不出好坏，制作的东西普通简单，谁都能做，看起不令人心悦，不美观，不招人喜欢。我曾问起制作好布依唢呐的"水法""诀窍"，王华朝笑而不答，好一会儿才喃喃吐出句"不好讲嘞"。我突然想起这涉及艺人"祖传秘方"的隐私红线，忙随之哈哈一笑作罢——老老实实的王华朝也颇懂得在市场竞争中保护"商业秘密"的重要性。

拍完唢呐照片，我们聊起了唢呐现在的市场状况。王华朝说，从前喜欢小尖排唢呐的人多，因为其声音圆润响亮，形体轻便，小巧玲珑，便于随身携带，也好保管。现在又流行起大排唢呐来，其声音沉稳洪亮不炸耳，管长盘大有气派，抓人眼球，唢呐师傅吹起兴头高，能在人前人后显摆。

我兴致盎然，从楼板上唢呐队列中提起居首的大排唢呐，手中沉甸甸的，很有分量感，我问："这种头排唢呐卖多少钱一对？"

"1600块（元）。"王华朝随即应答，"这是最低价。"

"其他的呢？"我指了指楼门前的唢呐队列。

王华朝遍数家珍："二排1300，三排1100，四排1000，五排小尖900——有时800块也卖。""好卖吗？""大都是定做的，价格预先讲定，不会扯皮，好卖。"

"你一年大概能挣多少？"我放下头排唢呐，拿出了笔记本。王华朝沉吟半响，才皱了皱眉头，放低了语调："一万多点，不到两万块嘞。"

"不到两万？你这收入不高啊，和你手艺不般配呀！"我有些奇怪，"你不是六天就能做一对唢呐吗？该翻番哪！"

"翻番？能保持这样就不错啦，做得多卖得少也是枉然啊！"本分的王华朝叹了口气，"唢呐越老越好越出色，比不得其他东西随变随换。唢呐师傅有一对就不会再买第二对了，想学吹的新手才会买。我的唢呐附近都差不多'灌够'了，多亏政府对外宣传，销路主要靠外地慕名来预定加工的客人，要不收入还会更低。况且市场上还有好多由工厂整出来的机器唢呐，油光水滑亮堂堂，好看好听吹得昂（响声大），几百块钱一对随便挑，好多地方用的都是这种'洋货'，我是土人土法纯手工，咋也整不过。"王华朝声音略显低沉，神色有些黯然。

这是个"无可奈何花落去"的残酷现实，也是当今众多非遗传承艺人在生存发展过程中所遭遇到的瓶颈。我默然无语，无限同情，好半天才轻声问了句："那你咋办？"

"咋办？继续干呗！"王华朝抬起头，微笑着提高声音，恢复了常态，"这是老祖宗传下来的手艺嘞，不能丢，钱多钱少都要整，不整对不起我家天上的老爹老爷呢！何况还有政府和你们领导些帮扶，国家还拨钱把我们寨子修整得漂漂亮亮嘞，电通水通车路通，我这老楼房也搞得明光亮展。我还有责任田要种，每年做唢呐的收入算是额外进款，粮食够吃啰，钱够花啰，手艺也传下去啰。汪老师哪，这收入虽然只有万把多，但我不嫌少，知足哩！"

没想到王华朝竟然这样开通。我一阵感动中忽然醒悟：正是有了王华朝这种世代传承的信念与坚守，布依唢呐制作这一绝技才会在天门这一边远偏僻的特殊环境中得以保留传承。这就是信仰，这就是精神，这就是力量，这就是我中华民族得以自立于世界民族之林的气魄与魂灵！

我心情豁然开朗，只觉得天更明了，太阳更亮了，眼前老实巴交的王华朝更加可爱了。临走时，我环顾着流光溢彩的小寨布依吊脚楼群，恋恋不舍地拉过王华朝，将头排唢呐轻轻递还到他手中。

站在王华朝家吊脚楼前，刘忠稳为我们留下了一张相依相扶的纪念影像。

2. 北盘江边的劲吹传奇

天门布依人家喜欢吹奏唢呐，也看重唢呐，更敬重唢呐。

天门人在唢呐声的陪伴中与日月同行，在唢呐声中传承，生长，发展，壮大，代代繁衍。

天门唢呐是天门布依人维系部族、凝聚家族的纽带，维系着天门人的信仰理念、精神气节、礼仪风俗。

与皮鼓、铜钹同在，音韵长存的天门唢呐见证着古老天门村落的兴衰更替，离合悲欢，过往今来。在布依人家进行丧葬祭祀仪式的肃穆气氛中，在女儿出嫁回门时父母的深切关爱与祝福中，在节日庆典的虔诚与欢乐中，天门唢呐叙叹着天门布依人家对美好生活的无限向往与乡愁。

带着对天门布依唢呐的崇敬与仰慕，我开始了对天门唢呐鼓钹吹打演奏师傅的采访。

当我提出要采访全村最好的布依唢呐演奏师傅时，刘忠稳说，天门会吹唢呐的师傅有很多，每一个组、每一个寨都有几对强强联手的搭档。他们每次出场，都会受聘坐堂，连吹三天三夜不重谱，三天三夜不睡觉。问起每对唢呐师傅谁是老大，他们都说只认自己的师傅和自己，其他不晓得。只要是敢坐堂、能受聘、勇于上场的唢呐师傅，全都是久经沙场的能手，相互对垒竞吹不认输，自吹自醉不会累，个个站起来都是老大。若硬要分出伯仲，则大部分人都会维护师门尊严，相互翻白眼，服气的少，不服气的多，

✿ **天门布依唢呐吹奏** / 朱培源摄

闹个不欢而散。且天门村唢呐师傅大都是家传，都是当地有根有底的唢呐世家，谁出来演奏都代表着一个家族或师门的面子和荣誉，每个师傅都认为自己吹得最好。"文无第一，诗无达诂"，实在是难评哪家最好、哪个最厉害。

刘忠稳沉吟半晌，一番比较思量后，为我请来了滚塘组的陆胜高，小寨组的王仕修、王世云兄弟，以及大寨组的靓哥罗乔发。其中陆胜高、王仕修为唢呐师傅，联袂主吹，王世云、罗乔发司鼓掌钹，按唢呐师傅所吹谱子击打节拍作配。大家背着唢呐鼓钹，介绍着，谦让着，走进了吴王山脚的天门文化展示中心。

天门文化展示中心地处全村中心地带，周围连片稻田相围，几家住户参差相伴。房前屋后老树新株杂处，树荫竹影同铺；道间巷里凉意爽气飘浮，果香稻香频送，使阵阵秋火热浪退却不少，为我的采访提供了一个良好舒适的环境。

领头的陆胜高师傅60多岁，略显白净的脸庞上架了副方形黑边老花眼镜，身着淡蓝衬衣、藏青裤子，斯斯文文的，一派儒雅气。高大强壮的王仕修师傅50多岁，方额浓眉国字脸，炯炯有神的两眼满透着灵敏与朴实，着深青裤子黑皮鞋，浅绿内衣扎进裤腰里，外面套了件露边白布衬衣，尽显随意与自在。矮胖的王世云团头圆脸，黑溜溜的眼珠转动着，透出灵活与聪明。靓哥罗乔发个头略高，年轻漂亮，腼腼腆腆的，看上去善良又忠厚。

陆胜高和王仕修拿出唢呐，我一眼就认出是王华朝制作的二排。一问，果然是。

"师傅们，拿出你们的本事。"我高兴地鼓励着，提出演奏要求，"按照老祖宗传下的规矩和内容，先选首丧葬祭祀场合常用的谱子，吹奏起来吧！"

王仕修将唢呐移到嘴边，咂了咂哨口，刚发出声："罗呆罗——"陆胜高的唢呐随即跟上，王世云、罗乔发的鼓钹也先后应声击节扣发，文化展示中心顿时金震木鸣，音亮声响，惊得房檐宅边歇凉的鸟雀们纷纷展翅飞逃。

这是一首苍凉悲壮的祭祀曲子，一首天门布依人家世代传承的古老乐章。两支大小相同的唢呐同吹共唱，高低音相互转换配合，丰富着唢呐音调的层次，将一首曲子中单程推进的音序对应升降，形成了由一个声部向两个声部递进的双重声部演绎，顺序递补，逐层推进，有变有和，化简单为繁复，在有限的音量时段中延伸出无限的音变律动涵量，增强了唢呐音乐的表现力。和其他地区不同，天门唢呐曲谱的鼓钹击节始终保持着一种轻重轮换、双重双击扣合三重三击的舒缓拍子。演奏中，须随曲调旋律的变换，以叩击速度的快慢和轻重来表达曲子的情感变化，并随着曲子乐句的不同，随时调整轻重节拍的重复次数和每次递进数量的增减，该快时快，该慢时慢，一点都马虎不得。

陆胜高和王仕修手握唢呐并排而坐，一个左手在上按孔，一个右手在上把位，刚好配成了个上下对称的联拱吹奏架势。二人均在唢呐上部用拇指抵住吹管背后一个音孔，食指、中指、无名指和小指一次分别按住吹管前面上方的4个音孔；用拇指连同虎口在下部掌控住整个唢呐，用食指、中指和无名指分按住吹管前面下方的3个音孔，小指微曲，随其他手指的开合起伏而动。吹奏中，两个师傅皆两眼微敛，目不斜视，专心致志地投入到自己所吹的曲谱之中，认认真真，一丝不苟，尽心尽力地营造着各自的艺术境界。随着曲子音程的节拍递进和情感变化，两人皆不时地拧动着眉头额间的"川"字形肌肉，拉连着额头、眉毛和上下眼皮凝聚收放，两个鼻翼不断翕动，同时吸气鼓腮，嘴巴连着喉结拢气吞喉，将全部气息转移推送到嘴中吹哨出音。

啊！这就是民间唢呐吹奏中最酷的循环换气绝技——"鼓腮换气"和"吞喉换气"了！二者可单独使用也可结合运用，是唢呐演奏中最难掌握的关键技巧。吹奏时须以鼻进口出的方式换气，气转声不停，句断音不断，直到一谱曲调全部吹完才能停歇。

❀ 王仕修（左一）和陆胜高（左二）配对唢呐演奏
/ 汪龙舞摄

❀ 罗乔发（左一）和王世云（左二）掌钹司鼓
/ 汪龙舞摄

　　两个师傅的手指熟练地在唢呐音孔上灵巧跳跃，曲子旋律在沉缓复沓的节拍声中前移渐进。我洗耳恭听，感受着其不断传递出的沉重与肃穆，体会着天门布依族丧葬祭礼的庄严与神圣，沉浸在整个布依民族生存发展的历史中，经受着一场肉体与心灵的洗礼。伴随着滚滚推进的唢呐鼓钹乐音，我自省自度，自感自慨，心随音飞，越想越远⋯⋯

　　"得罗呆——"随着一声突然拔高的尾音，所有的乐音骤然停止。

　　我猛地从遐想中惊醒，脑海中依然是循环不息的轰轰余音，好久才回过神来。我忙给每个师傅递上一瓶矿泉水，感谢他们的倾心演奏。趁着兴头，我又请他们接连演奏了一曲迎接姑娘出嫁后回门的喜谱和一曲逢年过节才吹的欢乐调。

　　热烈激荡的吹打乐声又欢快地重新震响，两个师傅双手把持着唢呐，收腹挺胸，喉结滑动，腮帮起伏，不动声色却满脸生动。往返复旋的节拍拉扯着我随之摇摆，为之癫狂，我一次又一次在悦耳的唢呐声响中沐浴着天门的河野山风，迎着天门的日影月光徘徊、飘忽、陶醉⋯⋯

　　好半天，狂热的乐音才在"得罗呆——"的唢呐停息音讯中结束。

　　"吹得好，嘟嘟位①嘞！"我翘起了大拇指，对着陆胜高和王仕修一阵摇晃，"难得难得，休息一会，歇歇气，再请你们把吹唢呐的道理和规矩说一说。"

　　"不用歇气嘞，汪老师要了解啥，只管问就是。"壮实的王仕修放下唢呐，满脸诚恳。

　　我不再客气，和他们聊起了天门布依唢呐吹奏的相关话题。四个师傅轮流应答，相互提醒，你说我补，使我疑窦顿解，眼界大开。

　　陆胜高告诉我，他和王仕修的唢呐吹奏都是家传，自幼学起，耳濡目染，不知不觉中就会换气吹奏了。陆王两家是世交，老一代就经常在一起配对，所吹的唢呐、谱子、技巧都一样。他们经常被聘请到各地的婚丧喜庆场合去吹唢呐，有时连汉家、苗家都会来请，他们和外地彝族唢呐师傅、各地布依族唢呐师傅也多有交流交往。彝族所吹是两支大小不一的"大扣细"木质唢呐，所吹谱子和布依族不一样，但吹法技巧大体相同，都特别讲究"换气不断音"的绝门功夫。和外地布依

---

　　① 嘟嘟位：当地方言，"嘟嘟"即"独独"的土语发音，"嘟嘟位"即"独一位"之意。

唢呐相比，各地布依族的吹法和谱子虽然各有变化，但用的都是布依族特有的"对子"唢呐，谱子大同小异，相互都听得懂，大多数都跟得起谱，能扣合。

谈到天门布依唢呐曲谱的内容和种类，王仕修说，谱子有大有小，有长有短，总结起来大体可分为三类：第一类也是最多的一类，是在丧葬祭祀场合吹的谱子。其中有主家坐堂守夜的各类跟班谱子，各阶段上供祭祀的谱子，迎送客人进寨出寨的谱子；有客家下祭过路进寨的谱子，交礼哭拜进贡献牲的谱子，以及送老人棺木上山安埋的谱子等。这类谱子还可分为两种，一种是祭祀天地、祖宗等各类神灵时用的"正调"，另一种是奠祭去世老人的法事和上山安葬过程中所用的"悲调"。

第二类是婚嫁喜庆节日用的"喜调"。按天门布依族的风俗，一般姑娘"出客"到婆家后，当天就要"回门"，即随送亲人员回娘家，娘家要请唢呐师傅吹奏迎亲唢呐，到半路上将刚做新娘的姑娘热热闹闹地迎回娘家。

第三类是在一般场合或平时玩耍时所吹的"平常调"。这一类多为花花谱子，内容较杂，形式多样，新旧并存，取舍自由，传承、改编、现炒现卖的都有，往往被竞吹者在斗智斗勇的过程中当救急"妙招"用。

陆胜高还告诉我，祭祀场合用的正调、丧葬场合用的悲调、喜庆场合用的喜调都是祖宗传下的正规老谱，规范完整，一般用一个声部齐奏，称正谱或老谱；若重复可用高低两个声部合奏，称倒谱或扣谱。一般场合用的平常调包含传统的老调、山歌调、时兴歌曲调、即兴改编的各种变奏小调等，除了部分传统的老调谱子外，其他皆有较强的即兴性，通称新谱，齐奏合奏均可，甚至有独奏表演等多种新兴形式存在。和各地其他布依唢呐一样，天门布依唢呐曲谱大小长短都有，种类繁多，不同的曲谱由众多不同的曲子组合而成，旋律多以主题乐段或主导音型贯穿，通过重复、转调、移位等手法变换发展。曲谱节奏感强，流畅多变，或欢快热烈，或凄婉悠扬，常根据不同场合的不同需要连段成套地变换演奏。按当地布依人家的传统风俗，天门布依唢呐只能在丧葬祭祀、婚嫁接女回门时的特定场合才能吹响，其他场合一般不吹奏。

时间慢慢过去，太阳已经偏西，我仍然兴致不减。

"唢呐谱子那么多，你们是如何学到手的？"

"背嘛！"憨厚的王仕修咧嘴一笑，"从小就背，先是跟到哼，别人吹唢呐时我用嘴巴跟到哼，七哼八哼哼熟了，哼得多记得多，记得多也吹得多，慢慢就积累多了。积累多了就有本钱喽，别人一起哨音，我就晓得他的谱子，吹起唢呐我就扣上啦！"

"谱子有谱名吗？" "没有。" "没有谱名你们咋区分谱子？" "听起哨音呀！每首谱子开头音都排得有号，首首谱子都不同，一起哨谱子就出来了，一点都不乱嘞！"

我大为惊奇，王仕修却笑着说很简单，便将这个吹唢呐记谱的秘密一下子揭开了。

他解释说，唢呐谱子"排号"是按唢呐吹管前面的七个音孔排列的。从下面一孔发音开始，依次而上，一孔一音开头，再配上其他音孔的发音，便可形成若干不同音序排列组合的"排号"谱子了。一个音孔一个部类，可以统率好几十首头音相同，二、三音各异的一套谱子。"所以呀，唢呐谱子都是一套接一套的。我们吹唢呐，只要打头的吹出几个音，跟班就晓得是哪一套中的哪一首谱子，立马就扣上啦。"

我恍然大悟："怪不得你才开吹陆师傅就能很快接上，原来是有这么个起哨'铆窍'啊！" "对头嘞，要不就无法扣合。" 王仕修爽朗地笑了起来，"没得这个'铆窍'，谱子就兜不转东西南北，搅个一锅糊涂，咋整都扯不抻抖。"

陆胜高接上话茬："所以嘛，我们从小跟师学唢呐背谱都按这个'铆窍'来，按眼记谱，一学就是一套一套地接到整，时间一长就习惯成自然。能把这七眼老谱子背熟，吹起唢呐就不会虚火（怯场），唢呐师傅也就当成了。"

问起天门唢呐谱子的数量，四位师傅都说谁也没统计过，也不好统计，反正多得很，随便有几百首。特别是丧葬祭祀场合，在坐堂守夜中碰上能吹的对手，双方会展开你来我往的竞吹，往往会有"三天三夜不翻头""插起筛子眼眼记吹数"的传说。

"不是有'按眼记谱'吗？把七个孔眼所记的七套谱子数量加起，总数量不就出来了？咋说不好统计呢？"我满头雾水，疑疑惑惑，自以为是。

四个师傅都笑了起来，告诉我，按眼记谱的仅仅是最为传统的老谱子，且每个孔眼所记的一套谱子中的曲谱也是大小有别，长短不一，有多有少。

就其大小看，大曲谱可以一谱套几谱，几谱算一谱，小曲谱则一谱拆几谱，各谱算各谱。从长短看，长的谱子三五段不等，短的谱子一二段不等。从多少上说，少的音孔只管十多二十来首曲调，多的音孔可管四五十首谱子。光这一部分，各个师傅就有各自的归类法和数量算法，所以说不好统计。还有相当一部分各个师傅自己教的"翻谱"，即竞吹者利用转头调尾、重叠复沓、变调改音等方法创作出来的变奏曲谱，以及从其他歌曲调子转移变换过来的各种新谱等，这就更不好统计了——往往只能现吹现记"插筛子眼"，要多少有多少，只能用"多得很"或"好几百首"来概括。

"当然，这仅是泛泛而言。"陆胜高一脸认真地说，"也不是说完全没办法统计，除开那些花花谱子，就真正的传世老谱来说，虽然各个师傅的算法不同，总数一般就百把谱左右，最多超不过两百谱，再多那就是吹牛了。"

"其实啊，能掌握百把首老谱子，这个唢呐匠就不错了。"王仕修推心置腹，顺着陆胜高的话补充，"能吹上近两百首老谱子，再加点新谱，当起师傅就独霸一方，雄起喽！如果记性好，会跟师翻谱，那就不得了啰——敢昂起脑壳走天下哩！"

啊！原来如此，难怪能"三天三夜不翻头"。能吹能跟能翻谱，天王老子也不怕，莫说三天三夜，就是十天十夜亦奈我何？

采访结束，我和布依唢呐师傅们一一告别。看着师傅们逐渐隐没在寨边路头的身影，看着阳光下灿烂明朗的天门，阵阵暖流在我心中涌动。天门就是天门，这个传承了数百年的古老布依文化村落，这个令人魂牵梦绕的地方，到底蕴藏了多少香浆醇醪哪！

唢呐哟，唢呐！唢呐出高手，高手在民间，民间数天门，天门在天上。

告别天门，我思绪漫漫，无比感慨，想起了拙作《青叶集》中的一首小诗：

> 三寻三访别天门，
> 唢呐声声不断音。
> 雾隐盘江山渺渺，
> 乡愁句句诉行云。

第 七 章

生死之间：欢乐与沉郁的交响

俗话说"男大当婚，女大当嫁"，婚姻从古至今都是人类繁衍生存的必然选择。

作为一个一度处于半封闭状态，生产方式、生活方式基本上依靠自给自足的传统布依族村落，天门村布依族的婚俗自然别具一格，对之进行考察，成为了解这一方布依族婚俗文化的一把钥匙。

一　趣味十足的结婚礼俗

在古希腊神话传说里，人类本是男女同体，却因粗野无礼而触怒宙斯。宙斯为惩罚人类，便将他们活生生地一分为二，从此便有了男女之别。而人类为了完善自身，不断努力直至寻找到自己失去的另一半。男人寻找女人，正如女人渴望男人，贯穿其中的是那原始的、发乎自然的爱。

那么，天门布依族人是怎么寻找自己的另一半，繁衍族群，生生不息的呢？在天门进行田野考察时，我们认为若以20世纪50年代至90年代水城花戛乡天门村布依族的婚姻为例，当地布依族的婚姻礼俗就具有很强的代表性。因为，它既有汉文化婚姻礼俗的遗风，又有现当代婚姻礼俗的框架。

当代天门村布依族的婚俗，基本上形成了一套汉文化"六礼"的影子。所谓"六礼"，即结婚过程中的六道程序，即纳采（请媒人提亲）、问名（请先生合八字）、纳吉（订亲）、纳征（订婚）、请期（看结婚期程）和亲迎（接亲）。完成了这六道程序，男女双方就都各自有了自己的另一半，并由此开启新的生活。

"六礼"的每一道程序都有较为复杂的礼规。具体如下。

1. 带媳妇、打招呼、"道歉"

天门布依族两家开亲的方式有三种：一是"割衣裳襟"，二是"订娃娃亲"，三是自由婚姻。所谓"割衣裳襟"，就是指要好的门当户对的两家人，当双方的娃娃都还在母腹中时长辈便议定，若生下来的两个娃娃性别不同，那两家就结为儿女亲家。所谓"订娃娃亲"，就是指男女双方都还在幼年时期，一般是男方家的父母会对女方家的父母半认真半开玩笑地说："你家姑娘拿来服侍我，做我家的儿媳妇，同意不？"女方家的父母如认同，就会对男方家的父母说："只要你家不嫌弃，可以啊！"于是，两家就这样订下娃娃亲。所谓"自由婚姻"，就是指男女双方经自由恋爱山盟海誓、互许终身后，再请媒人从中牵线搭桥，促成婚事。不论是以上哪一种开亲方式，都离不开纳采、问名、纳吉、纳征、请期和亲迎这些程序。

天门布依族最普遍、最常见、最主要的开亲方式是自由婚姻。

我们在天门村采访在当地布依族婚礼中担任过大歌郎、二歌郎的陆胜利、陆胜高、陆凤珍、陆跃平和担任过女歌郎的陆仕燕等布依族同胞时，对天门布依族自由婚姻的具体内容和仪式，有了全面、深入、仔细的了解。天门布依族的自由婚姻，一般会经过恭贺带媳妇、请媒人打招呼、请媒人"道歉"、正式提亲、订亲讨八字、看结婚期程、结婚和回门等程序，并且会进行相关仪式。

天门布依族同胞特别崇尚自由恋爱。未婚男女青年常常借助年庆节俗、赶集聚会、走亲串戚等时机，三五成群，谈天说地，唱歌对调，倾诉彼此之间的爱慕之情。当一个男子看上某一个姑娘时，即可单独邀约其到幽静之处，进一步对唱山歌，表达情意，直到双方相互喜欢，同意成为一家时，才表明两人已盟誓互许终身。其后，男方就会主动把女方带回家里，并要放一通火炮，意为告知寨子里的人们，男方家已经带媳妇到家了。当天，男方家就要请寨子里的大人小孩前来家中恭喜，并意味着女方就是男方的未婚妻了，别的男子就不能再找女方谈情说爱了，当然，男方也不能再找别的女子谈情说爱。此时，男方家要宰杀2只鸡（1只公鸡、1只母鸡）进行招待，这称为恭贺带媳妇。

恭贺带媳妇后，就该请媒人打招呼了。

所谓请媒人打招呼，就是指男方家请媒人到女方家，打探、征求女方父母的意见，看女方父母同不同意这门婚事。请媒人打招呼，一般是在男方把女方带回家的第二天，男方要请威望高且能说会道的2名男性作为媒人，带上12斤酒、4只鸡（2只公鸡、2只母鸡）和2条烟等礼物到女方所居住的寨子，事先选择一户人家（与女方父母关系好的人家，比如女方的叔子伯爷或亲戚朋友）作为女方的媒人。男方请的媒人带着礼物到达女方媒人家后，就把礼物全部放在女方媒人家，由女方媒人先到女方父母家打探消息，征求女方父母的意见。

请媒人打招呼，有女方父母同意或不同意两种情况。女方媒人到女方父母家后，会征求女方父母的意见："你们女儿嫁到那家，你们喜不喜欢、同不同意？"若女方父母不喜欢、不同意，女方媒人就会将男方媒人带去的礼物全部退还，女方媒人也不会做饭给男方媒人吃。当然，即使女方父母不同意、不喜欢，男方和女方可能也不会分开，待男方和女方成为一家人，生儿育女后，两家再慢慢地沟通，那时女方父母也会认可。但也有的通过沟通表示永不相认，那么女方父母就不会去姑娘家，当然，姑娘也不会回娘家。

若女方父母喜欢、同意，男方媒人带去的礼物就要分一半给女方媒人。女方媒人就要请寨子里的老幼到家里面来，将男方媒人带去的鸡杀两只，做一顿饭吃。男方媒人会向女方寨子里的老人说："你们的姑娘××和我们小伙××配婚了，给你们说一声，不要有哪样想法。"在女方媒人家吃饭时，女方父母有的参加，有的不参加。吃完饭后，当天晚上，女方媒人就与男方媒人带上剩下的一半礼物到女方父母家，在女方父母家把另外两只鸡杀了，做一顿晚饭吃，饭后，男方媒人就对女方父母说："你家姑娘××和小伙××配婚了，给你们当父母的说一声，不要有哪样想法。"女方父母就会说："娃娃们有这个缘分，姑娘和××配婚，我们是高兴的、同意的。但我们有个要求，三天后，请媒人按照礼规把姑娘送回家。"男方媒人就会说："好的，好的，就按照礼规办。"

接下来，是请媒人"道歉"的环节。

男方家在送女方回家之前，男方寨子里的每家每户都要给女方打发钱（送钱）。男方家送女方回家时，一共有6个人，除2名男方媒人、男方和女方外，还要找未婚的一男一女。这次给女方父母家所带的礼物是：糍粑24个（每个15斤左右），酒18斤、鸡4只、烟2条。礼物带到女方父母家后，由女方父母分4个糍粑和一半其他礼物给女方媒人家，再由女方媒人将4个糍粑分给寨子上的老幼，每人都有1份（1块）。这次也与上次一样，先在女方媒人家做一顿饭吃，再到女方父母家做一顿饭吃。

在女方父母家吃饭时，座位是按一主一客交叉坐；斟酒时，客人带来的酒倒给主人，主人家的酒倒给客人。主人家倒酒给客人（男方媒人）时，就会请客人发个话："今天你来的目的是什么？"客人回答说："两个娃娃已经成人配婚，大家都高兴。"女方父母就说："现在不去也去了，都是你们的人了，我们父母是认的。但以后如果在婚姻中男方和女方分手了，你们怎么办？"男方媒人就会说："既然主人家请我们来，以后若出现这些事情，由我们来承担。若以后男方不愿意和女方在一起了，房子分一半给女方，若女方不愿意和男方在一起了，女方就要出一头牛。"女方父母就说："这回送回来了，也不要带回去了，要按照婚礼的规矩来办。"男方媒人就回答说："只要外家有这个心，我们也赞成。"吃完饭后，女方父母家就安排他们各自休息。第二天，在男方媒人、男方和准新郎新娘回家之前，女方寨子里的每家每户都要给男方打发钱。

2. 提亲、送彩礼、讨八字、合八字、看期程

请媒人"道歉"之后，男方家就要正式到女方家提亲了。

这时，男方媒人要带上礼物去女方家，所带的礼物与请媒人打招呼时带的一样。不同的是，男方媒人要直接把礼物带到女方父母家，由女方父母分一半给女方媒人。吃饭同样是先在女方媒人家吃，再到女方父母家吃。吃饭斟酒时，客人带来

的酒倒给主人，主人家的酒倒给客人。媒人倒酒给女方父母时说："×年×月×日，我们还要来你们家歇一晚上。"意思是说这次正式提亲后，男方就要来订亲、讨八字了。女方父母就回答说："来就来嘛，还是那句话，按老规矩来。"

到了约定的日期，男方家就去女方家订亲、讨八字。男方家到女方家订亲讨八字一共去8人，其中媒人2名，其他人员6名。订亲、讨八字的礼物是：一头至少120斤重的猪、6只鸡（带到女方父母家后，由女方父母分2只给女方媒人）、烟2条，彩礼24元、48元、64元不等（20世纪50年代至90年代的彩礼金额）。先在女方媒人家杀鸡，做一顿饭吃了后，再到女方父母家杀猪、杀鸡，做一顿饭吃。

待女方家把酒菜准备好后，便会邀请客人入席。在女方父母家吃饭时，座席也是非常讲究的，一般都会在堂屋神龛前摆2张桌子，分上下席，每桌8人，寓意满堂喜。前往女方家的8个人，其中4人坐上席，4人坐下席。女方还会专门找人陪坐，陪上席者一般为女方家德高望重的长辈。男方媒人坐上席，也是一主一客交叉坐。

桌上主人家先拿自己的酒出来倒。布依族酒席上一般都用大碗喝酒，碗里的酒是必须倒满的，而且专门有人负责添酒，基本上喝一口就要添一口，随时保持斟满的状态，寓意和和满满。待喝了几口酒后，主人家便开口说话："请问客人带来的酒在哪里？快拿客人的酒出来倒给大家尝一尝。"这时，客人就拿带去的酒出来斟，并互相介绍自己。

待酒过三巡后，媒人就会当着大家的面，把彩礼钱（又称奶母钱）交给陪坐的主人家，说："这也没有多少，两位老人带大女儿不容易，辛苦了，拿给女儿买家具作嫁妆。"陪男方媒人坐的主人家一边当场把女方父母喊过来，一边很客气地说："这么多，收还是不收？"女方父母说："以后，我们一样都不得给姑娘的，还是拿回去吧，也是她（姑娘）的。"这时，在场的寨子里的老人就会打圆场说："既然人家带都带来了，还是多多少少要收下，反正以后都要退回去的。"男方媒人就将彩礼钱递给女方的父母。

接着，男方媒人让陪同去的人员拿来一个一块二角钱的红包、一支毛笔、一瓶墨汁、一张红纸和一小壶酒（两斤），交给陪男方媒人坐的人。陪男方媒人坐的人当场安排人将女方的"八字"（即出生的年、月、日、时）写在一张红纸上，然后将写有女方"八字"的红纸折叠好。主人家便安排一个人倒满十二杯酒，把女方的

"八字"和倒满的十二杯酒盛在一个箩筛里，将女方的"八字"放在一杯酒的杯底下，把放着十二杯酒和女方"八字"的箩筛端到媒人旁边，请媒人通过喝酒来讨要女方的"八字"。媒人只能凭直觉去端酒杯，当媒人端起一杯酒后，若杯底下没有姑娘的"八字"，媒人就要将酒一饮而尽，然后再继续端酒，直至看到杯子底下的"八字"为止。这被称为喝"讨八字"酒。有的媒人运气好，端第一杯喝时就讨到了"八字"，有的要喝上几杯酒才能讨到"八字"，甚至有的要把十二杯酒喝完才能讨到"八字"。不过，随着社会的发展和进步，现在讨"八字"，喝一碗酒就可以了。主人家写好女方的"八字"后，将"八字"折叠放在一人的手心里，然后，倒上两碗酒，由手心里拿着"八字"的那个人双手端着。其中酒倒得比较多的一碗，碗底下是放着"八字"的，酒倒得比较少的那一碗，碗底下自然就没有"八字"了。端着两碗酒的人走到媒人及陪媒人坐的主人家旁边，让媒人选择一碗酒喝，媒人心知肚明，就自然而然地端起酒多的那一碗喝了，便顺其自然地讨到"八字"啦。

媒人讨到女方"八字"，并且大家吃饱喝好后准备起身时，一桌子人都要将自己碗里的米饭添满，并夹起两片肉放在碗里，酒碗里也要斟满酒，这才同声说"满桌盛席"，才能起身离去。当晚客人在女方家住，第二天客人起身回家时，主人还会设拦路酒，客人客气地喝上两口后，主人便会放行。

男方媒人将女方"八字"带回男方家后，男方家就要请先生根据男女双方的"八字"、年龄和属相，再按照天干地支和五行相生相克的关系进行匹配，推算选定婚礼的良辰吉日。若男女双方年龄一样，属相自然相同，八字自然相合，否则要根据男女双方的属相纳音，按照五行相生来合八字。五行相生的顺序是金、木、水、火、土，具体是：金生水（水盘承露），水生木（水润木发），木生火，火生土（燃物成灰），土生金（沙里淘金）。如戊子己丑霹雳火，庚寅辛卯双柏木。子为鼠丑为牛，寅为猫，卯为兔，属鼠属牛的是火八字，鼠猫属兔的是木八字，木生火越烧越旺，此四种属相的人，八字相合，称之为"合八字"。合好"八字"后，先生便会推算选择最佳的结婚日期。

在以前，结婚日期确定后，男方家就会通过赶场或走亲串戚的机会，将其告知女方家，或请人带个口信告知女方家。现在是男方家请媒人带着礼物到女方家，将吉日告知女方父母，所带礼物与请媒人招呼时的一样，女方父母也会将礼物分一半给女方的媒人。同时男方媒人也是先在女方媒人家吃一顿饭后，再到女方父母吃一顿饭。婚期确定后，接下来就是结婚。

3. 娶亲、唱酒令

天门布依族人家结婚时，新郎不参加娶亲。

新娘家办酒当天，男方除要请五名歌郎到新娘家与新娘家请的五名歌郎对酒令歌外，还要请三五十人组成接亲队伍，在天快黑时到新娘家去接亲，第二天一早在发亲后搬运嫁妆。男方家请的五名歌郎，包括四名男歌郎（分别称为大歌郎、二歌郎、三歌郎、四歌郎）和一名女歌郎；女方家请的五名歌郎，包括两名男歌郎（分别称为大歌郎、二歌郎）和三名女歌郎。男方家请的大歌郎与女方家请的大歌郎对酒令歌，男方家请的女歌郎与女方家请的二歌郎对酒令歌，男方家请的二歌郎、三歌郎、四歌郎分别选择与新娘家请的三名女歌郎对酒令歌。对酒令歌一直从白天对到晚上，又从晚上对到第二天天亮发亲时为止。

到了结婚的日子，在新娘办酒的当天，男方家请的五名歌郎还未到新娘家寨子，新娘家的管事就要事先安排人在新娘家院坝的路口上摆上一张桌子，上面放好两碗米酒。当男方家请的五名歌郎到达新娘家院坝路口时，新娘家的管事就把桌子上的两碗酒分别端给男方家的大歌郎、二歌郎。

大歌郎端起酒后，领着四名歌郎就开口唱道：

> 老时斗——到然斗到。斗盘汤斗到。特斗到浪山。之斗唐浪路汗乃。斗那之零妈立了零妈。斗那吞定几杯我斗妈。斗那吞定几沙斗到。吞定几杯我斗荣。吞定几杯光斗到。它丹床及一。没会床拜玉没会拜纳。它丹床及二。床凹床杯我杯丹。它丹床及三。床乃床然她特太汗乃。收那的床老妈白。妈床得到放，老收放吴黑吴色。收那白古双妈哈斗根。斗那敢根，收那白古中妈哈斗喝。斗那没敢喝。成斗饿太乃拜更……

这首酒令歌的大概意思是："我们已经来到你们家大门口，你们拿桌子来摆好，倒酒给我们喝。我们不敢喝，我们要留着，带进堂屋和老人们喝。"

大歌郎一边唱，一边走到大门处。大门左边摆有一张桌子，桌子上平铺着一床"坝单"（床单）。大歌郎拿出一个红包放在"坝单"上，一边把"坝单"的四个角折叠起来遮盖住红包，一边唱道：

老时斗——那之林妈立了林妈。罗时哈业又拜卜了国秀才文才正。正没卦秀才。国没卦卜哈。卜哈完了凹羊毛到弓。完了凹奔荣到汉。尖古共金黑。几盘共金黑。尖古共金白。几盘共金白。卜哈带妈容唐姐相在。卜哈带妈卖唐姐平尧。坡吊旦败的，妈吊钱那召拜志。志乃共金莫主了妈然。凹妈底更床乃哈斗莫。凹底更床特当乃哈斗拜。成斗正金乃多拜更……

这首酒令歌的大概意思是："这床床单是用什么布来做的？是用线来织成布做的。别人拿到场上来卖，老人从场上买回来放在这里给我们。我们要把它折好。"

大歌郎折好床单，看见大门和锁后，便采取自问自答的方式唱道：

老时斗——罗时双斗提吞同提吞。双斗提吞定更边。双斗选吞同选吞。选吞唐巴斗老。花斗又拜花威花，花斗又拜花威燕，千斗威子立。花斗又拜花威花，花斗又拜花威燕，千斗恒荣才。收那关斗乃没哈斗卦。斗没太卜哈，卡没太卜由……

这首酒令歌的大概意思是："看到门，门是什么门？是用什么木做的？门是木门，是用青冈树木做的。看到锁，锁是什么锁？是用什么做的？锁是铁锁，是用铁打的。"

男方家大歌郎端着酒，带领着四名歌郎，不停地唱酒令歌，从新娘家院坝唱到堂屋中，一共唱了十多首。男方家大歌郎带领四名歌郎走进堂屋后，事先等在堂屋中的女方家大歌郎就安排男方家大歌郎、二歌郎坐在堂屋中桌子的上席，安排三歌郎、四歌郎坐在桌子的侧面，安排女歌郎坐在堂屋右侧的厢房里。大家都坐好后，男方家大歌郎便唱道：

　　　　老时斗——斗那之林妈立了林妈。之妈唐坡人老。之妈唐然也卜老。斗那
　　带盒老了妈。寒麻收米冷寒完。寒业业……

　　这首酒令歌的大概意思是："我们来到你们家后，请你们高兴，不要不
高兴。"

　　接着，男方大歌郎一边拿出一个红包交给女方家大歌郎，一边唱道：

　　　　老时斗到——极糯周坡云盘红。盘又周坡云盘红。千了糯米钱二。千了糯
　　米四钱。旧斗作骨红。旧乃作骨旁。作四条买须妈汗。上妈更古正。易妈更古
　　查。天查他凹然吊奈多乃。易妈底古查。天查坡的然查牙多乃。成同红奈认奈
　　认。认没乃千烟了立了勺召。认没奈千烟了立了勺布。月拜荣平腊几烟天。荣
　　平更几找烟罡。上林成同达千烟了润报伴。

　　这首酒令歌的大概意思是："我们家条件不好，你们养育姑娘不容易，没得什
么感谢外家的，这个作为奶母钱，只有这么一点心意。"

　　女方家大歌郎回唱道：

　　　　老时收到然——斗那朵怕谢罗共卜卡。谢银的收有拜树红的。谢银的有拜
　　树红腊。谢线查说哈妈兰脖布。斗那荣妈谢给谢给将银收莫卜卡。斗那成收带
　　银收拜朵之蒙。带银收拜乃银旧包收朵。成收带银拜朵之蒙。带银收拜朵之
　　卡。带银收拜乃银旧介收朵。成收朵放乃古军。古军没哈收杀银乃。月堂更乱
　　轮斗莫。太行客拜了背卦。哈拜了背刀。没带斗几凹银放召收多日乱轮斗拜闹
　　太冷作乃根。

　　这首酒令歌的大概意思是对男方家给的奶母钱表示感谢。

　　女方家大歌郎接着唱道：

老时收到然——收纳之零妈立了零妈。之妈唐偷过。偷过有拜燕古双独虫。偷过有拜燕古三独虫。独虫太牙幽。独娘太牙咬。娘咬来没哈收卦。娘咬样没哈收妈。没带收荣平……老时收到然——收纳之零妈立了零妈。之妈唐偷过。偷过盘几坡没会，坡过盘几洞没会。为乃荣拜罗三斗太姐。没为别立腊。没带收荣平会树。收荣路立……

这首酒令歌的大概意思是："你们从哪里来？经过些什么地方才到我们家？"
男方家大歌郎回答唱道：

老时收到然——收纳之零妈立了零妈。之妈唐说大汗乃。丹老才打。丹太有腊多。丹球莫押场。丹的不腊多。为乃搭球妈相路。为乃搭球拜相路。没会文腊搭球莫啊放乃。没带块说四号友……

这首酒令歌的大概意思是："我们是从家里来，翻山渡水才到你们家。"
随后，男女双方家大歌郎就接着你一首我一首，你问我答，直唱到吃中午饭才停止。

4. 唱酒令、发亲、回门

吃完中午饭后，男女双方除大歌郎外的其他八名歌郎便去女方媒人家休息。待女方家在堂屋中重新摆好桌子后，女方家就把男方家带来的酒倒出三碗，点上三炷香，拿一把叶子烟（二十四），把酒、香和烟摆放在女方家神龛前的桌子上。
男方家大歌郎就唱道：

老时——老时哈物答依长朵特。腊没答依长朵特。哈物答依折朵字。腊没答依折朵字。蛇有腊高常。哈物不说字说王。腊没不说字说王。哈腊不说字拜王。腊没不说拜上。哈腊不说王拜了，腊没不说王拜了。成勾答依长朵特。成勾答依长折朵字。成勾不说字说王。成勾不说字拜上。成勾不说王拜了。别蒙没令路拜,成勾押无老乃古山蒙拜说字。别没会山多,勾押无老乃古山蒙多说字,成勾正蒙太吉乃拜更。拜球云没灯成勾正蒙大吉乃拜上,拜完年没多说字……

这首酒令歌的大概意思是:"我们带酒来供你们家老人,孝敬你们家老人。"接着,女方家大歌郎就要回唱……就这样,男女双方家的大歌郎相互对唱,直对唱到吃晚饭时才结束。

男女双方家大歌郎在堂屋里对唱酒令歌的同时,主人家要派人到女方媒人家请回八名歌郎唱酒令歌。男方家二歌郎、三歌郎各端一个装有一瓶酒和一块肉的筛子,一边唱一边从堂屋走到厢房里和女方家两名女歌郎对唱酒令歌,同样也是唱到吃晚饭时才结束。

待吃完晚饭后,男女双方家的大歌郎有其他事务,一般不再对唱酒令歌。男方家大歌郎除要管理接待男方家请来的接亲队伍外,还要接收好女方家交接的嫁妆,一切安排妥当后,才能休息。整个晚上,除了男方家请的女歌郎和女方家二歌郎在厢房里对唱酒令歌外,其他的歌郎都在堂屋中对唱,且分三组按各自规定的位置对唱酒令歌。相对于男女双方的大歌郎来说,其他歌郎对唱酒令歌时比较自由,约束不大,可以唱情、唱爱、唱生产劳作甚至是带些玩笑的小调。也许是唱词唱段相对自由,围坐的人不时发出哄堂大笑。他们都是能说会唱的年轻人,很会临场发挥,一般都是说或唱一些吉利的话或歌,逗大家开心。

大家对唱酒令歌直到天快亮时,男方家大歌郎就到堂屋里唱道:

老时界汉笑一笑,界汉笑一笑约,多笑介一约,人罗也卜的然。人边情古好,人边少古岩。古好米古来,古岩米古干。仲点零古仁斗乃,仲点零古伴斗拜。仁乃没德仁拜纳,仁乃没德仁拜玉。仁伴冷拜关,仁伴孙拜然押多乃。

这首酒令歌的大概意思是:"鸡叫了,快天亮了,请主人家快起来生火做饭。鸡叫了,快天亮了,叫新娘快起床梳头打扮,做好发亲的准备。"

其他歌郎继续对唱酒令歌，一直唱到天亮才罢休。通常双方要唱到天亮，唱到发亲，中途不得离席，唱得多的，双方共要唱100多首歌。可见，没有实力的歌郎，大多是应承不了的。

吃完早饭后，男方家大歌郎就安排接亲队伍，将主人家头天晚上点交给大歌郎的被子、床单、枕头、箱子、柜子等嫁妆，整整齐齐地摆放在堂屋里。待到发亲的时候，男方家大歌郎就把嫁妆一一分发给三五十人的接亲队伍带回男方家。发亲的时候，女方家会请新娘的姐夫或妹夫来背新娘。其中一个男人用一根大乌木烟杆抬着新娘的臀部，把新娘从闺房背到堂屋，另外一个男人再从堂屋将新娘背到寨子的岔路口，才把新娘放下来。原来新娘是走路、骑马、坐花轿等到男方家，现在基本都是乘车到男方家了。

接亲队伍到男方家后，新娘到男方家堂屋跪拜列祖列宗，与接亲队伍一起吃一顿饭。男方家请三歌郎铺床，待床铺好，新郎新娘就进入新房，未婚男女青年们紧跟在新郎新娘身后进入新房，开始闹洞房。

第二天，男方家请三人（二男一女）带着礼物送女方（新娘）去外家（娘家），称之为回门。所带的礼物为：一只猪前腿和一块有两匹肋巴骨的猪肉，猪腿肉给女方父母，有两匹肋巴骨的那块猪肉送给女方媒人家；两包粑粑（二十四个），每个粑粑重五斤左右，二十个给女方父母，四个给女方媒人；两桶酒（二十四斤），女方父母和媒人各一桶（十二斤）；火炮六饼，烟花若干。

女方家事先请唢呐师傅在寨子路口等着，当回门的四人到女方父母家的寨子路口时，由唢呐师傅吹乐打鼓

❋ 天门布依族迎亲场地 / 符号 摄

❋ 天门布依族婚宴 / 符号摄

将女方迎接回娘家。带去的猪腿肉，当天就在女方父母家做来吃，吃完饭后，男方家请来的三人就回家了。女方（新娘）在娘家过夜，一般过个三五天后，男方才会将女方接回家。

天门村的布依族婚俗，在遵循本民族文化传统里，沿袭了汉文化的某些元素。从这种双重选择可以观察到时代的发展、变化，这也是文化交融的例证。随着社会的不断进步，天门布依族婚俗肯定也会不断发展变化。如何在婚俗中传承本民族的文化？如何与时俱进？这可能也是天门布依族不得不面对的问题。唯愿传统的色彩丰富一点，创新的元素掺杂得少一点，如是，才能保护民族文化的独特性，才能于同中见异，于异中见同。

天门传统婚宴菜品，以"九盘一汤"为佳，其中，"九"寓意"九五至尊"，象征"客人尊贵"。随着乡村物质条件的改善，菜品也随之丰富起来。宴席的菜品中，肉类主要有牛肉、红烧猪肉、扣肉、酥肉、鸡肉、鱼、鸭、虾等，其他还有猪排炖萝卜、油炸豆腐果、白金豆米、白菜豆腐、粉丝、花生、鸡蛋、红薯等。酒水是自己家酿制的甘甜醇美的米酒。

二　别具一格的殡葬习俗

如果说谈婚论嫁是人生诗篇中最富于激情、最充满诗意、最为辉煌的一页，那么殡葬则是人生的最后一页。

❀ 采访天门村鸭场组布依族布摩陆凤珍 / 吴学良摄

俗话说"生老病死"，除了天上的神仙，上至帝王下至百姓，"一样生百样死"，谁都回避不了这个结局。正因如此，在天门布依族同胞中，大凡父母到了五六十岁，儿子都要为其分别买一棵正在生长的大杉树，寓意保父母寿延。父母年事高了，就把树砍来，请木匠和漆匠制作成寿木，以备安葬老人。这是面对死亡的必然之选，也是天门布依族同胞对"生，事之以礼；死，葬之以礼"的传统遵循。

天门布依族同胞对待死亡的态度，表现在对"死亡"的认识和丧葬仪式的象征意义上。死亡在布依族同胞里有一种说法叫"拜纳"，意思是"往前走"，这里可译成"到他界去"。布依族说一个人的去世，往往是说他"活成仙，活成神，活去跟祖宗"。这是对灵魂不死、灵魂上天信仰观念的自然流

❀ 采访天门村滚塘组布摩弟子王兴礼 / 吴学良摄

露。就天门布依族殡葬习俗的相关程序和仪式，我们有幸于2022年8月25日、9月6日及2022年12月3日，先后采访了天门村鸭场组布依族布摩陆凤珍及其弟子王兴礼，天门村鸭场组布依族布摩陆凤毕及其儿子陆胜富，采录到了第一手田野作业资料，得窥其中奥秘。其基本情况如下。

1. 占捏、报丧、沐尸整容、入殓、解关煞

在天门布依族习俗中，当老人生了重病并已病入膏肓时，作为儿女要二十四小时不间断地守候在老人的床边，要给老人"占捏"[①]，希望老人能顺顺利利上路。老人在大限来临的弥留之际，儿女就要把老人扶坐在凳子上，在老人快落气[②]时，就要拿饭和酒来喂，意为老人的遗产已留给后代子孙。待老人落气后，就要开始报丧、沐尸整容、入殓、解关煞、出殡安葬、做大斋等一系列丧葬程序并进行相关仪式。

布依族报丧有自己独特的一面，主要是在其习俗中报丧的行为涵盖了阴阳两个世界，既是向村里人报丧，又是向阴间的鬼神报丧。天门布依族报丧的方式是鸣地炮，一来表示送信上天；二来告知寨邻族人，家中老人已谢世，人们听到地炮声后就会主动到丧家帮忙料理后事。当然，报丧前要进行占卜，如果逝者的生辰八字与死亡时间不符合占卜的结果，就不能鸣地炮。

报丧之后要对逝者进行梳洗，男性要剃头、刮脸，女性要梳妆打扮，梳理头发并绾好，这是很重要的细节，因为人们认为逝者是要去见祖宗的，必须穿戴干净整洁，表示对祖宗的尊敬。随后，给逝者穿上衣物。先给其穿上鞋袜，再穿衣服和裤子，衣服和裤子最少各穿两件（条），多的各穿十余件（条）。穿戴结束，用麻绳将腰部、袖口和裤口扎好。待梳洗穿戴完毕，将逝者放在堂屋神龛下，用白布折成三角形，将逝者的两只眼睛、双手、双脚覆盖住，待择吉日装殓（入殓）。

在装殓之前，要请布摩进行扫棺。布摩口念咒语，手中挥舞着宝剑，喷三口"法水"到棺木内，表示把逝者放在棺木内没什么问题，让逝者安心。随后，在

---

① 占捏：布依语，意为"解身上"，是指请巫师通过鬼神，采取念法术咒语、念口诀等方式，为不顺之人祈福消灾。

② 落气：即断气，停止呼吸。

棺木四角底部铺放上煤灰、桦根片和荆竹片（在头部摆成直排，在脚部摆成横排）后，用白纸在棺木底部垫第一层，用自己儿子做的麻布垫第二层（有几个儿子就要垫相应的层数），用儿媳妇和女儿做的麻布垫第三层（儿媳妇先垫，女儿后垫，有几个儿媳妇和女儿就要垫相应的层数）。一切准备就绪，装殓吉日已到，装殓时要让逝者面朝上，头部位于棺木宽的那头，脚位于窄的那头，然后解下麻绳，逝者的每个儿子、女儿各分得一截麻线，意为子孙顺顺利利。

入殓完毕，棺木放置在板凳上，横着摆放在堂屋，开始奠酒。奠酒时，事先在棺木宽的那头下面放一个装着煤灰的升子和一个土砂罐，布摩在棺木窄的那头点上香后，到宽的那头奠酒，然后开始做法事。逝者的儿子跪在棺木的左边，外家和女儿跪在右边。布摩先斟满三杯酒，倒在土砂罐里，表示倒给去世的老人喝。接着，布摩又斟满三杯酒，端给跪着的逝者儿子喝。待其喝完，布摩回到原处，再次斟满三杯酒，一杯给逝者的大外家，一杯给逝者的女儿，一杯给家门（同姓族亲）。跪着的人以"转转酒"的方式把酒喝下后，布摩就说："起得快，发得快。"奠酒仪式完毕。

解关煞，表示逝者若犯了什么"关煞"，有什么不好的，让其带走，不要留下来。布摩将四杯酒放在棺木左边事先准备好的一张凳子上，其中一杯是布摩的，三

✻ **天门布依族丧葬仪式** / 黄跃珍摄

杯给逝者。布摩一边在放四杯酒处点上一炷香，一边念经书。经书念完后，主人家拿来一只公鸡，请帮忙的人把鸡杀了后，布摩把香放在凳子下烧了，把凳子上的四杯酒倒掉。解关煞完毕后，主人家请布摩根据逝者去世的时间、出生日期和天干地支，推算上山吉日。看好日子时辰，就要将逝者抬上山下葬，也就是所谓的出殡安葬。

2. 驱鬼、出殡、出魂、拿地契、向山利、撒土、撒米、下葬

出殡前要先进行驱鬼仪式。布摩挥舞着宝剑，带领弟子绕着棺木跑，跑了几圈又折回来，朝着反方向跑，这称之为驱鬼。驱鬼结束后，棺木被抬到门槛上，并在棺木上放一杯酒，然后由布摩用宝剑将酒杯打翻在地，棺木才被抬出门外放在板凳上进行捆绑。由十二个人抬棺木，若抬累了，途中可以找人替换。出殡时，若逝者有"重伤"，棺木从家门口抬出遇到第一个岔路口，就要在棺木盖子上方中间放一只公鸡，称之为骑龙鸡，当地民间认为如果不这样做，主人家就会接二连三出问题。据布摩说，以下这种情况的逝者就属于有"重伤"，即"正吉连庚甲，二八一心当，五十六丁癸，三六九十二，戊巳占重伤"。

出殡时，逝者的儿子、女婿手持火把和一篮买路冥钱走在最前面，在棺木前方撒买路钱，每隔约二百米要快跑一次，然后下跪。凡出殡时经过的人家，都会在门口焚烧一块破布，认为这样就能让那些跟着棺木的野鬼不闯进家里。出殡路上不能让棺材落地，不得已的情况下，要拿孝子的孝帕垫着才能放置。棺木抬到下葬的地方之后，就要举行下葬的仪式。

天门布依族采用的是土葬。墓穴是事先派人连夜挖好的，挖墓穴的人是很忌讳遇到棺木的，生怕逝者鬼魂怪罪。因此，挖墓穴的人在棺木到地点之前就得躲开，只留下锄头等工具。将棺木放在墓穴旁边，布摩举行"出魂"仪式，念词是："生魂出，生魂出，生魂出不出？"在场的人便异口同声地回答："出。"布摩念念有词："亡魂入，亡魂入，亡魂入不入？"在场的人便异口同声地回答："入。"布摩接着念念有词："天无忌，地无忌，年无忌，月无忌，时无忌，此时安葬大吉大利。""出魂"完毕，就把棺木抬进墓穴。

棺木在墓穴中摆放好后，布摩用米在棺木前的地上撒出一个八卦图，并在八卦图中撒上"富贵"二字。随后把棺木上的骑龙鸡拿下来放在地上，看骑龙鸡吃不吃地上的米，若骑龙鸡走开不吃米，就意味着这个位置不好，就暂时不下葬，把棺木移出来重新看地。若骑龙鸡吃米，看是吃"贵"，还是吃"富"，不论哪一种，都意为后代顺顺利利，也表示可以在这里下葬。

下葬前，布摩还要给逝者举行买墓地和"向山利"仪式。所谓的买墓地，实际上就是布摩读经书上的《地契》。布摩在墓地处宰杀一只公鸡，将公鸡的血滴洒在墓地四周，同时念念有词。布摩所念的《地契》的内容如下：

地　契

立卖地人高里阜，老系土府门下人氏，今将子岗名下吉地一穴，厶山厶向，家字分金坐乙宿几度兼几分，凭中出与新故某某名下永作佳城，孝男某人处福三性酒醴，诸则之仪，共买地价冥钱九千九百九十九贯文。后郎面交，明白任从，选葬亡人永远，住坐其地。四至踏明，东至甲卯乙，南至丙午丁，西至庚酉辛，北至壬子癸，中至戊己土，上至青天，下至黄泉，中乃至亡人吉穴周围七七四十九步，乃是亡人安身之处。千年不改，万年不移。蝼蚁不敢进，树根不得入。立卖契之后，二家合和，各不翻悔。若有翻悔者，罚粗糠索三丈，马角一对，龙皮一张与不悔之人。倘有各路邪神，魑魅魍魉妖邪，左右侵夺亡人古冢，前来扰害，冥是衙门投告依准。攫白鹤总院，内部施行。须知契书者。执照给付与亡人准此。

　　卖契人：高里阜

　　天上见证人（凭中人）：张坚固（金）

　　地下见证人（凭中人）：李定夺（水）

　　过钱人：金主溥（木）

　　代书人：云中燕　押（土）

　　天运某年某月某日某时立

布摩念完《地契》后，就意味着拿到地契，可以下葬了。随后做"向山利"的仪式。所谓"向山利"，就是指布摩根据逝者的生辰八字来确定"向山"①后，调整棺木方向，使其对准所确定的"向山"。

随后，布摩抱着骑龙鸡，念念有词："此鸡不是非凡鸡，原是孝家骑龙一金鸡。此鸡不是非凡鸡，头戴红冠子，身穿五色衣。别人拿你无用处，吾师拿你来做个点血鸡。一点青龙生贵子，二点白虎生贵儿，三点朱雀来富贵，四点玄武震三洲，五点来龙弯弯转，六点六甲下山连，七点仙家来保佑，八点八千岁为春，九点多有贵，十点状元郎。自从今日点过后，某家坟墓管万年。"

布摩接着念念有词："龙鸡龙鸡透血点龙东，儿子儿孙代代做相公；龙鸡龙鸡献血点龙南，儿孙代代进田籣；龙鸡龙鸡献血点龙西，儿孙代代穿朝衣；龙鸡龙鸡献血点龙北，儿孙代代进田宅；龙鸡龙鸡献血点龙中，儿孙代代出三公；龙鸡龙鸡献血点龙尾，儿孙代代做外委。家富不富，富至吉荣；家贵不贵，贵至三公。从此以后，百事亨通。"

接下来，布摩一边撒土，一边念念有词："此土不是非凡土，白鹤仙人亲送土。一把撒土荣华不离门。"接着又撒金沙土，同时念念有词："此土不是非凡土，撒土原来有根生。唐朝立设到如今，唐朝西天取转经。带得金沙土一碗，不予人间种五谷。撒在棺上荫儿孙，今日将土撒你父母，子孙大发财富。一把撒东，葬后荣华在朝中。一把撒南，子孙玉带满身缠。一把撒西，荫在孝眷穿朝衣。一把撒北，户户福禄做富豪。土撒中，葬后子孙入皇宫。一把撒天天赐福。一把撒地地生财。孝男孝女兜土上坟台，官上家状元来，房房户户子孙贤。"

撒完土后又撒米，布摩一边撒，一边念念有词："富左富右，吾身不是非凡身，江南白鹤下山门。手持良农三合米，兴在金钱在当中。一要千年发福，二要万年扬名，三要刀安大马，四要五谷丰登，五要金银满地，六要贯团身财，七要子孙福德，八要子孙富贵，九要六畜兴春，十要人丁兴旺。富贵双全。吾在坟上将米来撒，子孙得寿万万春。一撒米谷满天星，二撒黄金多得利，三撒年年牛马进，四撒万年春，五撒生贵子，六撒六畜具，七撒家豪富，八撒寿长春，九撒福禄盛，十撒丰盈世代具。金银谷米坟中现，儿孙收起，保得千年富，保得万年发。"

① 向山：在风水学的语境中，通常指的是房子或阴宅朝向的山，也就是我们面对的方向。

米撒好了便开始填土。孝子们双手刨三大把土撒到井里，接着亡人的长子双手捧着土放在棺木上说："爸爸（妈妈），今天抬您来安葬，帮您盖瓦房，不让雨淋着您，保佑儿子儿孙代代富贵。"随后，请在场的亲友挖土填平墓穴井坑。坟墓中与地面齐平的井叫"墓"，堆砌起来高出地面的部分叫"坟"。一般下葬结束后，会做几天大斋超度逝者，但这要看主家的具体情况来定。若主家条件不好，就不接着做大斋，待三五年、七八年，或二十年、三十年后，家里条件好了再做；若主家条件好，下葬的第二天，就接着做五天的大斋。

3. 做大斋、接亡人、做法事

布依族认为一个人具有"灵魂"和"肉体"两部分。人的死亡，是"灵魂"离开了"肉体"，所以"肉体"才失去知觉。因而，布依族办斋蕴含着对灵魂的崇拜。布依族做大斋的重头戏，就是给逝者超度。超度有规模大小之分，规模越大，时间越长，程序也越复杂。选择哪一等级的超度，除了看逝者家的经济情况，还要看其死亡的形式，如果逝者是非正常死亡，或是还没成家，就不能做大斋。超度仪式的主角是布摩。布摩又分主布摩和子弟布摩，主布摩有经书，有超度用的各种道具，如鼓、笛、钹、大锣、小钗、木鱼等。主布摩供奉师牌，每次去超度前和超度回来都必须在师牌前供香。超度过程中，主布摩要随孝子孝孙们吃斋，子弟布摩在丧家吃斋，回到自己家中则可吃荤。

有关天门布依族为逝者做大斋的仪式及相关程序，2022年8月25日和2022年9月6日，我们先后在天门布依文化陈列室及天门村鸭场组，专门采访了鸭场组布依族布摩陆凤珍及其弟子王兴礼。特别是在2022年12月1日至4日，我有幸在天门村坪寨组小田坝，全程参与并现场观看并采访了龙继光、龙继高、龙继富一家三兄弟为已故两代共四个逝者做五天大斋，并现场采访了布摩陆凤毕及其儿子陆胜富（子弟布摩）。

整个大斋仪式分工明确。我在事主家房子前面的右墙上，看到张贴着一张红底黑字的分工图，每个人具体做什么事写得一清二楚：

　　管事：赵光平（总管）、陆坤林、陆胜强、卢仕凡、陆周、陆凤向、卢向恒、陆胜明、卢勇向。先生：陆凤毕、陆胜富。打铜鼓：王华朝（具体执行的是其侄子王仕洪）。吹唢呐：王仕修、王仕孝、王兴志、卢仕林。放炮：王华柱。记账：赵玉贤、陆胜天、陆胜海、祝登玉、陆胜侣、陆胜云、陆胜益。接卜守①：陆胜江、陆胜安、陆胜益、陆大云、赵申元。厨师：陆选志、陆胜伟、陆胜礼、陆胜维、陆大专、王兴益、赵龙、陆凤孝、王永华、陆大云、陆胜玉、陆凤益、陆大辽、陆大志、卢仕先、祝发军。煮饭：王永芬、王升艳（领班）。洗碗：王华会、王刚会（领班）。倒酒：陆胜成、陆胜江、王永明、陆大彪、陆勇平、王永德。端盘：陆胜恒、陆大先、赵彪、陆胜领、陆大向、陆礼、陆凤海、母昌云、陆东、黄赵富。指挥停车：赵申云、卢文平。指挥放烟花：陆胜云、潘方虎、潘方孝。扫地：王兴珍、陆胜良（领班）。

　　除了分工图上提到的具体人员名单外，还有七八名穿着盛装的布依族妇女作为大斋仪仗队的人员，以及一些闲杂人员，总共有一百余人。分工图上除标注了具体人员的工作任务外，还注明有客人大外家、大马郎、二马郎、三马郎和卜守的住处，大外家住陆胜明家，大马郎住陆胜开家，二马郎住陆大志家，三马郎住陆大云家，卜守住陆胜维家。在现场，据大斋总管赵光平介绍，龙继光一家已故两代老人四个逝者中，已故时间最长的有二十余年，时间最短的有三年。现把龙继光、龙继高、龙继富一家三兄弟为已故两代老人共四个逝者做五天大斋的相关程序及仪式的有关内容采录如下。

　　第一天，凌晨卯时接老人（逝者）回家。接老人回家之前有两道仪式。第一道仪式是在当天的卯时，布摩陆凤毕及事主家孝男孝女，在距离事主家房屋约一百米的路坎边举行。将老人的儿子事先用山上采的茅草扎成的七八寸长的四个茅人（一个茅人代表一个老人，即代表一个逝者）装在一个靠椅形的小木框内，在小木框的左右和后面围上一块蓝布并用茅草扎好。将小木框没有被围住的那一方，对着事主家房屋的方向，在小木框前用两尺左右长的竹片弯曲并排插在地上，形成两道拱形

---

　　① 卜守：布依族语，指逝者的侄儿男女及外孙。

的小门。在小门两侧地上各插上一根近两米高的生芦苇秆，把两根芦苇秆的上部交叉，并用一绺白纸在交叉处拴好，再在两棵芦苇秆的上半部各系上一绺白纸，白纸下端打成一个环形。布摩陆凤毕头顶

❋ 接逝者回家第一道法事 / 符号摄

白布，点燃三炷香插在小门的右边后，面对小门蹲下，事主家孝男孝女跪在布摩陆凤毕身后。布摩陆凤毕口念咒语，表示要接老人回家办好事。布摩反复念几次咒语后，便起身杀一只仔鸡放在小门前的地上，接着又念咒语，念毕，挥舞手中宝剑，左右各挥一剑将两根芦苇秆砍断。

第二道仪式是在距离事主家房屋七十米左右的路上举行。在路的两侧地上，同样各插上一根近两米高的生芦苇秆，把两根芦苇秆的上部交叉，并用一绺白纸在交叉处拴好，再在两根芦苇秆的上半部各系上一绺白纸，白纸下端打成一个环形。将装有茅人的小木框移到两根芦苇秆交叉正后面的路上，布摩面对小木框内的茅人，点燃三炷香插在右手边的路边后，蹲下反复念几次咒语，然后起身杀一只仔鸡放在小木框前的地上，接着念咒语，念毕，挥舞手中的宝剑，左右各挥一剑将两根芦苇秆砍断。这道仪式是为了隔离恶鬼，表示不能让恶鬼与老人一起回家。

随后，老人的孝子在布摩的指引下，将装有四个茅人的小木框放在房屋右边前面那间厢房靠后墙的一张板凳上的右端，板凳上的左端放有装着饭和酒的两个碗，唢呐匠也跟着进了厢房。这被称为接老人回家。随后老人的孝子孝女相继跪在板凳前方，很虔诚地端起饭碗和酒碗放到茅人嘴边晃一下又停留一下，表示给老人喂饭喂酒，一边喂一边说："爹（妈），您走路走累了，我拿饭酒喂您。"每喂茅人一次要喂三遍，重复说三遍话。孝子孝女给茅人喂饭和酒时，布摩在旁边看着，孝子孝女就对布摩说："先生，我爹（妈）走累了，喂不到，请先生喝一口水喷一下。"布摩用左手端来一碗水，用右手指在碗里搅动，然后喝一口水吐出来喷在茅人身上后，对孝子孝女说："你爹（妈）不在了，我们把你爹（妈）送上天堂。"

❋ 布摩在堂屋为逝者做法事 / 符号摄

接着，在布摩的指引下，孝子孝女把装有茅人的小木框抬到堂屋的神龛下，在神龛前的地上铺一床凉席，拿来四五寸长的布依族寿衣，先后给茅人穿上。穿好后，再把茅人放在堂屋后靠左边事先准备好的高近一米、宽近两尺的灵房中，没有穿完的寿衣就放在凉席上，用一块镶有红边的白布盖上。

在孝子孝女给茅人穿寿衣的同时，一方面，在铜鼓手王仕洪的指引下，大家用绳子将布依铜鼓吊挂在堂屋右前面进厢房的门边，吊至距离地面七八寸高的样子，铜鼓旁边还配有一个小皮鼓。另一方面，在布摩的指引下，帮忙的人在堂屋的左前面摆上一张桌子，桌子上放一个簸箕，里面放有二十来个土酒药和二十来束稻穗，帮忙人将每一个土酒药都串上一束稻穗，这是用来为逝者指明路的方向的，利在哪方，串上稻穗的土酒药就要放在事主家堂屋房顶上的哪个方位。比如今年是壬寅年，利在午山子向（坐正南向正北），串上稻穗的土酒药就放在事主家堂屋房顶的午山子向方位。

以上所有事做好后，布摩便在灵房前奠酒、烧香，做法事，孝子孝女跪在堂屋靠后右面的地上。这时，房外地炮震天，屋内锣鼓唢呐齐鸣。"咚咚到，咚咚到；快快到，快快到。"铜鼓一响，唢呐就响，逝者的女儿、儿媳妇就跪在灵房前哭。铜鼓打的是十四谱。铜鼓一停，唢呐就停，哭声就停。"咚咚到，咚咚到；快快到，快快到。"铜鼓一响，唢呐就响，就有哭声。就这样循环往复，直到打完十四谱。法事结束，布摩就将奠过的酒端给孝子孝女们，让他们跪着轮流喝了。

4.砍亡龙杆、立亡龙杆、绕亡龙杆、做法事

第二天举行的是绕亡龙杆超度仪式。

绕亡龙杆是天门布依族同胞超度亡灵的一种仪式，在下午和晚上进行。亡龙杆是当天一早，事主家带着酒、纸、香和硬币（过去用的是银圆），并请上布摩和唢呐师傅，让唢呐师傅吹着唢呐，到事主家房前约二百米处的一蓬楠竹林砍来楠竹做的。砍亡龙杆也有程序和仪式。大家来到楠竹林旁，要选一棵茂盛、枝丫多且直的楠竹。布摩对着选好的竹子奠酒、烧纸、烧香后，把硬币丢在竹子脚，说："要一棵竹子给老人做亡龙杆。"帮忙人就在一边砍竹子。所砍竹子不能朝矮处倒，也不能倒在地上；修竹枝丫在快修到竹尖时，要留下一根枝丫备用。竹子落地之前要把竹枝丫修好，一直修到竹尖，修下的竹枝丫拿回家用白纸包住，便于给逝者的女儿弯着腰绕亡龙杆哭时做手杖用。

根据需要将砍来的竹竿底端用锯子锯下两米多长的几截，用来做挑白纸幡的扁担和绑扎支撑亡龙杆，要为一个逝者做一挑两吊白纸幡。剩下的竹竿顶端用来做亡龙杆。帮忙的人们在总管组织带领下，砍扁担的砍扁担，弄白纸幡的弄白纸幡，划竹片的划竹片，制作亡龙杆的制作亡龙杆。制作亡龙杆时，把两枚硬币（过去用的是银圆）分别镶嵌进亡龙杆下部和上部。用白纸将修竹竿时留下的那一根竹枝丫裹上，用一截两米多长的竹竿，按适当间距并排钻六个圆孔。用一条十余米长的呢绒绳子的一头穿过这截竹竿端头的第一个圆孔并打上结，另一头穿过第二个圆孔，然后把这截竹竿搭在裹着白纸的竹枝丫处，并用呢绒绳子打个结固定好，再

❋ 砍亡龙杆仪式 / 符号摄

❀ 布摩在亡龙杆处做法事 / 符号摄

把呢绒绳子拴在亡龙杆上。一切工作准备就绪，待布摩算好立亡龙杆的时辰，就可以将其立起。

所谓立亡龙杆，就是把制作好的亡龙杆栽插在距离事主家房子三米多远的院坝内，差不多对着堂屋右侧的柱子。立亡龙杆之前，在选定的地方钻一个近一米深的孔，好插亡龙杆。插亡龙杆时，布摩先在钻好孔的地方做法事，在地上放一杯酒、点燃三炷香插上、烧几张纸钱后，左手拿经书，面朝午山子向蹲着念经文。经文念毕，杀一只鸭子来祭奠，将鸭血滴进孔中，表示事主家样样顺利。

立亡龙杆时，亡龙杆顶端朝向（竹尖弯曲的方向）也是午山子向，即与串上稻穗的土酒药在事主家堂屋房顶的午山子向方位一致。亡龙杆被立起来后，在其左右两侧各用两条宽大竹片交叉护着它，并在四条竹片与亡龙杆的交叉处和上下两端用长竹片绾成圆圈。将亡龙杆固定好后，再用两块水泥砖压住底端绾成圆圈的竹片。这样做能让被立好的亡龙杆更加稳固。随后将之前锯下的一截粗竹筒一刨为二，分别仰放在水泥砖上待用。立亡龙杆时，也是房外地炮震天，屋内锣鼓唢呐齐鸣。

亡龙杆被立好后，布摩要在亡龙杆处做两次法事。第一次法事，布摩在立亡龙杆的地上放一杯酒、点燃三炷香插上、烧几张纸钱后，左手提着一个小皮鼓并拿着经书，右手拿着鼓槌，绕着亡龙杆转，一边念经文，一边打鼓。布摩念完经文后，就杀一只仔鸡来祭奠，表示让鸡与逝者一路上天堂。第二次法事，布摩也是在立亡龙杆的地上放一杯酒、点燃三炷香插上、烧几张纸钱后，左手提着一个小皮鼓并拿着经书，右手拿着鼓槌，绕着亡龙杆转，一边念经文，一边打鼓。布摩念完经文后，就杀一只仔鸡来祭奠，表示逝者若犯了什么关煞，或者有什么不好的，都让逝者带走，不要留下来，即解关煞。

布摩在亡龙杆处做法事的同时，帮忙的人就在砍好的扁担两端各挑上一吊白纸幡，一个逝者有一挑两吊白纸幡，四个逝者共四挑八吊白纸幡。为每挑白纸幡各准备一张方形手帕大小的红布，写上"角音属木，大吉大利"和一个逝者的名字，再各准备一匹宽七八寸、长约两米的白布，密密麻麻地写满有关文字。将写有字的红布、白布用呢绒绳子及白布条系在扁担上，让呢绒绳子穿过扁担中部的圆孔，这样就形成一挑两吊完整的白纸幡了。每吊白纸幡差不多有一抱粗、一米半长。

将做好的四挑白纸幡拿到事主家房子大门右边，利用扁担上的呢绒绳子将其挂在大门右侧的板壁上。紧靠板壁窗户下端事先吊有一块小木板，小木板上放有七个串上稻穗的土酒药和七截小竹筒。布摩点燃七炷香，分别插在七截小竹筒中后，手拿经书，一边念念有词，一边围着四挑白纸幡绕三转，表示送逝者上天堂。做完这项法事后，解开之前拴在亡龙杆上的呢绒绳子，通过往下拉呢绒绳子，让钻有六个圆孔的竹竿降下来，把扁担上的呢绒绳子穿过竹竿上的圆孔后，用竹签穿过呢绒绳子，将扁担固定在竹竿上，再拉亡龙杆上的呢绒绳子，就轻而易举地将四挑八吊白纸幡挑上了亡龙杆。

随后，事主家在亡龙杆下摆上一张桌子，上面放一个大簸箕，提来一口袋糯米粑（共八个）摆放在簸箕里。每个粑粑有五六斤重。摆好粑粑，布摩到堂屋灵房前奠酒、烧香、做法事，孝子孝女跪在堂屋靠后右面的地上。房外地炮震天，屋内锣鼓唢呐齐鸣。"咚咚到，咚咚到；快

❋ 铜鼓通灵 / 符号摄

快到，快快到。"铜鼓一响，唢呐就响，逝者的女儿、儿媳妇就跪在灵房前哭，孝男也同样跪着。铜鼓打的是十四谱。铜鼓一停，唢呐就停，哭声就停。"咚咚到，咚咚到；快快到，快快到。"铜鼓一响，唢呐就响，就有哭声。就这样循环往复，直到打完十四谱。法事结束，布摩就将奠过的酒端给孝子孝女们，让他们跪着轮流喝了。

布摩在堂屋灵房前做好法事后，一边诵经一边带领逝者的众亲来到亡龙杆下。众亲每人头上插有一束稻穗。布摩先站在亡龙杆下做一道法事，念经文时孝子跪在亡龙杆下。法事完毕，布摩带领逝者的众亲开始绕着亡龙杆一圈一圈地走。众亲头上的稻穗，意为用稻穗压住自己，护佑自己平安。据说这稻穗是逝者到阳间"上公粮"的，也有"赎魂粮"的意思。逝者的女儿边转圈，边拄着用竹枝做的拐杖弯着腰哭。同时，地炮响起来，唢呐吹起来，铜鼓打起来……

当天早中晚，由布摩、管事和做饭的人带逝者的女儿到堂屋灵房前，给茅人供饭供酒。其边供饭供酒，边说："供是供了，但不见来吃饭，酒也没干。"布摩接着说："主人家发富发贵，有牛有马，吃不了要带走，到半路遇到朋友，给朋友吃。"

第三天没什么具体的仪式，事主家要为第四天接外家和马郎来下祭做好充分的准备工作。

5. 接外家和马郎、做法事

第四天，接待来下祭的外家和马郎。

大外家带来两把白纸伞、一个灵房、一只公鸡、一桶酒等，还带来孝服、孝帕发给孝子，请来了唢呐队。大外家来的人，由管事安排住陆胜明家，第二天一早就回去。大外家带来的两把白纸伞、一个灵房挂放在堂屋神龛上部的枕木上，挂放三天后，就要送到逝者的坟上，待清明节再烧。大外家带来的一只公鸡是给事主家做种的。卜守带来一把纸伞、一只鸡和几斤酒。在天门村，下祭最为隆重的是马郎家，尤其是有几个马郎的，大马郎家更为隆重。

龙继光、龙继高、龙继富一家三兄弟为已故两代老人共四个逝者做了五天大斋，来下祭的马郎有三家，其中大马郎家是盘州市羊场的罗福家，二马郎家是花戛天门村大寨组的王兴勇家，三马郎家是花戛花水村的黄峰家。三个马郎家带来的礼物——每家两头牛，头一天就拉到了事主家，其他诸如纸火、烟花、粑粑、米酒等则是当天带来的，且不直接带到事主家，而是等事主家的礼仪队来接。对三个马郎家大队人马带来的纸火等，事先在距离事主家近500米的地方，选择一处宽敞的场地，写上"大马郎""二马郎""三马郎"字样的三块指示牌插好，并砍来上百根竹竿分别放在指示牌旁，以便马郎家携带纸火。三个马郎家的大队人马从当天十一时许就陆陆续续来到指定的场地，按照指示牌的提示，分别在现场收拾整理带来的纸火等。

大马郎罗福家来了一百二十余人，带来的礼物及纸火有：两头牛（头天就拉到了事主家）；纸马、纸羊、纸鱼、纸龙、纸大象、纸狮子、纸斗鸡、纸蜈蚣、纸伞、纸冰箱、纸汽车、纸飞机、纸轮船、纸灯笼、阴乐①八个等百余件物品；烟花、火炮、烟、酒若干；糯米粑两袋，每袋各十个，八个大的有五六斤重，二个小的有二三斤重，八个大的放在亡龙杆下大簸箕里，两个小的放在堂屋中逝者的灵房内。同时，还请来了一个唢呐团队。二马郎王兴勇家来了一百余人，带来的礼物及

❀ 管事与大马郎家下祭的有关人员交代事宜 / 符号摄

---

① 阴乐：布依族语，与汉族民俗中的"望山钱"差不多，有套乐和单乐之分。套乐又称为"五子乐"，即一个大的带四个小的。

纸火有：两头牛（头天就拉到了事主家）；纸马、纸羊、纸鱼、纸龙、纸大象、纸狮子、纸斗鸡、纸蜈蚣、纸伞、阴乐五个等上百件；烟花、火炮、烟、酒若干。同时，还请来了一个唢呐团队。三马郎黄峰家来了近一百人，带来的礼物及纸火有：两头牛（头天就拉到了事主家）；纸马、纸羊、纸鱼、纸龙、纸大象、纸狮子、纸斗鸡、纸蜈蚣、纸伞、阴乐五个等近百件；烟花、火炮、烟、酒若干。同时，还请来了一个唢呐团队。

在整个大斋仪式中，接大马郎家的仪式最为隆重，所用时间最长。下午一时左右，总管赵光平组织人手举行接待马郎仪式。因大马郎罗福家比较远，事主家本应该派人亲自到大马郎家告知办大斋的事，最终通过打电话的方式告知。因此，在接待大马郎家之前，事主家抬了一张桌子和四张长板凳到安排给大马郎家的场地上，同时还带来了米酒和香烟。在总管赵光平的主持下，帮忙的人将桌子、板凳摆好后，招呼大马郎家的相关人员及事主家相关管事围桌而坐。

待坐好后，事主家就对大马郎家的相关人员说："本来像这种送老人上天堂的大事，我家是应该亲自派人到大马郎家讲的，但因路途远，不方便派人去，就只好打电话通知了，还望大家原谅。"大马郎家的相关人员回答说："遇到这样的事，大家都很忙，加上路远，只要电话通知到就行了。"之后，大家一边摆龙门阵，一边喝酒抽烟。与此同时，大马郎家来的其他人员将大马郎家带来的纸火，用事主家事先准备好的竹竿挑挂好，并逐一分配给相关人员负责携带。

一切准备就绪，差不多到了下午二时，开始正式迎接大马郎家下祭的队伍。

在总管赵光平及相关管事的指挥组织下，事主家派三名穿着布依族盛装的妇女及孝子孝女，组成

※ 迎接大马郎家的下祭队伍 / 符号摄

迎接大马郎家的礼仪队。礼仪队人员排成一个纵队，事主家请来的穿着布依族盛装的三名妇女在最前面，孝男孝女排第二，大马郎家请来的穿着布依族盛装的七名妇女排第三，之后的就是带着纸火

❀ 为来下祭的马郎家发叶子烟 / 符号摄

等的大队伍。在礼仪队的带领下，大马郎家一百二十余人，扛纸火的扛纸火，提粑粑的提粑粑，提酒的提酒，拿烟花火炮的拿烟花火炮，浩浩荡荡地向事主家行进。当队伍行进到距离事主家约一百五十米处，行进的速度就缓慢下来。这时，事主家的帮忙人员就提来米酒、拿来叶子烟，米酒倒给下祭的队伍喝，每人都要喝一点，叶子烟发给下祭的队伍，每人发放三匹。

在我所见过的下祭队伍中，天门村这次迎接大马郎的下祭队伍应该算是极为庄重、肃穆、虔诚的，也是速度最慢、花费时间最长的。行进途中，待米酒倒好喝好，叶子烟发放完后，请来的唢呐团队吹起了唢呐，下祭的队伍唱起了《逝者歌》。整个下祭队伍在礼仪队的带领下缓缓前移，一分钟前移一米不到，约一百五十米远的距离就用了近三个小时，直到下午五时许，才把大马郎家下祭队伍迎接到亡龙杆下。这就是天门布依族迎接大马郎家下祭队伍的规矩。队伍到了亡龙杆下，携带纸伞的人在亡龙杆下一边喝米酒，一边唱《纸伞歌》，歌的内容大概是说老人升天后只能用纸伞。其他的纸火被事主家安排放好，同时，事主家拿来一个大簸箕叠放在亡龙杆下之前的大簸箕上，将大马郎家带来的八个大粑粑放在簸箕里，两个小粑粑放在堂屋的灵房里。随后，管事派人将大马郎家的下祭队伍带到了陆胜开家。

随后，布摩到堂屋灵房前奠酒、烧香，做法事，孝子孝女跪在堂屋靠后右面的地上。铜鼓一响，唢呐就响，逝者的女儿、儿媳妇就跪在灵房前哭，孝男也同样跪着。铜鼓一停，唢呐就停，哭声就停；铜鼓一响，唢呐就响，就有哭声。就这样循环往复，直到打完铜鼓十四谱。法事结束，布摩就将奠过的酒端给孝子孝女们，让

❋ 马郎家下祭队伍来到亡龙杆下 / 符号摄

他们跪着轮流喝了。

　　相比迎接大马郎家的下祭队伍，迎接二马郎和三马郎家的下祭队伍的仪式就简单得多了，时间也快多了。直接由事主家请的三名穿着布依族盛装的妇女及孝子孝女，先后分两次把二马郎和三马郎家下祭队伍带到亡龙杆处即可，每迎接一家就十多分钟的光景。每次带来，携带纸伞的人也要在亡龙杆下一边喝米酒，一边唱《纸伞歌》。同样，管事派人将二马郎、三马郎家的下祭队伍带到指定的地方住，二马郎住陆大志家，三马郎住陆大云家。

　　当天晚上，布摩到堂屋的灵房前奠酒、烧香，做法事，孝子孝女、马郎跪在堂屋靠后左面地上，同样要吹唢呐、打铜鼓等。布摩还要带领孝子孝女、马郎绕亡龙杆，马郎绕亡龙杆时，头上也要插一束稻穗。在绕亡龙杆的时候，事主家会给马郎一个串上稻穗的土酒药，表示马郎来做几天的孝，希望得到逝者的保佑，保佑他们大吉大利。

　　当天晚上法事结束后，大马郎分别带着孝子孝女，到安排给大外家、卜守、大马郎、二马郎、三马郎家下祭队伍所住的陆胜明家、陆胜维、陆胜开、陆大志、陆大云家。每到一家，大马郎就要带头向其跪下磕头，表示感谢，但往往每到一家，在大马郎准备跪下磕头的瞬间，主人家都会快速劝阻，将其拉起。

6.送逝者、亡龙架、杀牛、做法事、拆亡龙杆、烧纸火、打发马郎

第五天，送逝者。

事主家根据之前布摩确定的午山子向方位，选一处在寨子之外且不能看到寨子中房屋的地方，在此烧纸火。天未亮前，布摩带着外家、马郎及孝男孝女到选择好的烧纸火处做法事。布摩在奠酒、烧香后，手持经书，念念有词，要念完一整本经书，法事做了两个多小时。法事做好后，事主家派人用木条做了一个亡龙架，用来烧纸火。大马郎、二马郎、三马郎做完法事后，便回事主家宰杀牛。

天门布依族人家在做大斋的过程中，马郎家拉来下祭的牛由马郎家的下祭队伍宰杀，并在接待他们的人家各自炖煮好了吃。大马郎、二马郎、三马郎拉来下祭的六头牛，先后分别由各家下祭队伍拉到亡龙杆下宰杀。待牛断气后，大马郎家的下祭队伍将牛抬到陆胜开家，二马郎家的下祭队伍将牛抬到陆大志家，三马郎家的下祭队伍将牛抬到陆大云家，随后烹煮来吃。

我在现场全程观看了三家马郎处理牛的整个过程。喷烧去毛、剥后腿皮、剥胸腹部皮、扯（撕）皮、割牛头、开胸结扎食管、取白内脏、取红内脏、冲洗。从跗关节下刀，刀刃沿后腿内侧中线向上挑开牛皮，沿后腿内侧线向左右两侧剥离，从跗关节上方至尾根部剥去后腿皮，同时割除生殖器，割掉尾尖。用刀沿胸腹中线从胸部挑到裆部，沿腹中线向左右两侧剥开胸腹部牛皮至肷窝止，剥下胸腹部皮。

从腕关节下刀，沿前腿内侧中线挑开牛皮至胸中线，沿颈中线自下而上挑开牛皮，从胸颈中线向两侧进刀，剥开胸颈部皮及前腿皮

❋ 大马郎家的下祭队伍在亡龙杆下唱《纸伞歌》 / 符号摄

❁ 布摩带领孝男孝女绕亡龙杆 / 符号摄

至两肩止。固定好牛后腿皮，将牛皮不带膘、不带肉地扯下来。扯到尾部时，用刀将牛尾的根部剥开；扯到头部时，把不易扯开的地方用刀剥开，扯（撕）下牛皮。用刀在牛脖一侧割开一个手掌宽的孔，将左手伸进孔中抓住牛头，沿放血刀口处割下牛头。

从胸软骨处下刀，沿胸中线向下贴着气管和食管边缘，锯开胸腔及脖部，剥离气管和食管，将气管和食管分离至食道和胃结合部，将食管顶部结扎牢固，使内物不流出。在牛的裆部下刀并向两侧进刀，割开肉至骨连接处，刀尖向外，刀刃向下，由上向下推刀割开肚皮至胸软骨处，用左手扯出直肠，右手持刀伸入腹腔，从左到右割离腹腔内结缔组织，用力按下牛肚，取出胃肠，称为取白内脏。左手抓住腹肌一边，右手持刀沿体腔壁从左到右割离横膈肌，割断连接的结缔组织，留下小里脊；取出心、肝、肺，割开牛肾的外膜，取出肾，称为取红内脏。接着，用水将胸腹腔冲洗干净。

最后，三家马郎分别砍下每头牛的前后腿，并将每头牛的各一只前后腿，在腿下部距离蹄子合适的位置，用刀穿一个孔，再用一棵竹竿穿过孔。三家马郎各安排八个人，将每只用竹竿穿着的牛腿一前一后扛着送到事主家放好，一腿直接给事主家，一腿由事主家给布摩。随后，三家马郎分别在接待自己的人家中炖煮牛肉，煮好后各自食用，若吃不完，回家的时候，就各自带回家分给寨子里人或亲戚朋友吃。

在大马郎、二马郎、三马郎家的人处理牛的同时，布摩带领事主家孝男孝女及马郎在堂屋做法事。布摩奠酒、烧香，手持经书，念念有词，表示事情就要结束了。布摩做法事时，在从堂屋走出大门到院坝的过程中，提到什么东西，事主家孝男孝女及马郎就要收拾好什么东西。布摩提到灵房，事主家孝男孝女及马郎就要把灵房从堂屋中抬出来；布摩提到亡龙杆，事主家孝男孝女及马郎就要把亡龙杆上的四挑白纸幡放下来。

亡龙杆上的四挑白纸幡被放下来后，由大马郎拆下亡龙杆，并在拆下的亡龙杆上找寻做亡龙杆时镶嵌在上面的两枚硬币。随后，布摩在插亡龙杆的孔边做最后一道法事——叫魂。布摩带领马郎奠酒、烧香，手持经书，念念有词，表示事情做完后，逝者就不会勾事主家生人的魂，且保佑子孙代代平安顺利。同时，事主家给马郎一个串上稻穗的土酒药，表示逝者保佑马郎家大吉大利。

法事结束后，牛肉也炖煮好了。大马郎、二马郎、三马郎家下祭的队伍，就各自在接待他们的人家吃饭。吃好饭，总管赵光平根据事主家的安排，召集大马郎、二马郎、三马郎过来进行"打发"，每个马郎至少"打发"5000元。总管赵光平在

✳ 马郎家送牛腿给事主家 / 符号摄

向马郎"打发"钱时，会对马郎们说吉利的话："你们拿这个钱去做生意，越赚越多。"过去还有"打发"牛、鸡的，总管就会说："拿一头牛、一只鸡给你们做种，一个能生几百个。"现在都是"打发"钱了。"打发"完毕，在大马郎的带领下，二马郎、三马郎及孝子把灵房、亡龙杆及其他纸火送到寨子外放置亡龙架的地方，放在亡龙架上点火烧了。随后，大马郎、二马郎、三马郎家的下祭队伍就各自回家了。

一切事情结束后，事主家请布摩、管事、唢呐师傅等吃饭。孝子跪着喝酒，布摩就说："粮米茶糯米香，高粱煮酒高粱味。喊孙子齐齐来跪，喊妹妹齐齐来听，儿子儿孙喂鸡鸭样样顺。"

　　丧葬习俗是人生礼俗中极重要的一环，它在所有人生礼俗中，最能突出地反映民众对灵魂和鬼神世界的看法，往往折射出原始的宗教思想。在重视宗法血缘的中国古代社会里，它还是维系、固化家族伦理关系的重要手段之一。孟子曾在《孟子·梁惠王》中，将供养的生者（"养生"）与发丧的死者（"丧死"）相提并论，把它们看作人们生活中必不可少的部分。因此，在人生礼俗中，丧葬的制度、礼仪、风俗要比其他阶段丰富得多，这从天门布依族的丧葬礼俗中得到了很好的证明。

第 八章

食罢煮香消日长

食色，性也。

饮食是人们赖以生存的基本物质生活需求，属于民生问题；男女情爱是人们繁衍生息的精神生活需求，属于康乐问题。人的一生离不开这两件事。管仲所说"王者以民为天，民以食为天""衣食足则知荣辱，仓廪足则知礼节"，孔子所说"饮食男女，人之大欲存焉"所表达的观点，足以说明饮食是人生存的基本需要。

花戛乡天门村的布依族同胞，过去长期生活在一个较为封闭的地理环境中，在自给自足的耕耘生活里，形成了自己独具特色的美食系统，至今尚有很多美食流传存世，成为这一方水土上绕不开的重要话题。

一　天门与稻作有关的美食

水稻是天门布依族人赖以生存之本。

地处花戛大山深处的北盘江上游河谷地带的天门村，常年云雾缭绕，属亚热带季风气候，水土肥美。世居布依族人利用这里得天独厚的地理条件广泛种植水稻，并创造出一道道独具特色的与谷米有关的传统美食美酒，是天门布依族人生活与文化的沉淀。

在一次次深入天门村大寨组、小寨组、滚塘组、鸭场组、新寨等村组的日子，我采访了赵申云、王永发等布依族同胞，就天门布依族与稻米有关的染花饭、鸡稀饭、糍粑和米酒等与他们进行交流，有幸品尝了他们的部分传统食品。且不说再次品尝，光是闭上眼睛回味，就足以令人满口生津，垂涎三尺。

1. 染花饭

染花饭是贵州省内布依族同胞过"三月三"时的必备食品。清代乾隆年间《南笼府志·地理志》记载："其俗每岁三月初……食花糯米饭……"可见此俗有着较为悠久的历史传承。

染花饭，顾名思义，就是用植物花的汁液将糯米染色后做出来的饭。

贵州省内布依族聚居区的染饭花各不相同。黔南一带的染花饭多为五色饭，黑、红、白、黄、蓝（或绛、或紫），色彩斑斓炫目；而天门的染花饭则是金黄色，显得非常纯净、古朴。

关于它的来历，在水城布依族居住区有着两个不同的传说。

第一个传说：

很久以前的一个初春，有一个布依族小伙到山上砍柴，不知为什么，突然感觉头昏眼花，口干舌燥，手脚发抖，四肢无力，全身直冒虚汗。在不知不觉中，布依族小伙昏倒在山沟里的一个小水塘边。迷迷糊糊中，他仿佛看到小水塘边上生长着许多树，树上盛开着密密麻麻的白色花朵，花香扑鼻，沁人心脾。突然一阵大风过后，花朵被大风吹落飘进小水塘。没过多久，小水塘里的水全变成金黄色，且有一股蜂蜜的香味。微微有些清醒的布依族小伙，随手捧起水塘里的水，接连喝了三捧后，便坐在水塘边休息。不到半个小时，布依族小伙头不昏眼不花了，手脚也不发抖了，身心也舒畅了，便接着砍柴。砍好柴后，他随手取了几束还开有很多白花的树枝，与柴捆在一起扛回了家。

布依族小伙回到家中，随手将花枝挂在伙房里的板壁上，正好是妻子泡着糯米的大木盆上方。第二天凌晨，其妻起来淘米时，发现花枝掉在大木盆里浸泡着，且泡着糯米的水及糯米变成浅浅的金黄色。她把掉在盆里的花枝拣出来，但米中仍留存有不少的花。她不管三七二十一，把米放在木甑子里蒸起来。糯米饭蒸熟以后，飘出了一阵阵特殊的香气。其妻揭开木甑盖一看，顿时惊呆了，发现平时的白米饭变成了黄米饭，而且气味也比平时清香了很多，便不由自主地随手挑起一坨饭团放进嘴里尝，口感滋润柔软，味道香醇，吃起来回味无穷，和平时的纯白糯米饭不一样。待一家人吃过后，个个喜出望外，赞不绝口。

此后每年三月，这户人家便在花期采摘花朵泡糯米蒸制染花饭。这事一传十、十传百地传开后，布依族人家纷纷仿效。后来，人们在清明节约定做染花饭，来祭供当年发现染花饭的小伙和自己的祖先，习俗代代相传并沿袭至今。

第二个传说故事：

相传很久以前，有一户布依族人家的三姊妹同嫁到一个寨子里，她们不但尊老爱幼，而且勤劳善良，因此在寨子里深受大家尊敬和喜爱，日子越过越好。有一年农历三月初三，外公外婆想来看看外孙，刚到村口时便看到外孙们在村口大榕树下嬉戏，其中一个孩子说外公外婆来了，外孙们便一拥而上将外公外婆团团围住。两个老人把从家里带来的山果分给她们，三家的孩子都争着要请外公外婆先到自己家里去。两个老人非常高兴，便对他们说："你们各自回家把自家做得最好吃的糯米吃食带来这里，谁家做的味道最好，我们就先到谁家。"不一会儿，大女儿家拿来了炸油团，二女儿家拿来了打糍粑，三女儿家拿来了金黄色的染糯米饭。外公外婆把三家的美食都尝了一口，他们最喜欢的是三女儿家拿来的金黄剔透、色泽鲜艳、味道清香的染糯米饭，于是便先去三女儿家做客。从那以后，每逢农历三月初三，布依族家家户户都要做染糯米饭招待亲戚朋友。

　　这两个故事中，显然第一个更有意义，它把染花饭的发现、来历交代得清清楚楚，且染饭的花开在清明之前，而布依族人又非常崇尚祖先，用染花饭这一美食祭祀祖先，自然将染花饭和清明联系在一起并形成习俗，这是一件水到渠成的文化事项。

　　对我们来说，天门布依族人用来染饭的植物是什么始终是一个谜。当地布依人只知道用来染饭的花源自一种木本植物，它能染饭、能吃、能治病，却不知道这种植物及花叫什么名称。然而，这个谜在我们在滚塘上寨访录布依族靛染时，无意中被解开了。

　　在那个阳光炽烈的下午，我们一行人来到滚塘上寨考察。闲聊之余，当我向一位年纪比较大的布依族同胞打探染饭花的树是什么树时，他也说不清。最后，我问他在房屋周围有没有染饭花树，他说有啊，并带我到他家房屋的后坎实地看了这种树。我通过手机的图片搜索功能，找到了如下答案：

　　"密蒙花，中药名。又名染饭花、九里香、小锦花、蒙花、黄饭花、疙瘩皮树花、鸡骨头花，为马钱科、醉鱼草属灌木，高1—4米……花萼钟状，花冠紫堇色，后变白色或淡黄白色，喉部橘黄色，清明前开花，花期2个月……"

　　原来，这种植物开的花花瓣为白色，但花蕊根部呈黄色，在水中浸泡后，水的颜色就变成了金黄色。用其泡米蒸饭，就能起到染色的作用。

　　密蒙花树在天门村较为普遍，布依族寨子房前屋后，或向阳的山坡、河边的山里林间，都能见到它的身影。每年农历二三月间，染饭花盛开时，到处都弥漫着一股若有若无的浓浓的、甜甜的味道。当染饭花盛开成熟时，满树是白花花的花瓣、黄澄澄的花蕊，布依族同胞家

❀ 染花饭 / 朱培源摄

家户户就会提着竹篮在各自的房前屋后，或者相约到山坡、河边的林间采花，带回家风干后保存备用。逢年过节及亲朋好友来访时，当天一早，主人家便会取出风干但仍香气扑鼻的密蒙花，放在烧开的山泉水中浸泡一至两个小时，直到水变成金黄色，才把花渣滤净捞出，将自种糯米放入金黄色水中，浸泡两个小时。待糯米被染成金黄色后将其倒在筲箕里过滤控干水分，再加入事先准备好的核桃仁、花生米，放到木甑子里蒸熟。这时，蒸出的糯米饭金灿灿的，色泽鲜艳，晶莹透亮，香味满屋飘溢，吃起来味道甘甜香润，热吃凉吃均可。在布依语中这种黄色糯米饭被称为"皓艳"。

待到上坟时，大人小孩用竹篮装上染花饭，再带上猪舌头、香肠、鸡蛋和米酒等在坟地处祭奠，并悬挂挂青来感恩祖先。仪式结束后，他们就在山上热热闹闹地享用美食，直到尽兴而归。

2. 糍粑

作为稻作民族的布依族人，对糯米的深加工方式中最有代表性的就是做糯米粑，也称打糍粑。

一年中，天门布依族人过大年时、庄稼收割完后及办红白喜事时都要打糍粑；四季里，婚丧嫁娶、走亲访友时都要以糍粑作为礼物。

天门村传统糯米粑加工，有脚碓和手打两种方式，不同于现今以机制为主的模式。

石碓是用石头凿成的舂米谷等物的一种器具，由碓窝、碓杆、碓叉组成。碓窝是用一块方正的石头制成，经石匠将其中一个面打凿出约50厘米深、上大下小的凹形圆锥体，然后，将其埋进泥土，碓窝面比地面稍高，以免泥沙掉进去。碓杆是将一棵粗树经木匠制作成碓脑壳、碓翅膀、碓尾巴三个部分，然后安装连接起来即可使用。具体使用时，将蒸熟的糯米饭倒入碓窝内，脚踩下碓尾巴，碓脑壳便上升，碓脚抬起，碓脑壳就下降，碓嘴就自然砸、捣起碓窝里的食物。左脚舂累了，就换右脚舂。舂碓之人可多可少，视需要而定。

石碓使用起来比较复杂，现今天门村村民打糯米粑大多使用粑粑盆进行加工。

❀ 天门小寨组布依人家石碓 / 符号摄

粑粑盆用一截木质极为坚硬的木墩子制成，被凿成长方形木盆状，与粑粑槌配套使用。用粑粑盆捣、搓、揉粑粑比石碓更方便好用。打粑粑时，一人用瓢或直接用手不断翻动盆里的糯米饭，一人双手抡起粑粑槌使劲捶打。翻动糯米饭的那个人，要不时将粘连在粑粑槌上的糯米弄下来，有时还需将粑粑槌蘸一下水。两人相互配合换着打，直到把糯米饭捣碎为泥状且紧紧地粘黏在一起为止。

随后，根据大小需要，用手将泥状糯米饭拿出来捏成大小不同的圆形糯米粑。将捏好的糍粑平放在事先铺垫上一层薄薄的米面的大簸箕里，以防刚捏好的糍粑粘在簸箕上，不易取下。

糍粑在天门布依族生活里的应用非常广泛，特别是遇到婚礼时，若女方家家族大、亲戚多的话，男方家要打两三百斤米的糍粑作为礼品才够分发。食用糍粑时可蘸些白糖、红糖或者熟黄豆粉，那滋味更让人回味无穷。

3. 米酒

布依族是一个非常讲究礼仪的民族。在布依族礼俗中，以酒待客必不可少。每到节日期间，亲朋好友相互串门的时候，酒就成了主人对客人表达欢迎与祝福的媒介，不论来客酒量如何，只要客至，三碗"迎客酒"必不可少。

据2009年册亨县政协编印的《布依族百年实录》载，早在远古时候，居住在南北盘江流域的布依族先民就向汉族学习酿造酒的技艺，就会上山采来百草根做成上酒药（书面语称为"酒曲"），并利用天然的泉水将米酿成米酒，用来祛风祛寒、避邪除疫，庆祝丰收。当然，居住在北盘江的花戛乡天门村的布依族同胞也不例外。

每年秋收过后，天门布依族村寨的家家户户都要酿制大量的米酒储存起来，以备常年饮用。有关天门布依族米酒的制作原料、配方及酿造技艺，我有幸采访了赵申云，得窥其中的奥秘。

　　采录时间：2022年8月25日
　　采录地点：滚塘组天门老村委会旁赵申云住宅
　　采录对象：赵申云，男，布依族，现年42岁，小学文化
　　采录人：符号

　　在采访中，酿造米酒的行家里手赵申云，胸有成竹地对我提及的问题娓娓道来。他说，布依族米酒是先将米做成甜酒，再将甜酒酿造（烤）成米酒，因而，天门布依族米酒可称得上是"酒中酒"。

　　每年秋收结束后，天门布依族人家就要开始制作土酒药。土酒药的原料分母料和子料两类。所谓母料，是将小麦麸、对角莲、巴地香、巴岩香、辣椒、胡椒、血藤、山药、芭蕉、丝麻、饭豆和黄豆等12味植物分别晒干，碾碎成粉末待用。所谓子料，是将在山野间采集的野山菊、金刚果、四块瓦、五加皮、千斤拔、葛根藤、香樟果、野甜果、黄泡杆、牛藤等12味植物按比例兑水，熬制成汤状。取适当母料与子料搭配时，通常母料中小麦麸、巴地香、巴岩香的用量按10∶1∶2的比例放入。将母料与子料搅拌均匀，然后揉成比鸡蛋稍小的球状小面团。取一个箩筐，在其内围先铺上一层稻草，再铺一层凤尾草。将做好的一个个小面团放入箩筐中，再铺盖上一层凤尾草和稻草，并将箩筐放在吊脚楼上的阴凉处，待发酵21—49天后，白曲霉菌等微生物大量有效繁殖，发出酒香味即成。这称为培养曲霉菌。然后，将一个个生长有白曲霉菌的小面团取出，放在簸箕里面晾晒干，就成为了布依族米酒酿造所需的土酒药。一般情况下，土酒药的保质期为5年，前3年药效最好，出酒率最高。

　　小寒节气，天门布依人家开始做米酒。

　　做米酒，包含选料浸泡、蒸煮摊凉、入药培菌、封装发酵、蒸馏窖藏，共5道传统工序。第一道为工序选料浸泡：选用天门当地布依族人自己种植的粳米或糯米做

原料，用清水淘洗干净，放在大木缸里浸泡3—4小时。第二道工序为蒸煮摊凉：将浸泡好的米用笰箕将水滤干，放入大木甑子中加热蒸熟，称为"蒸酒饭"，然后把蒸熟的米饭铺撒在大簸箕里捣散，晾至冷却。第三道工序为入药培菌：俗话说"冷酒热豆豉"，待酒饭冷却至10摄氏度左右，撒上土酒药。土酒药和饭的比例，是做甜酒成败的关键，土酒药少了，甜味不够；土酒药多了，甜味会慢慢地变成辣味。因此，酒药和饭的比例要恰到好处，才能酿造出美味香甜的米酒。按照1：50的比例，将土酒药与冷却的米饭搅拌在一起，适当加点水润湿并搅拌均匀，然后放进大木缸里压紧、压平，在中间刨一个小窝，再将缸口盖严封实。

俗话说"三天甜酒，七天豆豉"，就是说一般情况下做甜酒只需要3天，做豆豉却需要7天时间。第三天检查酒饭是否发热了，如果热而软，就说明酒来了，即发酵了，同时还有酒酿子从大缸里溢满淌出来，这就说明甜酒制作成功了。此时的酒称为米甜酒，基本上是布依族妇女们用于自食或招待女客。第四道工序为封装发酵：将制作好的米甜酒和渗出的酒酿子装到陶罐大酒坛或窖池里，继续密封发酵，最短4个月，有的长达2年。总之，密封时间越长，酿出的酒就越醇香。第五道工序为蒸馏窖藏：米甜酒继续密封发酵至少4个月后，将清泉水倒入大酒坛陶罐或窖池里，浸泡个10来天，就可以蒸馏酿造米酒了。把适量米甜酒、酒酿子一并倒入放置有一个大木甑桶的一口大铁锅里，大铁锅安放在地面的火灶上，称为"底锅"。大木甑桶内安装有一块带小沟且稍微倾斜的木条，称为"酒沟"。酒沟穿过大木甑桶腰部的一个小孔，与大木甑桶外部一条竹子做的斜面酒槽联通；酒沟上放有一个形如大盘子的凹形木盘，称为"酒盘"，酒盘凹形居中处有一小孔。将另一口被称为"天

❋ 赵申云的米酒酿造作坊 / 符号 摄

锅"的大铁锅平放在大木甑桶上端，用湿毛巾将木桶与天锅之间的缝隙塞紧，使其不透气。在天锅中盛装冷水，水的温度最好控制在30℃以内。

一切准备就绪之后，用事先准备好的木柴烧燃灶火，开始煮酒。随着火力加大，酒蒸汽上升，遇到装着冷水的天锅，迅速冷凝液化，便顺着天锅的外部边沿向下汇集到天锅的底端，又从天锅底端流到酒盘，从酒盘小孔进入酒沟，再由与酒沟连通的酒槽流淌到木甑桶外的酒坛中。一般情况下，以换天锅水的次数，将烤出的酒分为头锅酒、二锅酒、三锅酒和尾酒，可勾兑出10—65度之间不同度数的米酒来。所谓头锅酒，就是指第

❀ **米酒酿造中的封装发酵过程** / 符号摄

一次装在天锅中的冷水蒸馏出的浓烈的酒，也称为"头酒"。以此类推，就有二锅酒、三锅酒和尾酒的说法。所谓尾酒，就是指最后一次装在天锅中的冷水蒸馏出的清淡酒。将最先蒸馏出的头酒和最后蒸馏出的清淡尾酒进行勾兑，就会变为大家喜欢喝的18—45度不等的醇香可口、补肾健胃的米酒。勾兑好的酒即可饮用，并装坛密封贮藏，以备随时取饮。

天门村气候炎热，坐着也会汗流浃背。在我纠缠不休的询问里，身穿白色汗衫的赵申云，依照我的提问继续滔滔不绝地讲述。

从前天门布依族人家在酿造米酒之前，还有邀请布摩前来念祝酒经的习俗。布摩的念词是："此酒不是非凡酒，此乃杜康先师酿的酒，凡人喝了变成仙，神仙喝了下凡尘……"这反映了布依人对酿制出好酒的深切期望。布依族米酒品质纯正、清凉适口、回味悠长，据说长期饮用有防寒解暑、降压降脂、明目醒脑、舒筋活血和延年益寿的功效，是布依族人理想的饮用保健佳品。

天门布依族米酒原材料产自常年云雾缭绕的北盘江流域，其亚热带季风气候、微酸性土壤、优良水质等自然地理条件，有利于各种优质农作物和草药的生长，为

酿制醇香的布依族米酒提供了极佳的资源。天门布依族的米酒酿造程序、工艺以及比例配方等都非常考究，不能乱序，更不能偷工减料，这确保了酒的质量和醇度。布依族米酒传统酿造技艺是布依族先民农耕文化实践活动的产物，也是布依族人世代传承的精神财富。布依族米酒传统酿造技艺促使布依族人善饮、乐饮，进而形成了与之相应的丰富多样的酒礼、酒俗、酒令等民风民俗。

布依族酒俗有丰收酒、拦路酒、鸡头酒、转转酒等。凡是风调雨顺的丰收年份，布依族群众都要酿造米酒，杀猪做腊肉，到次年农历正月间，就邀请亲朋好友到家里来欢庆丰年，喝酒唱歌，称为"丰收酒"。在客人进入布依族村寨的必经之路上，主人家会备酒恭候于路中，客人来了，主人家先以酒歌劝酒，表示对客人的欢迎，然后客人饮酒"过关"，这称为"拦路酒"。当客人来到家中，主人就要杀鸡备酒招待客人。此时的鸡头又称为"凤凰头"，入席后，主人向客人双手奉上"凤凰头"，客人接过后，先饮酒一杯，再把"凤凰头"依次对着其他人，表示大家共同举杯，一饮而尽，这称为"鸡头酒"。布依族世代依山傍水聚族而居，一般是十几户或几十户为一寨，也有上百户至几百户的。同一村寨，以家为单位轮流邀请外来客人喝酒的习俗，称为"转转酒"。

布依族的酒歌有迎客歌、敬酒歌、婚庆歌、节庆歌、丧礼酒歌等。如唱敬酒歌，先由主人端起一碗酒，向客人们边敬边唱。开场歌的内容大都是些客气语句，如主人家的酒肉明明摆了满桌，主人却谦逊地唱道："昨晚灯花爆，今早喜鹊叫，都说要有客，贵客真来到……本想杀头猪，猪崽瘦壳壳；田里去捉鸭，鸭被鹰叼啄；棚里去捉鸡，鸡被野猫拖；塘里去捞鱼，鱼被水獭捉……贵客到我家，实在怠慢多。"

主人唱完，向每个客人敬酒。客人们也一一举起斟满米酒的碗来唱歌答谢，内容多为感谢主人家的殷勤，祝寨邻平安、庄稼丰收、牛马成群等，如："喝酒唱酒歌，你唱我来和；祝愿主人家，岁岁好生活……祝愿寨邻里，和睦享安乐；祝愿牛马壮，祝愿羊满坡……主人真殷勤，让我坐上席，敬我猪腰肝，敬我鸡脑壳……多谢呀多谢，主人麻烦多，我们转回去，定把美名说。"一人唱一首，唱完后，大家各饮一口酒。要是谁不会唱，就"罚"饮三杯。

这让我不由自主地想起了《诗经·鹿鸣》中的诗句："我有旨酒，嘉宾式燕以敖……我有旨酒，以燕乐嘉宾之心。"天门布依族的待客礼仪与古代文化传统竟然是这么契合。

天门布依族人家每年至少要酿制1次米酒。100斤米可以酿制出80—90斤20—22度的米酒。一般人家每年要酿造300多斤米酒，赵申云说他家每年要酿造约1000斤米酒。我是在天门村滚塘组的天门村卫生室，也就是天门布依文化陈列室里采访赵申云的，他家就住在布依文化陈列室后面50来米远的地方。赵申云说他家今年也要酿造千把斤米酒，现在正在封装发酵。我对他说："能不能带我去参观一下你封装发酵的米甜酒呀？"赵申云说："可以啊，我家就住在这后面。"我便与赵申云边说着话，边起身朝他家走去。走进他家堂屋，只见五六个一米多高的大木缸排列着。赵申云说："甜酒就装在这些大木缸中密封发酵。"他边说边打开大木缸盖子，我看到缸内的米甜酒，是用与大木缸大小相当的加厚白塑料袋装着的，且塑料袋口被布带子扎紧扎实。接着，赵申云带着我走出堂屋，来到房屋旁边看了他家的一整套烤酒（蒸馏）设备。地面上有一个用钢板制作的火灶及与火灶焊接在一起的大铁锅（底锅），底锅连接火灶的平台上放着一个约1米高的大木甑桶。我用皮尺量了一下，大木甑桶下口直径1.1米、上口直径0.9米。大木甑桶内安装有一条木制的酒沟，酒沟上安装有一个像倒仰着的锑锅盖的圆盘，盘中凹处有一"X"形裂缝，这就是所谓的"酒盘"。

在参观赵申云的烤酒（蒸馏）设备时，我一边测量、拍照，一边问他家每年要烤千把斤米酒，是自己喝，还是拿去卖，赵申云回答说："千把斤米酒只够自家喝，不拿去卖；这种度数不高的米酒，每人每次能喝个一斤吧。"说着，他便转身进屋，用一个锑缸钵端来了两斤用头酒泡桑葚制成的黑红米酒，随后带着我返回布依文化陈列室前的院坝，把酒分给大家。我们吃着用乌骨鸡和天门红米做的鸡稀饭，喝着桑葚酒，十分惬意。或许，美食伴美酒，在天门也是一种根深蒂固的文化传统呢。

二 天门与鸡有关的美食

1.鸡稀饭

鸡稀饭是布依族的一道特色美食，不论是逢年过节，还是款待贵宾，都离不开它。

关于布依族鸡稀饭的来历，北盘江沿岸布依族聚居区是这样传说的：

相传很久以前，天上的仙女王丽君到南天门游玩，偶然看见凡间布依族男女老少穿着盛装，正欢庆布依族"六月六"。她偷偷来到凡间参加"六月六"活动，没想到相中了一名布依族小伙，并与其情投意合，私订终身。

"六月六"活动结束后，布依族小伙便将仙女王丽君带至家中，亲朋好友得知后纷纷前来祝贺。因祝贺者众多，小伙的爹妈又未曾准备饭菜，只好宰杀了家中仅有的那只公鸡，用鸡肉和大米一起煮成稀饭来招待亲朋好友。没想到，用鸡肉和大米做出来的稀饭鲜香可口，众人吃后称赞不已。从此布依族人家每逢重要节日，都要做这道特色美食，并将它命名为"布依鸡稀饭"。

我真正见识布依鸡稀饭，是在2022年9月7日的天门村滚塘组。从花戛乡政府到天门村比较远，若中午回乡政府午餐，一去一来至少要耽搁3个小时。因课题组工作太忙，联络员、乡文化站负责人刘忠稳建议，大家中午就不回乡政府用餐了，随便在天门村老村委会弄点鸡稀饭填填肚子得了。大家听说中午要吃布依鸡稀饭，都流露出一种期待已久的神情。

按照课题组分工，我考察采访的内容之一是天门布依族的传统美食。为此，我自然留在天门村卫生室的食堂，等待现场采访天门布依族美食鸡稀饭的制作工艺及流程。

刘忠稳开车把课题组的汪龙舞、吴学良和肖雯積老师先后送到各自采录对象家中后，从一农户家买来了一只约五斤重的乌骨大红公鸡和约十斤天门红米，带回了天门村卫生室食堂。随后打电话请会做鸡稀饭的布依族同胞王永发、赵申云前来烹煮。

两人赶来后，王永发负责烧水杀鸡，赵申云负责准备相关作料。我则一边现场观察两人的制作工艺及流程，一边与他们交流制作的相关环节和要领。

宰杀结束后，王永发将控干水分的鸡放在砧板上，砍下鸡头、鸡爪、鸡腿，把鸡油单独剔出来放在一个小碗里，沿着鸡脊将鸡身一分

为二，砍下鸡翅膀和鸡卦（鸡翅根），最后再把鸡头、鸡爪、鸡腿、鸡翅膀、鸡卦和剩下的鸡肉砍剁成块状，放在一口锑锅中待用。赵申云也没闲着，忙着准备新鲜砂仁秆、生姜、朝天辣（布依族称为白辣椒）、大蒜瓣等作料。他将砂仁秆切成两三寸长，拍碎生姜，又将朝天辣切成块状，大蒜瓣切成薄片待用。

王永发把铁锅放在煤气炉上，待锅烧到七成热时，把小碗中的生鸡油放进锅里熬。我很好奇，随口问："怎么不用猪油呢？"王永发、赵申云异口同声地说："用猪油炒的话，就不是鸡稀饭啦。"紧接着，王永发把锑锅里的鸡肉全部放入铁锅内，再加上食盐，开大火爆炒了约三分钟，待赵申云加入适量的苞谷酒后又翻炒了约五分钟，再用锅盖盖上。几分钟后，打开锅盖继续翻炒约五分钟，又盖上锅盖。几分钟后又打开锅盖翻炒，直到将鸡肉炒至五成熟。

随后，王永发把鸡肉倒在事先准备好的一口大锑锅内，加入适量清水（因煮熟鸡肉后，剩下的鸡汤还要将适量的米煮成稀饭，所以要加入足够的清水）和事先准备好的切成段的砂仁秆、拍碎的生姜，切成薄片的大蒜、食盐，还有之前清洗好的鸡肠、鸡肝、鸡腰、鸡心和鸡胗，盖上锅盖。待鸡肉快要熟时，他把缸钵中凝成一块的鸡血划成块状，放进锅里一起煮。过不了三五分钟，鸡肉便煮熟了。

赵申云从大锑锅内捞出鸡肉装入缸钵后，直接撮了三小碗天门红米放入鸡汤中煮，二十来分钟后鸡稀饭就煮好了。

鸡稀饭煮好后，赵申云接着做吃鸡稀饭时的配菜。

天门布依族人家吃鸡稀饭时的传统配菜的做法，是将天门布依族精肉酱和切好的新鲜西红柿片一起蒸。将西红柿片放在锑缸钵的底部，再用精肉酱覆盖西红柿片，随后把锑缸钵放进木甑子里蒸。他们说："若没有新鲜的西红柿，就用朝天辣代替西红柿。但用朝天辣，就不是用木甑子蒸，而是用猪油将精肉酱和切成块状的朝天辣炒熟即可。"可惜，这次没有新鲜西红柿，赵申云只好用精肉酱炒事先准备好的朝天辣作为配菜。

煮好鸡稀饭，做好吃鸡稀饭的配菜，已经快到下午两点钟。还好，没过几分钟，刘忠稳与课题组其他三位同志就回来了。大家七手八脚地将碗筷、杯子、鸡肉、配菜端上院坝中的圆桌，鸡稀饭则放在圆桌旁的花池平台上。一切就绪，大家就各自拿着碗盛起鸡稀饭边吃边聊。据说，天门布依鸡稀饭与其他地方的布依鸡稀饭相比，有着独特之处。用天门乌骨大红公鸡和红米熬制的鸡稀饭，不但营养丰富、味道鲜美、口感极佳，而且还有极好的健康滋补作用，特别适合为正在康复的病人或产后身体虚弱的妇女补充营养。

因天气炎热，大家吃得满头大汗，但看得出来都很满足，这大约是因为能享用到如此美味的布依族传统美食吧！

2.鸡八块

鸡八块也是天门布依族的一道传统美食。

布依鸡八块，是布依族人招待客人的一道民族风情菜，也是布依族人办红白喜事时的一道色香味俱全的传统名肴。布依族人每逢婚丧嫁娶、节日庆典必宰杀鸡，将鸡肉切成块状款待宾客，并赋予其深刻寓意。

古人云："煮鸡、狗食之，谓之明目亮眼，补虚强体。"在水城花戛天门布依族人的理念里，若无鸡，即使有山珍海味也不成敬意。"鸡八块"具体指鸡身上的八个主要部位，即鸡头、鸡大腿、鸡小腿、鸡卦、鸡爪、鸡翅、鸡肝（含鸡心和鸡肾）、鸡胗（含鸡肠）。制作鸡八块，从杀鸡、砍鸡到待客的过程都有很多讲究。

当客人进家以后，主人随即选出自家饲养的一只羽毛最漂亮、个头最大的红公鸡，当着客人的面宰杀，表示对客人的尊敬，并要当着客人的面把鸡烫洗干净。在砍剁鸡肉的过程中，鸡八块必须砍剁得完好无损。然后，将砍剁好的鸡八块和其他鸡肉块一起放入铁锅或铜锅，加入冷水，盖上锅盖开始炖煮。待鸡肉炖煮到八成熟时，揭开锅盖，加入适量生姜片、花椒颗粒、生砂仁秆、盐等作料，继续炖煮十来分钟。待鸡炖煮好后，用大碗或缸钵将其他鸡肉块舀出来，把鸡八块留在锅里，盖上锅盖便于保温，待与酒菜一起上桌。

《晏子春秋·问上》曰："百里而异习，千里而殊俗。"由于地域不同，生产生活方式不同，风俗各异，北盘江流域内不同地方的布依鸡八块，其敬法、吃法和寓意也有差异。以鸡头为例，就有四种不同说法。第一种说法是，鸡头给主人，称为"头不出外"；第二种说法是，鸡头敬主客人（最尊贵的客人），以示尊敬；第三种说法是，鸡头给带主客人来的那位客人，意为带客人来辛苦，表示歉意和敬意，天门布依鸡八块的鸡头的敬法就属于这种；第四种说法是，布依族青年男女订婚时，吃鸡头的人要把鸡脑先剥取出来给大家看，称为"吃鸡还鸡"，因为一个完整的鸡脑髓就活像一只小鸡崽，意为预祝青年男女婚后生儿育女，白头偕老，不过，这种说法只在特殊的场合出现。不论是哪一种说法，吃鸡头的主人或客人都要将鸡脑髓完整取出，并向众人展示后再食，以示尊重和感谢。

天门布依鸡八块的吃法有一定规矩和礼仪。所有参加吃饭的人，入席时都要按一主一客的顺序相互交叉着坐，主主人和主客人坐在上席，次客与次主人坐下席，其他主、客分坐两侧。只要是同席的客人，每人都有鸡八块中的一份，若人多就多摆几桌，多杀几只鸡。在吃饭吃菜喝酒的过程中，要等主人家斟酒两次后，主人家中的一人才把留在锅里的鸡八块，按一定顺序摆在大盘子中，端到主主人和主客人之间。这时，主主人站起来，用筷子将一只左鸡卦夹给主客人，说："我虽然坐在这里，但您是长辈（或年纪大），还是您吃。"总之，要相互说几句客套话，之后，主主人给自己夹一只右鸡卦。随后，端大盘子的人依次从主主人和主客人的两侧，按照客人辈分或长幼亲疏依次将鸡肉块夹给客人，待每个人都分到鸡八块之一后，大家才开始享用各自的鸡肉。

天门布依鸡八块每个部位的吃法和敬法都很讲究，都蕴含着一定的道理和寓意。鸡卦两只，原则上是主主人和主客人各吃一只，主主人吃右鸡卦，主客人吃左鸡卦。中国传统礼仪文化中以"左"为贵，这样表示尊敬客人，同时也寓意主主人和主客人平安吉祥，表示友好。布依族人办红白喜事特别是过年过节时，都要看卦，测算办的喜事、过的年节是否吉祥，称为"吃鸡看卦"。卦的内容较多，道理也比较深奥，对它的解释也多层多意。所谓"看鸡卦"就是指看鸡卦上的黑点，其被称为"筹"，布依族人认为从两只鸡卦上总共的筹数，可以预示一些兆头。俗话说"一筹鸡卦二筹财，三筹四筹口嘴来，五筹六筹官司来"，两只鸡卦只有一筹便无含义，有二筹预示有好运。两只鸡卦上筹的位置若相同称为"筷子卦"，预示财运好。但有一种卦很特别，那就是"好卦"（吉祥卦），主人家会将其放在自家堂屋的神龛上，第二年之前都不收，以示四季平安，吉祥如意，来年五谷丰登，六畜兴旺等。

鸡大腿两只，原则上是主、客人各吃一只，意为亲朋好友之间往来要靠双脚走路，友人越走越亲，亲人越走越近，希望常来常往，延续并加深感情；鸡小腿两只，原则上是主、客人各吃一只，意为无贫富贵贱之分，主客平等，表示友好；鸡爪两只，原则上是主、客人各吃一只，意为亲人间要多走动，多走族中人户，希望亲人间团结和睦，形成合力；鸡翅两只，原则上是主、客人各吃一只，意为主客互祝发家致富、事业有成；鸡肝（含鸡心和鸡肾）一份，给客人吃，意为主人待客待友真心实意，主客彼此以心换心，心心相印；鸡胗（含鸡肠）一份，给客人吃，意为主人待客情深意切，主客双方友好往来，情谊永不间断。

天门布依鸡八块的制作、吃法、敬法，在展现天门布依族独特的美食文化和民俗习惯的同时，也充分体现了这一方水土上的民众热情好客、纯朴善良、重情重义、亲切友善、团结和谐的高尚品质。

三　天门与猪有关的美食

《颜氏家训·治家第五》载："鸡豚之善，埘圈之所生。"

长期以来处于半封闭状态，经济基本自给自足的天门村布依族民众，为维持生计、繁衍发展，在广泛种植水稻等作物的同时，还将牛、马、猪、鸡等家畜饲养作为副业。因此，天门布依族人家除了有与米有关的美食、美酒外，还有与猪有关的特色美食，在天门布依族的美食体系中留下了精彩的一笔。

1. 精肉酱、骨头酱

精肉酱，又名精肉渣、酱辣，在北盘江流域布依族村落中普遍流行。其来历有两种传说。

第一种传说是：

> 很久以前，兵荒马乱，民不聊生，朝廷四处抓人当兵。有一户布依族人家，孩子刚满3岁，丈夫就被朝廷抓去征战沙场，妻子痛哭了整整七天七夜，不敢告诉年幼的孩子，只对孩子说："你阿爸去了很远很远的地方，过不了几天，就会给你带来很多好吃的。"孩子不谙世事，信以为真，就这样母子俩相依为命。时间一晃到了年关，家里只有一头不到百斤重的架子猪，妻子决定把它杀了过年。杀猪的那天，天真的孩子未见阿爸回来，就对阿妈说："阿妈，我们家杀年猪了，阿爸怎么还不回来？我要把最好的精肉留给阿爸。"听了孩子的话，妻子边哭边把精肉剁碎，并与辣椒面、花椒和盐搅拌在一起，装进一个土坛子里，放在床脚藏了起来，想留给丈夫吃。
>
> 一晃两年时间过去了，朝廷的军队打退了入侵之敌，丈夫凯旋回乡。5岁的孩子高兴地投到阿爸怀抱里说："阿爸，我们家杀年猪，给你留下了最好的精

肉。"男人用怀疑的眼光看了看孩子，心想当年只有一头小猪崽，两年过去了还能留有什么最好的精肉？孩子兴冲冲地跑到床边，弯腰从床脚把那个布满灰尘的土坛子抱出来，打开一看，一阵扑鼻的香辣味迎面而来。女人从坛子里舀出满满一碗最好的精肉，加了一点新鲜西红柿片，放在甑子里蒸。随着热气升腾，满屋飘香，香味飘出窗外，满寨飘香。寨里的男女老少闻香而来，大家一起品尝了这道封存两年的佳肴，个个赞不绝口。从此，布依族人家就把这道佳肴称之为精肉酱，或是精肉渣、酱辣。这道佳肴就这样一年一年地演变延续至今，成为当今天下的一道绝品美食。

第二种传说是：

以前，社会动荡，战争频繁，家家户户的男丁都被抓去当兵。有一户布依族人家的儿子被抓去当兵。家里的父母时常挂念他，特别是在每年过年的时候，思念的心情极为强烈，希望儿子能早日平安归来。于是，每年杀过年猪时，父母都要选最好的精肉剁碎，并与辣椒面、花椒和盐搅拌在一起，装进一个土坛子里封存起来，留给当兵的儿子回家时吃。

盼星星盼月亮，三年过后的某一天，远在外面当兵的儿子终于回来了。父母喜出望外地对儿子说："你一被抓去当兵就是三年。三年来，我们每年杀年猪，都留有一坛猪肉给你。"说完他们走到堂屋板壁的墙角，那里按顺序摆着装好的三坛猪肉。父母从每一坛中舀出一大碗放在木甑子里蒸，待蒸熟后，满屋飘香，儿子三碗都尝过后，觉得味道极佳。从此，这道菜就成为布依族的一道风情美食，被称为精肉酱，或是精肉渣、酱辣。

以上两种传说虽然有所不同，但不管是哪一种，说的都是以前战乱频繁、兵荒马乱，布依族青壮年被抓去当兵，家里的人杀年猪时，为给外出当兵的人留下一口猪肉吃，便把精肉剁碎，并与辣椒面、花椒和盐搅拌在一起，装进土坛里藏起来，至少一年之后，再将保存在坛子里的猪肉舀出来蒸熟，如此成就了一道美味佳肴。

天门布依族精肉酱所用食材以及制作的整个流程及工艺，具体如下。

将过年猪宰杀好后，割下五花肉及部分其他部位剔出的最好的瘦肉，不用水洗，将其与肥肉按9∶1的比例先切成薄片后，再砍剁成肉末。把砍剁好的肉末放在一口平底锑锅或铝锅中，将22—26度的自产米酒倒在锅中，与肉末一起揉搓搅拌，直到出浆（这也许就是天门布依族民众将这道菜称为"精肉酱"的缘由吧）后，放入当年制作的中细干辣椒面、花椒颗粒（其中，肉末和辣椒面的比例为10∶1，肉末和花椒的比例为10∶0.1）及适量盐。将揉搓搅拌出浆的肉末充分与辣椒面、花椒翻拌融合后，装入事先准备好的土坛子里，不要装得太满，要留有一定空隙，压紧压实后用猪油覆盖上薄薄的一层。接下来便要将坛口进行密封。密封坛口很讲究，先用稻草裹紧扎（编制）成一个与坛口大小相当，上部平整且稍大，底部平整且稍小的坛塞（俗称坛捧捧），用其塞紧坛口，再用10层白纸蘸水后粘贴覆盖在坛塞外部，用草木灰加水拌成湿糊状，糊在白纸上，将坛子封紧封实后置放于阴凉干燥的木房里的墙角处即可。

精肉酱的吃法很多，可以蒸，可以炒，可以煮，还可以作为佐料配面条、米粉等吃。将西红柿切成片，覆盖上精肉酱一起蒸熟，就是一道绝美佳肴；单独蒸精肉酱也是一道菜。用精肉酱炒新辣椒、苞谷米、毛豆米、豌豆米、花豆米、洋瓜和干巴菜等，也极可口。把精肉酱加入开水后煮荷包鸡蛋、米粉，味道极佳。

精肉酱以"鲜、辣、香、醇"著称，素有"一家食用，十里闻香"之美誉。天门布依族即使人口少的人家，每年也至少要做30斤精肉酱，人口多的人家做得更多，有的可达80斤。做好的精肉酱一般要储存半年以上才能食用，存储时间长的，可以放10来年。现如今，一部分人家用的是玻璃坛子，有密封圈和泡沫垫，密封时要方便一些，但味道始终没有用土坛子装的味道好。

❀ 天门布依精肉酱 / 吴学良摄

或许是受做精肉酱的启发，过去天门布依族同胞杀过年猪的时候，还充分利用猪骨头，做成布依美食——骨头酱。骨头酱以新鲜猪骨头为主材，苞谷酒、辣椒、花椒、盐等为辅料。因用猪骨头，所以其做法比做精肉酱要费力得多，但若做得好，其味道比精肉酱还好。

每年宰杀好年猪后，布依族民众便将位于猪胸腔的片状排骨、中间有洞可以容纳骨髓的大骨（又称筒骨）、位于猪后背上肩膀下的肩胛骨（又称扇骨）、脊椎骨（又称龙骨）等骨头上的肉剔下主要部分，仅留附骨的一小部分肉，骨头与肉的比例约为10：1。将剔好的骨头先用砍刀砍成块状，切忌水洗，放入石碓里面舂碎后，再用砍刀砍剁成用大拇指和食指捏搓时没有硌手感觉的骨头末，加入一定比例的配料，再按相应工序做成骨头酱，以做精肉酱的方式封存。由于现在生活条件好，生活水平提高，再加上寨子里的石碓朽烂，没人用了，因此，从2008年以后，天门布依族人家就很少有人做骨头酱了，这道美食已逐渐淡出人们的视线。

2. 腊肉

天门布依族同胞熏制的腊肉，与其他腊肉相比，有三点独特之处：第一，猪是用熟猪食喂养的；第二，腌制猪肉所用的作料除盐巴外，还有八角面、花椒面、茴香面等；第三，用来熖（烟熏）猪肉的木柴也很讲究，且熖的时间长，做好的腊肉一年四季都挂在柴火上熖着，直到吃完为止。这就赋予了天门布依族人家腊肉优良的品质，自然而然其口味也独具特色。

天门布依族同胞用来熖肉的木柴极为讲究。他们先用带有针叶的黄松、青松等柴火，大火熖一两天，待猪肉上色后，又用岩青冈树、水青冈树等柴火，小火熖个七八天，待水分基本干了，将猪肉换位后，再用青冈树、水青冈树、黄松、青松和花椒树等柴火，这样熖出的腊肉品质最佳。一般来说，若猪肉皮呈黄色且干硬，肉块刀头皮皱缩，说明猪肉已经干透且熖好，就不用再熖了，但天门布依族人家的腊肉，吃完之前都会一直挂在柴火上熖着。

待逢年过节，或请人帮忙做活路，或有客人来时，天门布依族同胞会随手从柴火上取下腊肉，火烧过猪皮后，用热水、薄刀和破碗片刮洗干净，再用薄刀把腊肉砍成五六寸长的几截，放在锅里煮，煮熟后切成片端上桌食用。若是蒸的话，就将洗好的腊肉切成薄片，用盘子装好后放进甑子或蒸锅里蒸。蒸好的腊肉，每一片都红濡濡的、透明透亮的，放进嘴里，口感酥软，满口流油，那个香真过瘾，让人垂涎欲滴！

❀ 天门布依族腊肉 / 符号摄

天门布依族美食除了以稻米为主料的染花饭、糍粑、米酒，以鸡为主料的鸡稀饭、鸡八块，以猪肉为主料的精肉酱、骨头酱、熏制腊肉之外，还有凉粉、酸汤鱼头、狗肉、狗灌肠、牛肉沕锅、血豆腐、香肠、血肠、油团粑、饵块粑等。日出而作，日落而息，勤劳善良的天门村布依族同胞在山水环绕中，传承着布依族人生生不息的精神，世代繁衍，用自己勤劳的双手建造房屋、织制衣饰、创造美食……天地不言，四时流云，万物生焉。

天门布依族的医药体育文化

每一个民族除了衣食住行等最基本的生存条件之外，若要繁衍发展，医药和体能也是不可缺少的要素之一。过去，地处大山之中，几乎与世隔绝的天门村布依族人，在长期的生产、生活实践里，不但形成了自己独特的传统医药文化，而且这种传统医药文化在当代社会生活里还得到了继承和发展。

一　民间传统医药

据《水城文史资料（少数民族专辑）》所述，过去天门村的布依族村民住宅普遍为二层吊脚楼，人居上层，畜养下层。过去，各家无卫生厕所，村寨无公厕，人们对于房屋周边树林里大小便习以为常，猪、牛、马、羊到处放，人畜粪便随处可见，加之当地海拔较低，气温高，导致细菌繁殖，疾病流行，再加之蚊虫极多，外地人初到这里往往水土不服，故常患"打摆子"（一种恶性疟疾）和腹泻。当时水城民间流传歌谣如是说："花戛有个大鸭场，十人来了九人亡；神仙来到花戛乡，摆子也要打三场。""栽秧忙，病上床，秋收谷子黄，闷头摆子似虎狼。""谷子成熟在田里，病人睡卧在家里，割稻子人病倒在田边，挑谷子人病倒在路边。"因此，人们都怕来这里。

历史上，"西南诸夷，汉牂牁郡地……疾病无医药，但击铜鼓、铜沙锣以祀神"（《宋史·蛮夷列传》）。而天门村的医疗卫生事业，在中华人民共和国成立前同样可以说根本没有，而且民间迷信思想很严重，村民生病被认为是鬼神作祟，不是请"司嬢"跳神，就是请"端公"送鬼，不知有多少人因此葬送了性命。那时，天门村流行性传染病很多，尤其以疟疾（俗称冷热病、瘴气、打摆子）发病率高、死亡率高。民间流传着这样的歌谣："七月扬谷花，八月稻子黄，摆子病上床，十人得病九人亡。"故而，这里几乎变成荒凉无人、满目凄凉的"边卡吊"之隅。

不过，那时尽管没有官府的医疗设施，但民间对草药的研究仍不乏其人。在长期与疾病的搏斗里，天门布依族人摸索积累了不少草药验方，且疗效显著，应用范围主要是接骨、治牙痛、治风湿、外伤以及妇科病等。特别是对于治伤口流血不止，当地布依族的某些偏方真有药到病除之效。此外，对治疗妇女不育症和风湿关节炎等病也有相当疗效。扎银针、拔火罐、刮痧以及按、捶、揉、捏等方法，在治疗中也常被采用。

布依族草医本着"救人为乐"的原则，并不在意医药费的多少。一般来说，患者求医问药，按照传统习惯，只要拿一两斤酒去拜请，就可以得到治疗，病好后，随意送一两元或三五元酬金即可。总之，看病者有钱付钱，无钱记账，草医甚至会为孤贫者免费抓药，做到对贫贱不欺，对老幼不骗。不论天晴下雨、刮风下雪，还是半夜三更，只要病人的亲属带信或亲自上门请草医看病，问清基本情况后，草医都会立马上门治疗，从不计较个人得失。

采访时，当地八十岁以上的草医及中华人民共和国成立后的赤脚医生大多已不在人世，即使健在的大多也因听力不佳等因素，无法与我们交流。经村民推荐，我分别上门采访了两位当地草药郎中。

天门传统医药采录个案一：

采录时间：2022年9月6日

采录对象：朱树学，男，1948年生，现年75岁。据其本人介绍，他七八岁时，在老人的教导下开始识别草本药物标本，1965年开始行医，当时才17岁左右，属祖传第四代草医。

采录地点：天门村老村委会

采录人：肖雯稹

天门传统医药采录个案二：

采录时间：2022年11月25日

采录对象：盛德全，男，1948年生，现年75岁。据其本人介绍，1973年开始行医。

采录地点：天门村老村委会

采录人：肖雯稹

据两位草药郎中讲述，在那缺医少药的年代，医生这个职业非常受人尊重，人们生了病，主要靠寻找一些草药和运用当地的一些土办法进行治疗。他们分别介绍了当地几种治疗疾病的常用药物。

1. 旱烟膏（烟杆屎）

顾名思义，即农村常见的抽叶子烟的村民的烟杆内的"烟屎"。这东西呈黑色，且有一股极为难闻的味道，却能治病，时间越长的"烟屎"效果越好。主要用于治疗下巴上、耳朵根部、上肢腋窝处、大腿根部因淋巴肿大长出的一些小肉疙瘩，当地人称为"九子疡"或"耳抱蛋"。除此之外，它对"蛇缠腰"（即带状疱疹）以及脚后跟或脚底板疼痛也有一定疗效。

"烟屎"的气味还可以驱蚊避虫，蛇也很害怕。村民在山间地头干农活时，背上背着的小孩若睡着了，就把小孩放在地边，同时在旁边放一根抽叶子烟的烟杆，什么蚂蚁、蛇等一般都不敢靠近，大人就可放心干农活。

2. 蛇皮

蛇皮可以治白喉病。此病常常导致患者两腮红肿，呼吸困难，甚至引起窒息死亡。治疗时会用老蛇褪下来的皮（最好是树上吊着的）与公鸡肺、"过山龙"等经过处理的药材搭配使用。

3. 白折耳根

白折耳根可以治疗肺结核等疾病。白折耳根会开白花，具有一种特殊的气味，通常在夏季茎叶繁茂时采收，除去杂质，晒干后保存起来，与野蜂子、蜂糖搭配使用可对肺结核有一定疗效。因其具有良好的消炎作用，故对上呼吸道感染、支气管炎、肺炎、慢性气管炎等有一定的治疗效果；又因其具有利尿消肿的作用，对于尿路感染也有一定疗效。另外，其可作为蔬菜食用，亦可生食。

4. 滚山珠

被当地群众命名为"滚山珠"之籽粒，经查其植物学名为罗勒籽。村民经常将其洗净，放入闭合的眼皮内，滚动一两分钟，就可以去除眼睛里的细小杂质。罗勒籽还具有清理肠胃、降血脂和减肥的功效，是药食两用草本植物，可全草入药，亦可制成菜肴，口味极佳，对降低血糖、缓解便秘等有一定效果。

5. 和尚头

和尚头，植物学名叫续断，是一种具有护肝补肾、强筋健骨、活血止血作用的中草药，喜欢生长在凉爽、湿润之处。当地郎中经常将其配上苦麻菜，用来治疗因寒冷导致的肚子痛等疾病。

6.硫黄

硫黄味酸性温，有毒，能杀虫、止痒解毒、补火、助阳、通便。主要用于治疗疥疮、体癣、湿疹等，还可以用于治疗虚寒性哮喘、虚寒便秘等，对于缓解经络疼痛也有一定的效果。

7.天麻

天麻为兰科植物，一般在立冬至次年清明前采挖，若开花后采挖，会降低其药效。采挖后，立即将其洗净、蒸透，低温使其干燥。其表面呈黄白色或黄棕色，有纵皱纹，气微、味甘、性平，归肝经，具有息风止痉、平抑肝阳、祛风通络等功效。天门村村民常用天麻炖仔鸡或黑头鸽子食用，对治疗眩晕有良好的效果。

8.田螺

天门村水田较多，田螺品种丰富，可食药两用。最常见的是将其作为食材，味道鲜美；作为药材时，常用于治疗淋巴肿大，患"九子疡"或生"耳抱蛋"者。

药物辨真伪，方书通古今。在过去漫长的历史岁月里，天门村布依族群众就是凭着这样一种朴素的思想，不断探索布依人的医药之道，在抵御疾病困苦的同时，也为子孙后代留下了一笔医学财富。

二　现代医药

据《水城文史资料（少数民族专辑）》所述，中华人民共和国成立后，各级人民政府十分重视民族地区的医疗卫生事业建设，在各区、乡镇都设立了卫生院和村卫生室，培养了大量"赤脚医生"，并认真贯彻执行"防重于治"的方针。各级防疫部门医务人员，深入疾病流行地区，特别是疟疾严重流行地区，开展宣传、预防工作，并对患者进行免费治疗。天门村通过几年的防治工作，天花、麻风病早已被根除，疟疾基本被消灭，其他危害人民身体健康的疾病也得到有效控制，人民的生命安全得到保障。

特别是2014年11月，天门村被国家传统古村落保护发展委员会评审认定为全国第三批古村落，以及2018年县级实施大面积古村落保护政策以来，天门布依族村寨已建成公厕，逐步实行人畜分离，整个村寨卫生清洁，给人一种十分舒适的感觉。如今，村民生病有了新型农村合作医疗（简称新农合）保障，再也不会像过去那样仅靠传统医药治病。国家新农合政策出台以后，对家庭困难农户和特殊人群实行减免缴纳及住院二次报销政策。为了解决患者垫资看病困难的问题，政府采取"先诊疗后付费"方式，实行异地就医联网结算，避免患者住院报销来回跑动，让广大群众充分享受到了改革开放和经济社会发展成果。卢凤珍就是受惠者之一，为此，我采访了她。

天门当代医疗采录个案：

采录时间：2022年11月25日

采录对象：卢凤珍，女，58岁，布依族，半文盲

　　　　　王兴礼，男，55岁，布依族，小学文化

采录地点：天门村新寨组

采录人：肖雯稹

当我走近王兴礼、卢凤珍夫妇家时，正遇两人准备外出，于是我赶紧说明来意，两人欣然取消外出计划。原本我只准备采访卢凤珍，但因其身体不适，加之语言沟通障碍，故相关情况基本上都是由其丈夫王兴礼讲述。他说，2019年6月其妻子卢凤珍患病，听别人介绍，前往近邻普安县龙吟镇某私人诊所治疗，花费8000多元却不见好转，于是当年7月前往水城县人民医院住院治疗，后转院至云南昆明四十三医院，经诊断为慢性脑膜炎，住院8个多月，花费26.3万元，报销了18多万元。根据"四有人员"（家庭有城镇商品住房或门市房人员，有工商注册登记人员，有财政供养公职人员，有小轿车或大型农机具、载客机动船等人员）不能享受新农合二次报销的相关规定，他家虽然自2014年起属于建档立卡农户，但因他家儿子2018年购买了一辆价值5万元的小轿车，因此不能享受住院二次报销，不然的话医药费会报销得更多。现在，妻子生活上基本能自理，只是不能干农活。后期治疗费用也不低，每月800多元。目前，他们的2个子女均已成家，常年外出务工，家里只有夫妻二人和一个读小学五年级的孙子。王兴礼在村里担任村民小组组长和负责传统村落保护消防工作，加上干点临时工，每月收入不少于3000元。对2019年在农村信用社贷款的13万元，他们已还了5万元。

说这话时，他脸上流露出满满的自信。

据王兴礼讲述，如今，村里有专职医务人员，平时想买点治疗伤风感冒之类的药物，随时可以到花戛乡街上的药店或村级卫生室购买，方便得很呢！他还从花戛乡卫生院谢宁院长处获悉，类似自己妻子这样生病住院有大额报销从而减轻了家庭负担，没有因生病致贫返贫的人员举不胜举。谢宁院长同时还告诉他，从2012年开始，县级政府每年为年满65周岁的老人免费体检一次，并做好档案记录，以便掌握其身体状况的动态变化等情况。

三　天门村民间体育

民族民间传统体育是中国传统文化的重要组成部分，同时也是中国民族历史发展的见证。民族民间传统体育不仅是人们娱乐的方式，也是人们强身健体的方式，是各民族人民智慧的结晶，天门村布依族民间体育也不例外。为进一步了解天门村布依族群众的民间体育项目，特将我的采访情况简述如下。

❈ 采访王华熊 / 符号摄

天门民间体育采录个案：

采录时间：2022年9月8日

采录对象：王华熊，男，53岁，布依族，小学文化

采录地点：天门村大寨组

采录人：肖雯稹

当天中午饭后休息间隙，王华熊谦虚一番之后，为我讲述了以下天门村布依族在春节或其他重大节日期间举行的民间体育、娱乐活动项目。

1. 粑粑鸡

关于天门村布依族粑粑鸡的起源，有一民间传说。相传布依族的先人在每年大年三十，都要杀鸡祭祀祖先，辞旧迎新。他们用鸡毛、苞谷壳制作成手拍鸡毛毽，因毽底像糍粑一样比较平整，故取名粑粑鸡，并使其成为民俗体育活动项目传承至今。鸡毛毽可以单打，也可以双打或多打，通过不断变化接、拍方式，尽力把鸡毛毽拍到对方区域里。拍打鸡毛毽的方式多样，有高低、快慢、远近、飘转等打法，让参与者充满乐趣。鸡毛毽制作程序虽说简单，但对挑选鸡毛、撕苞谷壳都比较讲究。手拍鸡毛毽在拍打过程中容易坏，如果要更换鸡毛，必须选用鸡身上同一个方向的羽毛，不然在拍打中容易受到风速影响。鸡毛毽男女老少皆可以打，其打法与打羽毛球相似，不同的是打羽毛球有对场地和人数的严格要求，而打鸡毛毽没有这些限制，参与者可随心所欲，想怎么打就怎么打。随着手拍鸡毛毽发出的响声，毽子在空中来回飞舞，这使得参与者及围观者都不断欢呼，兴奋不已。

2. 打磨秋

制作磨秋比较简单，就是取一根长1.5米左右、直径15—20厘米、顶端稍尖约10厘米的木头竖立于场地中央，作为轴心，另取一根长6米左右的碗口粗木棒或龙竹，在正中间凿一个直径10厘米的圆洞，横放在立柱顶端。在制作磨秋时，力求做到使磨秋两头的大小、重量基本相同。由于磨秋在平衡转动时类似推磨石，上下翘动时又像荡秋千，故名"打磨秋"。这种民间体育活动在年轻人中比较流行，可2人同打，也可以4人同时翘打。活动时，双手推着木棒或龙竹小跑几步，然后迅速骑上去或匍匐于杆头，随杆旋转起伏，落地的一方可以用脚蹬地，借助蹬力使横杆两端交替旋转起伏，有一定刺激感，参与者和围观者的尖叫声、呐喊声不断。比赛规则是：双方谁先叫停，谁为输家；输家下来后，就要给大家唱歌或喝输家酒表示诚服。遗憾的是，随着天门村年轻人外出务工的越来越多，有时春节等重大节日也未返家过年，玩这项游戏的人也越来越少了。

3. 滚铁环

滚铁环大多为天门村男性表演项目。制作时，先用铁片制作一个铁环，大小不一，根据参与者的身高来定。然后，手握一端呈"u"字形的铁钩，以铁钩套住铁圈并控制其向前滚动。该项目比赛类别较多，视比赛场地而定，有20米竞速赛、20米往返赛、50米障碍赛、4×20米接力赛等。比赛规则：单人竞赛中用时少的参赛者获胜，接力赛中总计用时少的队伍获胜。比赛还要求铁环始终与铁钩保持接触，断开便立即停下，摆好铁环后再继续推滚，直至终点，否则判输。往返跑和接力赛中参赛者必须每次都要绕过固定桩点，否则判定未绕者为输家。障碍赛中参赛者必须绕过每个障碍点，否则直接判为输家。

4.跳房子

跳房子主要为天门村女性多人竞技体育项目。在学校操场或家庭院坝内画出10个方格子（50厘米×50厘米左右），分别按顺序标上数字1—10。比赛规则为：先通过猜拳的方式，确定谁先跳。第一个跳者站在标号最底线后方1.5米左右处起跳，先将小石块丢进标号"1"的格子里，然后开始跳，逐次到标号"10"的格子里。跳的过程中只能单脚跳，不能双脚同时落地，否则就算犯规，不能再跳，只能等下一轮。途中如果经过并排的格子或标号"10"时，可以双脚着地。返回时，由标号"10"至"2"依次往回跳，跳到标号"2"时，弯腰捡起标号"1"中的小石块，接着再跳回起点。同时规定，跳的过程中，如果脚越界或压在线上，算犯规，必须停跳，让下一个人跳，等轮到自己时，再从犯规的标号处继续往下跳。待标号全部跳完后，才有权建"房子"。其方法是：背向标号，把石块投入标号1—10的任何一个空格内，该"房子"就属于你，其他人在跳跃时就必须跳过此格，不可以落脚在你的"房子"里。该项目参与人数越多越热闹。

5.老鹰捉小鸡

这是一种多人参与的娱乐游戏，一般需要5人以上，男女可以混合参加。首先选择好一块10余平方米场地，然后通过翻手心手背的方式，选一人当"老鹰"，一人当"母鸡"。一般是选出2名身体健壮有力的人分别扮演"老鹰"和"母鸡"，其余人员则当"小鸡"。小鸡依次牵拉着前一位的衣服，在母鸡身后排成一列，老鹰站在母鸡对面。游戏规则：游戏开始时，老鹰比划着动作捉小鸡，母鸡张开双臂极力保护身后的小鸡。老鹰可以或实或虚地跑动转圈去捉小鸡，小鸡则在母鸡身后左躲右闪。在整个游戏过程中，老鹰不允许推、拉母鸡，只能跑动避开母鸡，母鸡可以拦、拽、推、抱老鹰。如果老鹰抓到母鸡身后的一只或两只小鸡，即视为本次游戏结束。这种游戏主要是锻炼团队的灵活性和协调配合能力。小鸡为防止老鹰的捕捉，必须行动一致，动作要快；老鹰要想捉到小鸡，必须动作敏捷，用尽技巧，千方百计玩一些虚假动作骗母鸡，再通过快速跑动，捉住与队伍不一致或动作缓慢的小鸡。

天门村布依族民间体育项目，与其他民族有相似之处。由此，也可以看出各民族民间体育文化相互交流、交融的痕迹。这种以快乐、健身为目的的运动方式，对于种族繁衍生存是必要的，也是积极健康的，更是一种民族民间文化的缩影，值得大力倡导、发扬、传承下去……

天门布依族文化教育

从族源角度来说，天门村布依族先民是明清时期陆续迁居于此的。祖籍江西的这支布依族人，调北征南时来到贵州，绝对受过中原儒家文化的熏陶。按理说，他们对汉文化的接受痕迹会更明显，然而，事实却并非如此，但也有蛛丝马迹可寻。

一 天门村汉文化寻踪

在天门村，最能代表汉文化在这一方水土传播的例证，莫过于将军墓、《同议执照》碑和布摩经书上的汉字。

地处鸭场组的将军墓，据当地人所说，埋葬的是明代的一位将军。经实地考察，根据葬制及从右侧副碑推测，此墓系清代一座夫妻合葬墓。该墓主碑异于平常，一般墓葬主碑镌刻的是墓主的名字、生平等，而该墓主碑上镌刻的却是有关风水的一些词语。尽管剥落了不少文字，但有些依然可见。最让我们感兴趣的是墓碑上用楚辞骚体写的一首诗。歌曰："青山远映，瓜瓞绵长。绿水来朝兮兰□□，明水秀□兮百世□，□□□兮长□□□。"这是我们按对偶试着补充出来的。于此，

✿ "将军"墓主碑 / 吴学良摄

纵是清墓，却能在碑面出现骚体诗歌，恰好折射出此地于历史上是与汉文化有一定交流的，这就是缩影、背影之证。鸭场组东南面月亮古榕树下的《同议执照》碑于"（清）同治十二年正月十六日立"，时间上肯定要晚得太多。月亮古榕树也叫合心树。有时，寨中村民之间订立相关协议时，也会在该树与石碑前进行，意为有苍天和大树作证，不得随意毁约。然而，我们更关心的是碑面上的汉字及内容所反映出的布依文化与汉文化交融之事实。

此外，村里布摩在丧葬仪式中用的经书，往往于经文旁边注有汉字，可真正用汉语连读却读不通，如同天书。而天门布摩使用经书时也只会用布依语念，并且同样不知道每个汉字的意义，以及其连起来的含义，此中谜团实在难解。或许，这种汉文化与布依文化的交融现象，本身也是一种文化，很值得作为一个课题予以关注。

二　天门村当代教育

1991年底之前，天门村是水城县龙场区花戛小乡的一个小村。1992年水城县实施撤区并乡后，将原龙场区花戛小乡、者卡小乡、磋播小乡合并为花戛乡，辖18个小村，天门村仍旧保留。2015年村级合并后，如今的天门村辖原天门、天星、都匀3个小村，村民以布依族人口居多，占95%以上。人口从原来天门小村的293户1166人，增加到如今天门大村的886户4326人。这就意味着教育面临困难，必须因地施教。

1. 双语教学

天门村的当代教育与20世纪50年代花戛创建民族小学校是分不开的。由于那时当地布依族民众对教育的认识极其落后，工作人员翻山越岭，走村串寨，动员说服少数民族同胞送子女来读书，本身就是一件天大的难事。当年创办民族小学的龙兴文在教《到北京去》这一篇课文时念道："马来了！马来了！你到哪里去？我到北京去。你到北京做什么？我要去看毛主席。"可他用汉语朗读，学生听不懂，一个个愁眉苦脸的，还有不少学生跑了。后来他拜一位50多岁名叫陆大妹的老大娘为师，刻苦学习布依语，然后用熟练的布依语进行朗读："得马吗了？得马吗了！蒙当，窝拿嘞？勾当北京嘞。蒙当北京顾姑嘛？勾咪梦毛主席。"（译音）这一下学生听懂了，那高兴劲儿真难以用言语形容。他们争相传告，说是上课听得懂了，于是跑掉的学生又才陆续回到学校。这件真实的事，从本质上道出了在这个布依族家园要普及汉语教育之难，难于上青天，开展双语教学势在必行！

2. 天门村的教育艰辛

天门村教育从那时开始采用双语教学，至2015年天门小学整体搬迁至吴王村鸡场小学，已历经一个花甲，这段岁月在历史长河中，可谓说长也不长，说短也不短。"要让红旗飘万代，重在教育后一代。"现将我采访天门村教育发展见证人的情况做如下叙写。

采录时间：2022年8月25日
采录对象：赵光平，男，64岁，布依族，小学文化
采录地点：天门村原办公地点
采录人：肖雯稹

据赵光平讲述，由于天门村地处边远，农村重男轻女现象很普遍。20世纪80年代

以前，女孩大部分没有读书，在家与母亲干针线活，还要分担一些农活和家务活；90年代，重男轻女现象有所改变，女孩大部分开始读书。21世纪初，除特殊情况外，女孩全部读书。说起天门村小孩读书的事情，赵光平略显激动，他说："我对天门村教育发展变化情况十分了解，比我还熟悉的人可能较少。一是因为我1998—2003年任过村主任，对村情比较了解；二是我父亲赵德明（1983年退休，2007年去世）曾任原花戛小乡和者卡乡的副书记，老人在世时会给我们讲些这方面的事情。"

他对我说："你算找对人了！"

天门村最早利用坪寨组一位老地主家的民房办学校，具体时间是20世纪60年代初。刚开始是开办一年级，慢慢到四年级，随着学生增多，教室不够，于是6个村民组每组出一列板壁，于1974年新建了5间教室，学生最多时有近100人。教师是懂汉语和布依话的当地人，最早是陆国文，紧接着是刘邦华、陆朝兵等人，现均已故。当时的报酬是民办教师15元，代课教师不直接发工资，由学生家长称粮食折价来抵工资，并组织人员敲着锣鼓、挑着粮食送至教师家中，非常尊师重教。1978年教室质量不过关导致垮塌，于是学校停办了三四年，学生们只好到周边学校读书。家长们觉得娃娃读书每天来回要步行几个小时，回家时已经很饥饿，人辛苦点倒不要紧，但时间长了，身体上各种小毛病多了起来，若长期这样下去，也不是个办法。于是村里先后在滚塘组、小寨组等地借用民房继续办学。1993年，通过群众投工投劳，结合上级给的一些物资款，天门村修建了3间共120平方米的石墙房，但只能满足小学三年级以下的学生读书。小学四年级以上的学生仍旧要步行到邻村天星学校去读书。因为路途远，为了解决中午就餐问题，学生们自己在教室屋檐下挖几个坑，或找几块石头，搭起架子烧煮洋芋吃。

上学途中必须经过乌都河，因没有架桥，学生们摸爬着较大的石头跳着过河，经常有学生落入水中，水急量大时，稍不小心，就会把命丢了。那时，每家都比较困难，大家集资修桥不现实，于是赵德明个人出资200元，购买树木和竹子搭建了能够供人行走的便桥，供大家出行。由于花戛乡没有初中学校，要读初中，最近也只能到顺场乡民族中学去，步行要1天时间；若到教学质量较好的杨梅乡初中学校，步行要2天时间，途中要借宿亲戚朋友家。2005年，随着南天门岩石公路打通至吴王村鸡场街后，天门村小学学生陆续到鸡场小学就读。由于天门村小学学生越来越少，加之教学质量不高，于2015年正式整体合并入鸡场小学。因学校离家较远，近的有七八千米，远的有十二三千米，鸡场学校千方百计解决学生的吃住问题，实行寄宿制，学生每周五下午放学，星期天下午到学校。2003年前，天门村全村只有3名中师生；2004年，终于有一名叫卢超虎的高中生考上了一所大专院校。至今，原天门小村只有8名考上大专以上院校的学生（含2022年被录取的3名），本科生最近几年才有，

❋ 摘自1993年10月解海龙赴花戛乡天星学校拍摄的"希望工程"图片

第十章　天门布依族文化教育

考得最好的是一名女生，就读于贵州大学，但中途因种种原因退学了。

因这些大中专生有的外出务工，有的在校就读，鉴于此，我只好采访了在家的一名1988年毕业的中专生王世云。遇到王世云时，他正在给一名病人输液。通过花戛乡文化站负责人刘忠稳介绍，采访工作顺利进行。

采录时间：2022年8月25日

采录对象：王世云，男，49岁，布依族，中专文化

采录地点：天门村卫生室

采录人：肖雯稹

据王世云讲述，由于花戛乡没有初中学校，他是在顺场乡民族中学读的初中，1988年毕业于六盘水德坞师范学校，当时没有被正式分配。毕业后，他一直在家乡代课教书，2011年才转为公办教师。2014年因违反计划生育政策，被学校开除。

因家乡医生较少，父老乡亲看病很不方便，王世云2000年开始边教书边学医，同时向当地一些"赤脚医生"学习中草药治病方法，并先后参加过几次县级短期培训，有了一定基础。离开学校后，他又当了两三年村干部。2016年规范村级卫生室建设后，经过培训，他从事村医工作至今，现每月有4000元以上收入。说起天门村的教育发展，他感叹以前真的是太苦了，一是学校路途远，身体要好，不然走不动；二是学习成绩要好，不然考不上；三是家庭经济要好，不然后续跟不上，就只能弃学。如今，乡村学校不仅有营养餐，乡级也有了初中学校，家稍远点的学生都寄宿在学校，读书条件真是太好了！

3. 不屈命运

2022年8月25日，在天门村大寨组采访时，花戛乡文化站负责人刘忠稳建议我先去一位今年刚考上大学，家庭比较特殊的学生家中了解一下情况，于是我欣然前往。步行没几分钟，就到了该学生家中，正好遇到他们一家三口在家。

天门当代教育采录个案一：

采录时间：2022年8月25日
采录对象：王章华，男，19岁，布依族，即将入学大学生
采录地点：天门村大寨组
采录人：肖雯稹

看到有客人到家，王章华的母亲赶紧找凳子请我和刘忠稳就座。从交流中获悉，王章华于2003年出生，小学一至三年级均在花戛乡鸡场小学就读，每月交50元住校生活费，学校距家8千多米，要步行2.5个小时。父亲进城务工后，王章华随之在水城县第二小学读四到六年级，初中在六盘水市第十九中学就读，高中在六盘水市第八中学就读。今年高考他考了理科443分，被贵州师范大学电子商务专业录取，待入学。其父亲2020年因肺癌去世，各种费用支出10万余元。其父生前是建筑架子工，每月有3000—4000元收入，现在家里失去主要收入来源，经济情况一下子跌入低谷。其母亲今年47岁，身体状况一般，无技能，只能做点简单临时工。其姐2012年读初二时就辍学了，今年24岁，本已远嫁外省，但因各种原因，现已离婚，目前住在娘家。鉴于他家实际情况，乡、村两级给他家申请了农村低保金，每月600多元。前段时间，王章华申请到习水酒业资助款5000元、民政部门救助款3000元、助学贷款10000元。为了使他能够顺利入学，我立即电话联系六盘水温暖阳光爱心社负责人张震坤先生，向他介绍了王章华家相关情况，看能否帮助一下。同时我请王章华拟写一份家庭情况书面材料，供张震坤先生参考。以下是王章华写的《我的家庭》，阅后让人十分同情他家，也能粗浅地体会到他的无奈和苦楚，但看到他如此坚强的内心表达，又让人感到十分欣慰！

我的家庭

俄国作家列夫·托尔斯泰曾说："幸福的家庭都是相似的，不幸的家庭各有各的不幸。"的确，所谓的幸福之家无不是无所顾虑、充满欢声笑语，过着黄发垂髫，怡然自乐的生活。

在上高中之前，我家亦是如此。父亲勤于工作，虽然整日的劳作使他疲惫不堪，但是作为一个家庭的顶梁柱，他不曾有过半句怨言。而我一直处于在校学习的状态，分担不了家庭在经济上的问题。在学习上，我虽比不上凿壁偷光的匡衡，也比不上悬梁刺股的孙敬、苏秦，但是成绩也不算差，一直以来没有受到周围辍学风气的影响，这也是我让父亲骄傲的一点。就这样，十几年来，我读书时就与父母一起到城里，寒暑假时，一家人便回到拥有悠久文化历史的布依族山村中，无忧无虑地生活，那时我家是一个朴素且名副其实的幸福之家。

直至2020年初，那时正是新冠肺炎疫情暴发初期，空气中处处弥漫着紧张压抑的气息。就在这期间，近几年不曾生过一次病的父亲却三天两头感觉胸腹部有一阵阵的刺痛，常常卧床不起，无奈之下只得顶着疫情的风险去医院检查，最终被确诊为肺癌晚期。在听到检查结果的那一刹那，一家人顿感晴天霹雳，头上的阴霾又加重了几分，随后我们立即将父亲送至大医院治疗，终无济于事，一生辛勤的父亲敌不过病痛的折磨，与世长辞了。

自此以后的很长一段时间里，家中都不曾听到一丝笑语，一家人都在不甘和悲伤中度过。但我们也知道生老病死乃人间常态，唯心怀乐观、积极生活才能有更好的未来。只望时间能让这些悲痛一点点地从我们的生活中消散，让家中再次充满欢声笑语。

经历风雨摧残，方识世事冷暖。以前的我只知道每天按时上下学，每天玩乐，完全不知生活的艰辛。而在父亲病逝，家中积蓄也因给父亲治病用尽后，我才知道生活的不易，也深刻明白男儿当自强。"路漫漫其修远兮，吾将上下而求索"成了我的座右铭，也是我继续学习的动力。

姐姐当年因为年少懵懂无知，在看到同龄人都相继辍学后，自己也在上到初二时放弃了学业。让我考上大学，成了父亲最大的夙愿。在父亲去世后，为了让我继续完成学业，母亲开始饲养家禽以获取微薄的报酬，姐姐也将所有的希望寄托在我的身上，放弃了以前安定的生活，回到了我们的身边，让我安心学习。

如今，在亲朋好友及政府各相关部门的帮助下，19岁不到的我顺利地从六盘水市第八中学毕业，得到了期盼已久的贵州师范大学的录取通知书，遂了父亲十几年来的心愿。

　　虽然从幸福之家到不幸之家的转变令人唏嘘，但我坚信"长风破浪会有时，直挂云帆济沧海"，在不久的将来我家一定能再次成为幸福之家。

　　此次采访结束返城后，我再次与张震坤先生对接，很快通过爱心人士的帮助，一次性筹集了2180元供王章华入学。

　　2022年9月6日，我陪同《天门记忆》采写组成员汪龙舞老先生到滚塘下寨组拍摄布依族服饰时，偶遇一位文静秀气的女孩，怀里抱着一个婴儿，经询问，她说婴儿是她姐姐家的小孩。我们问她在读书没有，她回答说今年高中毕业，考了理科363分，只超过二本分数线3分，不太理想。通过交流，我们了解到她家在天门村鸭场口坪组，这几天姐姐家快要割稻谷了，家里事务多，她来姐姐家帮忙照看小孩。口坪不属于小天门村，但与小天门村紧邻，为此，我决定顺手牵羊，破例拓展采访一下她，意欲从窥一斑而知全貌的角度，为天门村的教育情况找出参照。问及她家里还有哪些人，家庭经济咋样，她还未回答就哇的一声抑制不住地哭了起来。于是我赶紧追问她咋回事，待情绪稳定后她才一一道来。

　　她家原本五口人，姐姐1995年出生，高中在水城矿中读，成绩较好，但考虑到母亲患多种慢性病，还有风湿病、腰痛，经常喘不过气来，治疗费用高，而父亲一只眼睛失明，家庭收入低，还有弟妹要读书，家庭开支大，于是她高二读了一个学期就主动退学了。2021年，才55岁父亲不堪家庭压力服药自尽了。目前弟弟还在读高中。她说一想到这些，就忍不住悲伤哭泣，并连连说："对不起，让你们见笑了。"我们连忙安抚她，并立即对其个案进行采写。

天门当代教育采录个案二：

采录时间：2022年9月6日

采录对象：陆秀才，女，20岁，布依族，即将入学大学生

采录地点：天门村滚塘下寨组

采录人：肖雯稹

以下是女孩第二天通过微信发给我的她的家庭情况，我读后，一时不知说什么才好。

我的家境

我名叫陆秀才，女，今年20岁，家住水城区花戛乡天门村口坪组。今年从六盘水市第二十三中学高中毕业，高考分数超过二本线，因所填志愿滑档，被贵州财经职业学院大数据与会计专业录取，近期将前往该学院就读。以下是我家的家庭概况：

爸爸陆凤令，生于1966年，2021年去世，终年55岁。他曾读过书，但在那个年代，因家庭因素，只读过一段时间的一年级，并没有学到多少知识，只会写自己的名字，认识几个字而已。因为身有残疾，他没有多少劳动力，又生养了姐姐、我和弟弟三个孩子。他有心为我们创建一个好的家庭环境却心有余而力不足，多年的精神压力堆积，导致他在去年的农历七月底服药自尽。

妈妈罗正芬，生于1966年，今年56岁。她没有读过书，常年劳作使她的身体日渐衰弱，近年来风湿病愈发严重，腰也时不时地疼，导致她劳动能力下降，想要耕田地也已力不从心。因此，除了公益性岗位收入以及政府帮助的低保和微薄的种植玉米等农作物获得的收入外，无其他经济收入。

姐姐陆胜兰，读书时成绩优异，但迫于家庭经济压力过重，高二时不得已选择辍学，后来嫁在本村。由于我与弟弟还在读书，家里的事务基本都是她在帮忙照料。

弟弟陆胜王，生于2004年，今年18岁，现就读于六盘水市第二十三中学高二年级134班。他在校学习成绩不错，在家里也勤于帮忙做力所能及的事。

无论是我还是弟弟，或者是早已辍学的姐姐，在读书期间，都曾多次受政府以及部分社会爱心人士的资助。自父亲去世后，我们就读的学校在此前已为我们减免学费、书本费的基础上，又及时为我们减免生活费，这也让我们在求学的路上有勇气与毅力坚持下去。我们始终坚信，哪怕道路再曲折，终点必是阳光。

了解到她家情况后，我心情久久不能平静。为了更进一步了解，我立即电话与其所读学校帮扶中心主任蒋家贵老师联系，又到她家实地看看，从与周边邻居的交流得知她家住房也是政府资助了3.5万元修建的。从与其母亲交流中了解到，她家每月低保金700多元，前段时间申请助学贷款6000元，女孩陆秀才拟于9月15日入学。察看完毕，我又立即电话与六盘水温暖阳光爱心社负责人张震坤先生联系，请其再帮帮忙。张震坤先生看完她写的《我的家庭》并听了我的介绍后，很爽快地答应进行帮助，并承诺在其大学期间，每月给予其400元生活费。至此，我心理上总算得到一丝丝安慰。谁知几天后，张震坤先生通过电话告诉我，陆秀才不愿意接受资助。对此，我打电话与陆秀才核实，得知确有此事。我叮嘱她先与家里人商量后再回复，她说："之前已与家里人商量过了，因与学院对接过，入校后学院可以减免部分费用，故暂时不接受爱心人士资助。爱心社张叔叔可以去帮助其他需要的人，今后若有困难，我再与你们联系。"她说十分感谢我和张震坤先生的一番好意，感谢我们为她和她家的事操心了。

　　放下电话，我对其肃然起敬！

　　从历史上的汉文化渗透，到双语教学的挑战，再到办学的艰辛，最后到一个个不屈的灵魂，天门村布依族人留给我们太多的思考，也留给社会太多的思考。我们相信：在全社会的共同努力下，教育强国的光环一定会普照这一方水土，让这里的布依儿女享受到他们渴望的愿景。

　　百世下，以文鸣。

　　天门不远，天门求知的路就在脚下，并延伸着……

结 语

天门之光

　　诗人艾略特曾云："我们所有探寻的终点，将是回到我们出发的地方。"而在客观上，我们对天门传统村落的文化追寻，同样也是如是过程。

　　保存着贵州省布依族中独一无二干栏式覆瓦歇山顶传统穿斗吊脚楼群的传统古村落——天门村，在历史岁月里是幸运的。这种幸运必将随着社会进步，越来越显示出其独特的文化与美学价值，越来越彰显出它鹤立于世的乡村旅游魅力。完全可以断定，花戛乡这个昔日的边远乡镇，必将依托天门的自然人文景观大放异彩。

　　之所以作出如此判断，理由如下：

　　第一，天门独特的自然环境，独特的干栏式覆瓦歇山顶传统穿斗吊脚楼群，独特的梯田景观、独特的古榕传奇、独特的枫香彩林已逐渐被掀开序幕，世居布依族人的传统民俗文化、生活习俗、蜡染、特色食品、器乐、风情等已吸引外来寻访者持续关注，每年都有热衷乡村旅游者不辞千辛万苦，跋山涉水，慕名而来。吊脚楼下、古榕树旁、竹竿桥畔、天坑之侧，时常都会有挂着不同车牌的车辆，操着南腔北调、身穿各色服饰者出没其间，或拍摄美景、发布视频。更有甚者，随着报刊、电视媒体等的不断加入，天门传统文化古村落的对外影响力必将得到进一步扩大。

　　第二，天门村随着被列入第三批中国传统村落名录，随着被列入全国生态文化村，在市级相关规划里，它已经被提升到应有地位。每一项目里的列名，都意味着相关方面会使天门村在乡村振兴战略里定有规划红利可分享。而天门村为此也制定了与之相匹配的《花戛乡天门村传统村落保护与发展工作方案》，细化措施，明确责任，将发展与保护目标责任落实到人。同时，天门村按照"一户一方案"原则，组织相关人员对年久失修房屋进行修缮，将传统村落保护工作纳入村规民约，通过村民自治和监督，村民修建新房必须另择地块修建，严禁私自拆除吊脚楼，进一步加强对吊脚楼、民风民俗的保护和传承；按照"保护中开发、开发中保护"和"谁开发、谁使用、谁保护"的原则，对保护模式进行了探索；保证各级部门、相关人员的参与措施切实具体、到位。这些规划和措施是抢救和保护天门村传统吊脚楼等景观文化、民俗文化的有力保证，有了它们，天门村的相关文化和旅游资源才能得到更进一步拓展、开发，才能迈向一个更高的层次、更新的境界。

第三，以天门为核心区的旅游景区雏形已经呈现。

俯视深坑心胆寒，此间地气接云端。
周围何止三分险，口径应超百丈宽。
沧海桑田传说久，高人雅士隐居难。
神工造化天生就，啧啧来人叹大观。

❀ 花戛天坑 / 何维江摄

结 语 天门之光

这首《七律·花戛天坑》是诗人黄国勤为此发出的咏叹。

花戛天坑与天门村相邻，位于北盘江支流六车河峡谷北侧陡崖10千米处，民间称之为"仰天麻窝"。这是一个超巨型的塌陷溶斗，上口口径960米×520米，深170米，底部海拔高度1225米。天坑上口面积达3.55万平方米，为中国第一，在世界排名前列，系不可多见的地质奇观。伫立天坑边缘，但见野草蔓延，其形如巨大的射电望远镜锅盖，回首之际令人胆战心寒。

距天门村30千米的毛虫河上，有搭建于清代嘉庆初年的竹竿桥。

该桥是在人为栽种的两棵粗壮火绳树树丫上，以巨大龙竹竹竿托底，上铺粗竹建成，故而风情独特。它见证了以当地布依族陆氏老人为代表的布依族人的智慧，至今桥畔尚存已故诗人陈月枢20世纪80年代末留下的"花戛花水又花营，尽日春风送我行。最是毛虫河水好，竹竿桥上听歌声"诗碑。

距天门约35千米处的乌都河流域花水补母组千年古榕神树，树高20余米，周长

❀ 毛虫河竹竿桥改建的铁索桥 / 吴学良摄

❀ 补母千年古榕树 / 吴学良摄

14.95米，直径4.73米，树荫面积达5亩。该树根须遒劲发达，状如盘龙，枝干四周蔓延，树冠如巨伞张开，需12个人牵手方可圈围树身。在时光流逝中，神树诉说着明初"调北征南"时王姓私塾老先生的种树传奇。如今，树下祭祀祖先的"老人房"已成民俗，"许愿树"的灵性风传四方。"参天古木自成林，苍劲虬蟠茂绿荫。一树菩提烟雨坐，染心向善即灵根。"诗人张凌峰的这首《菩提古榕》绝句，道尽了个中真味。

同时，以天门村为中心的布依族民俗风情和自然生态旅游，东面可与𣲙珂江景区、中国苗乡第一镇普安县龙吟镇相连，南部与格所河大峡谷、白雨洞相邻，西面接娘娘山国家级湿地公园，北与营盘乌蒙大地缝相望，旅游资源丰富，区位优势也同样极其明显。

机遇总是留给有准备的人的。

为了迎接机遇，做好相关工作，天门村在旅游基础设施方面花费心血，在水、电、路、通信、吊脚楼维护等问题完全解决的前提下，开展了一系列前期工作。

首先，于天门村滚塘组建设占地面积38亩的天门传统古村落旅游接待中心。其中的布依特色文化广场能容纳近千人参加活动，有布依特色民宿4栋、床位48个，有停车位40个，露营点能安置露营帐篷50个，日接待能力500—2000人。

其次，加强了公共基础设施建设。在大寨、小寨各修建了2个旅游厕所；新寨组修建了1个厕所。为每个自然村寨配备了垃圾箱，文化广场配备了垃圾桶，实现垃圾日产日清，为人居环境干净整洁提供了保障。利用水城县民宗局少数民族发展资金20万元安装路灯50盏，解决了室外照明，方便了游客出行。

再次，修建了布依文化陈列馆，为游客了解天门村的布依族文化提供了窗口。

最后，"天堑变通途"之愿景即将实现。天门村东邻普安龙吟镇42千米、盘州保基乡32千米，西接顺场乡56千米，南接盘州市普古乡29千米，北与野钟乡隔江相望76千米。距离杭瑞高速（雨格）路口40千米，离六盘水市月照机场130千米，距离六盘水市中心城区148千米。从前天门村东西南北四个方向的交通都极其不便，加上公路未通村之前，进出都需经过被视为"生命禁区"的天梯和北盘江上的"索命吊桥"，村里人不便出去，村外人不敢进来。随着通村公路的畅通，现如今，从市县区走水盘高速、雨格、娘娘山、六车河峡谷、花戛这条线路，距市中心只有2小时单边车程，这让天门迎来了新的发展机遇，农特产品不断对外输出，备受欢迎。在不久的将来，花戛交通将围绕"三个一"展开，即：一条高速——2020年，普盘高速、玉普高速相继开始规划建设，预计在"十四五"规划中后期建成，天门景区距市区的车程将缩短为1小时。一条水路——按照北盘江大旅游开发机遇，花戛乡正在与有关部门积极协调对接，争取开通六枝牂牁江码头——一线天——格支——野钟码头——天门码头系列航运线。一条高铁——离花戛最近的高铁站为普安县站，车程1个小时，普盘高速建成后，到花戛的车程将缩短为30分钟。如此便捷的交通，必将使天门乡村旅游的门户洞开，广纳四方宾客。天门村为迎接乡村旅游建设已规划并修建了相应基础设施：现有的1个旅游景区接待中心，5个旅游厕所，350个实际车位，6家民宿、客栈，8家经营性餐饮业管理有序，经营正常；布依族蜡染品、刺绣品、手编竹器，名优特产红米、乌苔等商铺已经开始经营；16家民宿的改造已经开始实施，1家布依族特色商品超市已为旅游发展做好了相关准备。

山高峰险，江水滔滔。

日出临江而渔，日落倚树而息，犹如世外桃源般的北盘江畔天门布依族传统吊脚楼古寨，当前正在有序推进布依族特色村寨建设与乡村振兴战略。如何以"生态产业化、产业生态化"为引领，如何在文旅结合中更加有效地做活山水文章，让绿水青山源源不断地带来金山银山，推动经济转型升级、绿色崛起，在书写"绿色"未来，保护布依族特色传统吊脚楼民居和整治村寨环境进程中迎接乡村旅游发展机遇，正在考验着这一方水土。花戛乡党委、乡政府为此提出了"五个利用"的全新规划：利用菩提古树、红枫林等资源，打造以摄影、写生等为主的观光旅游项目；利用悬崖、河道等资源，打造以攀岩、翼装飞行、滑翔伞等为主的冒险旅游项目；利用民俗活动、传统美食等资源，打造以民俗体验、野营等为主的娱乐旅游项目；利用吊脚楼、红米梯田等资源，打造以民居、农事体验等为主的休闲旅游项目；利用布依族传统文化等资源，打造以交流考察、学习教育等为主的文化旅游项目。以上选择和规划集游览观光、农事体验、休闲娱乐、摄影写生、极限运动、文化传播于一体，依托有机红米、乌苔、刺绣、竹编、民族服饰等资源形成购物旅游产业，整合地域内的布依族文化符号、元素，将有关该民族的历史、族源、传说、文学、舞蹈、服饰、乐器等，通过建筑彩绘、纹饰等形式，为天门贴上"美丽乡村""生态乡村""宜居乡村"标签，使其成为北盘江畔的一颗耀眼明珠，熠熠闪现在水城区的南部大地上，开启崭新未来……

逝去的是时间，不变的是永存。

纵然距离和云层一度遮隔了岁月的双眼，然而，天门在阳光乍现的瞬间，不再于每一个幸运者心中受任何阻拦。

想起进入大天门都匀村时眼见的那幅景象：藏青色高山绝壁灌木丛间，隐隐浮现白色石英石天然形成的写意"人间"之巨擘二字。天门之遥，人间之近，或许是上苍太眷念这方土地，才留下如此神奇之作。于是，"天门记忆"一词便悄然爬上我们心头。

祝福你，天上天门，生生不息，天上人间！

后　记

　　我对花戛乡天门村的关注由来已久。

　　在我肤浅的认知里，一度处于封闭状态的天门古村落是一个"文化孤岛"，它保留的文化是最为原生态的，也是文化人类学研究的最好活态对象之一，因而，我很早就将它纳入了写作视野，苦于吃、住、行不便，一直未能协调和付诸实施。正应验了"机会总是留给有准备的人"这句话，2022年7月31日，当我参加在花戛乡举办的相关采风活动，于座谈会上提出这一原有想法时，不曾想到竟得到花戛乡党委、乡政府的支持。更值得一提的是，该课题在协调中受到了水城区政协的极大关注，并作为区政协科教文卫体委员会工作项目被纳入议事日程。从此，《天门记忆——贵州水城北盘江畔天门布依族传统古村落文化采录》一书的撰写正式掀开帷幕。

　　按照我原来的想法，这本书由我独自完成，可因精力有限，再加上对民族民间文化挖掘、整理、研究、传承需要不断有新人参与，六盘水市对此有兴趣、有能力去做的人并不多，这势必需要培养一些人参与这类工作。于是，我与汪龙舞同志商量，意欲采取课题组分头采录、撰写，然后统稿的方式进行。在此基础上，这本书终于成为课题组实绩。然而，遗憾也是存在的。由于课题组成员之间知识结构不同，有的组员对文化人类学还比较陌生，加之写作能力也不一样，故尽管通过统稿，也可能出现整本书在文字表达上参差不齐的现象。再则，因将天门村布依族语言翻译成汉语非常困难，或者说翻译过来以后，根本不知道在表达什么意思，让我们原来想设置一个专门章节，撰写这一方布依族民歌、盘歌、婚礼歌、酒令的计划落空，这成了一份遗珠之憾。现今的书稿按照分工，由我撰写"结缘天门"、第一章至第三章、结语、后记，赵开云撰写第四章，汪龙舞撰写第五章和第六章，符号撰写第七章和第八章，肖雯积撰写第九章和第十章。我相信，通过这种传、帮、带，通过不断实践、积累和时间上的磨合，参与者会在文化保护工作方面成为六盘水市的有生力量。

2022年10月27日，我在微信朋友圈读到中国民间文艺家协会原副主席、著名文化学者、作家余未人老师转发的《关于拟列入第六批中国传统村落名录村落名单的公示》，我借机向余老师汇报："余老师，我们正在写天门村文化人类学的书，到时会用到您的照片，烦请支持。序言亦想请您作，真不好意思开口呢！这事我和汪龙舞谈过，他也承担得有撰写章节。"余老师随后回复："好事。当尽力支持。"有了余老师的回复，就等于序言撰写得到落实，这对我们课题组来说，是一件值得高兴的事。想想余老师这些年来，在奔波劳碌里为民族民间文化抢救、保护所做出的重大贡献，我们在敬仰的同时，也受到了莫大鼓舞。

于此，需要感谢的是花戛乡文化站负责人刘忠稳同志。在该书田野作业期间，他受乡党委、乡政府安排，为课题组联络、协调采录工作，提供相关资料付出了极为艰辛的劳动，这才让我们得以完成此书的写作。回首在一起田野作业的日子，彼此之间建立的那份珍贵情感，是我们永生难忘的。同时，也不能忘记课题组成员、区政协科教文卫体委主任肖雯稹同志。为了完成课题策划，他在协调花戛乡党政、安排交通等方面付出了不少精力，协调、撰写一手抓，为课题顺利完成做足了保障。

特别要感谢水城区四大班子领导对该课题的关注和关心，中共水城区委宣传部、中共水城区委统战部、水城区民宗局、六盘水市布依学会、六盘水市水城区布依学会对书稿的审查和把关，他们为此付出的热情，让课题组成员十分感动，心怀敬意。

文化是国家和民族的文化，它需要不断有人关注，更需要有领导们的高瞻远瞩。课题组在感谢水城区政协关心、爱护和支持的同时，也将在今后的写作里，更好地为水城区政协文史工作尽一份力，为水城区的社会文化添砖加瓦，着力助推社会和谐、发展、进步！

是为记。

2023年3月31日

天门
记忆

TIAN
MEN
JI
YI